Kant et la *Schwärmerei*

Histoire d'une fascination

5-7, rue de l'Ecole polytechnique, 75005 Paris

http://www.librairieharmattan.com
diffusion.harmattan@wanadoo.fr
harmattan1@wanadoo.fr

ISBN : 978-2-296-10909-4
EAN : 9782296109094

Béatrice Allouche-Pourcel

Kant et la *Schwärmerei*

Histoire d'une fascination

Postface de Jean-François Marquet

L'Harmattan

Ouverture philosophique
Collection dirigée par Dominique Chateau,
Agnès Lontrade et Bruno Péquignot

Une collection d'ouvrages qui se propose d'accueillir des travaux originaux sans exclusive d'écoles ou de thématiques.

Il s'agit de favoriser la confrontation de recherches et des réflexions qu'elles soient le fait de philosophes "professionnels" ou non. On n'y confondra donc pas la philosophie avec une discipline académique ; elle est réputée être le fait de tous ceux qu'habite la passion de penser, qu'ils soient professeurs de philosophie, spécialistes des sciences humaines, sociales ou naturelles, ou... polisseurs de verres de lunettes astronomiques.

Dernières parutions

Cécile VOISSET-VEYSSEYRE, *Des amazones et des femmes*, 2010.

Nathalie GENDROT, *L'autobiographie et le mythe chez Casanova et Kierkegaard*, 2009.

Louis-José LESTOCART, *L'intelligible connaissance esthétique,* 2010.

Salvatore GRANDONE, *Mallarmé. Phénoménologie du non-sens*, 2009.

Jean REAIDY, *Michel Henry, la passion de naître. Méditations phénoménologiques sur la naissance*, 2009.

Dominique NDEH, *Dieu et le savoir selon Schleiermacher*, 2009.

Mariapaola FIMIANI, *Érotique et rhétorique. Foucault et la lutte pour la reconnaissance*, 2009.

Jean-Pierre Emmanuel JOUARD, *La leçon de Socrate (définition de l'homme)*, 2009.

François URVOY, *Expérience et dogmatique empiriste (I)* , 2009.

François URVOY, *Dire le monde (II),* 2009.

François URVOY, *Science et ontologie (III),* 2009.

Je dédie cet ouvrage :

À Cyril, mon époux. Sans son soutien quotidien, sans son extraordinaire force morale et sans sa volonté de m'insuffler courage et détermination dans les bons comme dans les mauvais moments, jamais ce travail n'aurait pu aboutir. Qu'il en soit infiniment remercié.

À Elise et Claire, mes filles, dont la présence illumine mes jours.

À Marie-José et Alain, mes parents, qui m'ont, depuis toujours, aidée et accompagnée.

À la mémoire de Lili, Jean, Alfred et Roger. Ils auraient été fiers de moi. Qu'ils reposent en paix.

Remerciements

Je voudrais tout d'abord remercier Monsieur le Professeur Jean-François MARQUET pour l'accueil fait à mes travaux : sa bienveillante exigence n'a d'égale que son extraordinaire érudition.

Ce livre reprenant les éléments de ma thèse, soutenue en 2008 à l'Université Paris XII, j'aimerais aussi témoigner de ma gratitude à tous les autres membres du jury : Madame le Professeur Monique CASTILLO, directrice de thèse efficace, disponible et rigoureuse ; Madame le Professeur Eliane ESCOUBAS, Présidente du jury et Monsieur le Professeur François MARTY.

Merci aussi à Cyril , mon époux, sans la présence duquel rien n'aurait été possible (et qui de surcroît m'a fait bénéficier de sa maîtrise parfaite de l'outil informatique), à Marie-José et Alain, mes parents et à Philippe, mon frère, soutiens de toujours.

Toute ma reconnaissance va aussi à tous mes amis, qui ont eu la gentillesse de s'intéresser à ce projet et de m'encourager pendant toutes ces années.

Je remercie enfin les éditions L'Harmattan d'accueillir cet ouvrage dans leur collection *Ouverture Philosophique*.

Avertissement

Les renvois à l'édition allemande de référence (*Kant's gesammelte Schriften,* herausgegeben von der Preußischen Akademie der Wissenschaften) sont notés : AK puis le numéro du tome en chiffres romains et le numéro de la/des page(s) en chiffres arabes.

Pour la traduction française, les références à l'édition de la Bibliothèque de la Pléiade (*Œuvres Philosophiques*, Paris, Gallimard, Tome I, 1980 ; Tome II, 1985 ; Tome III, 1986) sont notées : OP puis le numéro du tome en chiffres romains et le numéro de la/des page(s) en chiffre arabes.

Enfin, concernant la correspondance, la traduction française utilisée est celle de l'édition de référence : *Correspondance par Immanuel Kant*, traduction MC Challiol, M. Halimi, V. Séroussi, N. Aumonier, M. B. de Launay et M. Marcuzzi, Paris, Gallimard, 1991.

Introduction

Was ist Schwärmerei ? : tel pourrait être le titre d'une œuvre non-écrite de Kant, œuvre sans cesse recommencée et jamais achevée, du fait de son sujet, insaisissable et rebelle à toute thématisation. Paradoxalement, en effet, la notion de *Schwärmerei* peut être considérée comme un *Leitfaden*, un fil directeur dans l'œuvre kantienne, dans la mesure où Kant ne s'est jamais débarrassé conceptuellement de ce problème en le définissant nettement, en le cernant, en lui assignant un lieu propre comme il l'avait fait pour le concept d'*Aufklärung* dans son célèbre essai. Il devient dès lors tentant de s'essayer à une reconstitution - qui n'est ni une écriture, ni une réécriture, la parole devant être laissée à Kant - de la réponse à la question qu'il ne fallait pas poser et qui constitue le véritable « point aveugle » de l'œuvre kantienne. Entreprise peut-être insensée, digne d'un *Schwärmer,* que de travailler sur un élément « refoulé », sur des personnages - les *Schwärmer* - que l'on pourrait qualifier de « spectres de Kant », mais entreprise capitale pour la compréhension de la philosophie kantienne qui se définit, on le verra, à la fois *contre* et *avec* la *Schwärmerei.* Mais, avant d'évoquer la trouble et équivoque relation de Kant avec cette notion, quelques précisions sont nécessaires quant à l'étymologie du terme, son historique et sa traduction française protéiforme. Oscillant étymologiquement entre le trop et le trop peu, la *Schwärmerei* annonce ses inhérentes contradictions : en effet, du substantif « *Schwärm* » qui signifie essaim, absence d'ordre au verbe « *schwärmen* » qui désigne certes lui aussi le fait d'essaimer, mais aussi un certain « emballement », un échauffement excessif et que l'on peut traduire par « être enthousiaste », « être passionné pour », une certaine dispersion est à craindre tant au point de vue du contenu exact que de la traduction, française en l'occurrence. Vient s'y ajouter de surcroît une intervention historico-linguistique non-négligeable dans le contexte de l'époque : celle de Luther qui accorda au terme ses lettres de déchéance. C'est en effet, comme le souligne Marianne Schaub[1], le fondateur de la Réforme qui - à l'aide de Mélanchthon - fit de la *Schwärmerei* un terme appartenant au champ sémantique de la religion, ayant une fonction essentiellement (voire uniquement) polémique, et désignant en les dépréciant les « idées chimériques de ceux dont il convenait de faire des hérétiques ». Arme de guerre religieuse, injure désignant le mysticisme qui prend ses dons et les sacrements pour des réalités explicables, repris en traduction par Calvin, le mot *Schwärmerei* a la vocation de stigmatiser, de connoter péjorativement et il est important de le souligner pour mesurer l'évolution de la position de Kant par rapport à ce contenu à la fois prédéterminé et surdéterminé, contrairement à Leibniz par exemple qui dans les *Nouveaux essais sur l'entendement humain*[2] reproduit une conception communément acceptée. Seulement, comme l'analyse kantienne se veut complète et complexe, elle tend à utiliser toutes les potentialités, toutes les nuances d'un tel terme : des derniers échos de l'anathème luthérien aux ressources de l'étymologie en passant par les déterminations purement kantiennes de la *Schwärmerei* définie comme illusion, confusion pathologique, orgueil, volonté de l'illimité et de l'immédiateté et définie surtout par rapport à la rationalité comme « raison négative ». Cette indétermination sémantique se fait jour à travers les différentes traductions françaises. Ces dernières soulignent certes la richesse de la *Schwärmerei* mais en obscurcissent singulièrement les contours. On peut ainsi citer quelques variantes de ces traductions françaises : enthousiasme (choix de Philonenko dans sa traduction de *Qu'est-ce que s'orienter dans la pensée ?* chez Vrin), fanatisme (choix des traducteurs de la *Critique de la raison pratique* dans l'édition de la Pléiade L . Ferry et H . Wismann), divagation (choix de J. Rivelaygue pour les *Prolégomènes...*), extravagance (choix de P. Jalabert pour sa traduction de *Qu'est-ce que s'orienter dans la pensée ?* en Pléiade et des traducteurs de la *Critique de la faculté de juger*

---

[1] *Müntzer contre Luther. Le droit divin contre l'absolutisme princier.*

[2] *Nouveaux essais sur l'entendement humain*. Livre 4 , chapitre 19 : *De l'enthousiasme.*

dans la même collection), exaltation (choix commun à M. Foucault pour *l'Anthropologie du point de vue pragmatique*, A. Renaut pour la traduction de *Sur un ton supérieur nouvellement pris en philosophie* et à F. Marty dans son ouvrage *La naissance de la métaphysique chez Kant*), illuminisme (choix des traducteurs du *Kant-Lexikon* A.D Balmès et P. Osmo), auxquelles correspondent pour les termes *Schwärmer* et *schwärmerisch* les formes grammaticales adéquates c'est-à-dire : enthousiaste, fanatique, visionnaire, exalté, divagant etc...Concernant les traductions les plus récentes, on peut noter qu'A. Renaut et J.P Fussler (traducteurs respectivement de la *Critique de la raison pure* aux éditions GF 1997 et de la *Critique de la raison pratique* GF 2003) font le choix commun et justifié de rendre *Schwärmerei* par « exaltation de l'esprit » plutôt que par « enthousiasme ». Tous deux évoquent en effet le caractère trop « daté » de la traduction par « enthousiasme » en montrant que la dimension péjorative du terme s'est perdue pour nous aujourd'hui. J.P Fussler cite le *Dictionnaire françois-allemand et allemand-françois à l'usage des deux nations* (septième édition- La Veaux – 1801) qui « traduit *Schwärmerei* par fanatisme mais traduit enthousiaste par *Schwärmer* ». Il montre également que Leibniz, comme nous l'évoquions précédemment, traite de l'enthousiasme en le définissant ainsi : « L'enthousiasme signifie qu'il y a une divinité en nous. *Est Deus in nobis*. » Il ne fait d'ailleurs ici que retrouver l'étymologie du terme, *entheos* en grec signifiant « inspiré par un dieu ». Mais cette traduction, conforme à la langue de l'époque, ne fait plus sens aujourd'hui car le terme a perdu sa charge péjorative et a même dans son usage contemporain un sens la plupart du temps positif. J.P Fussler propose donc (à l'instar d'A. Renaut) de traduire *Schwärmerei* par « exaltation » ou « exaltation de l'esprit » et montre à l'appui de son choix que le sens de *ein Schwärmer* est particulièrement bien rendu en français par « un exalté » (ce que F. Marty remarquait le premier dans son ouvrage *La naissance de la métaphysique chez Kant*). On peut noter par ailleurs qu'en allemand contemporain le terme *Schwärmerei* est de moins en moins usité mais qualifie toujours péjorativement. Ainsi, à l'heure actuelle, un *Schwärmer* est un individu qui fait montre d'un manque de maturité psychologique, qui s'emballe excessivement pour telle ou telle chose, qui semble faire fi des contingences matérielles au profit de ses rêveries. (Merci au Professeur Dietmar von der Pfordten, de l'Université de Goettingen, pour cet éclairage sur la *Schwärmerei* moderne). Maintenant, ce choix entre les traductions étant offert, faut-il vraiment choisir ? Quant à moi, non par facilité, mais au contraire afin de préserver le clair-obscur du mot et de le conserver dans sa chair textuelle, la solution la plus raisonnable me paraît être la non-traduction ; ainsi tout comme le *Dasein* heideggerien, la *Schwärmerei* conserve son mystère tout en se laissant découvrir et se montre tout en se cachant... Et c'est justement du fait de cette résistance au dévoilement total qu'elle a ponctué l'œuvre de Kant d'apparitions plus ou moins brèves, symboles de la misère et de la grandeur du philosophe qui veut expliquer l'inexplicable. Paradoxalement une fois de plus, la gêne de Kant face à la *Schwärmerei* se traduit tout à fait distinctement par le fait qu'elle puisse légitimement constituer ce que nous appelions un « fil directeur » dans toute son œuvre. Présente dès 1764 dans *l'Essai sur les maladies de la tête*, et jusqu'en 1798 dans *l'Anthropologie*, elle traverse toute la chronologie de l'œuvre kantienne et la ponctue d'entrées en scène régulières et remarquées. Régulières tout d'abord, et ce par exemple dans la polémique avec les représentants de la *Schwärmerei* : ainsi les *Rêves d'un visionnaire...* en 1766 contre Swedenborg (ouvrage publié anonymement) ; *Qu'est-ce que s'orienter dans la pensée ?* contre Jacobi en 1786 ; *Sur un ton supérieur...* essentiellement contre Schlosser et ses épigones en 1796 : à un rythme digne de sa légendaire régularité quotidienne, Kant retourne à ses ennemis et surtout à ses propres fantômes. Mais la *Schwärmerei* apparaît aussi dans les « grandes oeuvres » : les trois *Critiques* (*Critique de la raison pure* publiée en 1781 puis 1787, *Critique de la raison pratique* en 1788, *Critique de la faculté de juger* en 1790), la *Religion dans les limites de la simple raison* (1793), l'*Anthropologie...*(1798) où Kant, malgré ses réticences et ses « répugnances » lui offre sa place. Enfin, elle est présente dans de nombreux ouvrages considérés comme mineurs mais en fait capitaux car ils sont des lieux de « défoulement » de la pensée kantienne, comme les *Observations sur le sentiment du beau et du sublime* (1764), *La fin de toutes choses* (1794), *Le conflit des facultés* (1798), et, dans la correspondance - lieu textuel de l'intimité - la très controversée *Lettre à Charlotte Von Knobloch* du 10 août 1763 intitulée *Sur Swedenborg* et surtout la réponse à Borowski de mars 1790 intitulée *Uber Schwärmerei und die Mittel dagegen* par Borowski lui-même et signalée par le *Kant-Lexikon* sous le titre *Sur l'illuminisme.*

Alors pourquoi ce malaise kantien récurrent ; pourquoi cette fascination refoulée, inhibée ; pourquoi cette attirance toujours niée et qui semble tellement inacceptable ? La réponse est évidemment complexe et plurifactorielle : explorer cette complexité et mettre en lumière ces différents motifs d'attraction/répulsion seront, entre autres, les objectifs de ce travail. Pour ce faire, une confrontation entre deux éléments primordiaux est indispensable, à savoir le dialogue entre les notions de *Schwärmerei* et de raison. Dialogue interne tout d'abord : on le verra, la *Schwärmerei* représente une tentation qui choque la rationalité kantienne et dont cette dernière doit s'affranchir malgré la fascination exercée. Kant va donc se combattre lui-même et combattre en lui les penchants exaltés qui s'incarnent dans la personnalité de Swedenborg. Fasciné par le personnage du visionnaire mais niant cette attraction, Kant va commencer par lutter dans un ouvrage anonyme contre ce négateur de la raison mais sans jamais déclencher une querelle franche, directe et publique. Le dialogue entre la *Schwärmerei* et la raison devient en revanche public et externe lors de la querelle avec Jacobi, qui apparaît sous la forme de la querelle du panthéisme. Cette confrontation entre deux notions appartient donc concomitamment au système de la raison (dans le combat de Kant contre lui-même) mais aussi concrètement à l'histoire de la raison dans la mesure où elle s'inscrit dans un temps et un lieu déterminés (à l'occasion de la querelle du panthéisme) mais dans la mesure aussi où elle appartient à l'histoire de l'idéalisme allemand, avec notamment l'intérêt que porte le jeune Hegel à cette thématique (*cf. Foi et savoir*).

Finalement, l'on peut distinguer dans le rapport de Kant à la *Schwärmerei* plusieurs optiques qui, en se complétant, tenteront de cerner et d'approfondir les enjeux du sujet. Tout d'abord : *Was ist Schwärmerei* ? Confusion pathologique, orgueilleuse prétention à l'immédiateté ou « raison négative » ? Le danger d'une alternative possible à la rationalité kantienne et le devoir de dénoncer cet antiparadigme. Puis dans un second temps : *Kritik der schwärmerischen Vernunft* : la nécessité absolue de lutter contre une *Schwärmerei* trop attirante par la mise à distance et l'imposition de limites. Enfin dans un dernier temps : L' « explosion » du *Pantheismusstreit* et l'affrontement entre Kant le philosophe et Jacobi le génie *Schwärmer* : de la confrontation de deux « idiosyncrasies philosophiques » à l'antagonisme conceptuel.

Chapitre I

Was ist Schwärmerei *? Confusion pathologique, orgueilleuse prétention à l'immédiateté ou « raison négative » ? Le danger d'une alternative possible à la rationalité kantienne et le devoir de dénoncer cet antiparadigme.*

Pour caractériser l'approche kantienne de la *Schwärmerei* la plus claire ou tout du moins la moins ambiguë, le terme utilisé par Kant en 1768 (*Du premier fondement de la différenciation des régions dans l'espace*), géométrique à l'origine, de *congruence*, me paraît la métaphore la plus appropriée, et ce, pour plusieurs raisons. Une justification s'impose donc, en plusieurs points : *primo*, un commentaire interne de l'œuvre par l'œuvre étant toujours fécond, il serait fort dommage de se priver d'une symbolique qui convient parfaitement, au risque d'en employer une autre moins adéquate ; *secundo*, signifiant « ce qui peut être enfermé dans les mêmes limites », la notion de congruence et son contraire (qui signifie ce qui est égal et semblable mais qui ne peut être enfermé dans les mêmes limites) s'appliquent tout à fait, d'une part, au « mélange » - à la fois confusion et illusion - d'éléments hétérogènes et n'entrant pas dans les mêmes limites que constitue la *Schwärmerei*, et d'autre part, à la nécessité kantienne d'être non-congruent par rapport à elle (à la fois ressemblant et différent) ; *tertio*, la congruence se déterminant à l'aide de la notion de limite, le thème annonce un autre éclairage sur Kant et la *Schwärmerei*, qui analysera cette dernière comme une volonté de dépasser les limites, fondant par là même *a contrario* la grande aventure du criticisme.

1-La congruence délirante et la volonté de connaître l'inconnaissable

a- La *Schwärmerei* comme illusion, analogie indue, confusion hallucinatoire et affection pathologique

En premier lieu, si la *Schwärmerei* est aussi pernicieuse et aussi gênante pour le philosophe, c'est d'abord et avant tout parce qu 'elle permet la naissance, la croissance et le maintien en vie d'êtres hybrides et monstrueux, mélanges hétérogènes de facultés ou d'objets de pensée : elle rapproche la folie de l'entendement . Dès 1764, dans l'*Essai sur les maladies de la tête*, qualifiant le *Schwärmer* et par extension la *Schwärmerei,* Kant utilise le vocabulaire de l'illusion, du piège : « La nature ne connaît pas d'illusion plus dangereuse. »[3] Deux ans plus tard, Kant explicite ce jugement laconique et avoue, dans un étonnant passage des *Rêves d'un visionnaire...* la collusion possible, le voisinage envisageable entre des domaines apparemment absolument hétérogènes : « La folie et l'entendement ont des frontières [ici le terme allemand est « *Grenzen* » c'est-à-dire limites] si indistinctes qu'on a de la difficulté à aller loin dans un de ces domaines sans faire quelquefois un petit parcours dans l'autre... »[4] Réflexion remarquable, du fait de la rareté du traitement de ce thème dans l'œuvre kantienne et tout à fait significative de l'équivoque optique de Kant, qui dénonce l'illusion tout en la jugeant inévitable, faisant ainsi de nécessité défaut. Car, il ne faut pas s'y tromper, même s'il admet l'évidence de l'illusion, il la repousse et la rejette comme telle. Sa bête noire, en tant qu'homme raisonnable reste et demeure le fait que l'on puisse prendre une chose pour une autre, prendre par exemple un philosophe pour un visionnaire, prendre la raison pour la folie, ou plus simplement prendre l'image d'une chose pour la chose

---

[3] AK II, 266-267. Traduction J-P Lefebvre ; la traduction du *Kant-Lexikon* donne « leurre » et celle de M. David-Ménard « hallucination ».

[4] AK II, 356 ; OP I, 572.

elle-même. Or la *Schwärmerei* n'est que cela, elle est faite d'illusion. D'ailleurs, elle est une espèce du genre « illusion religieuse » (le terme allemand est *Wahn* ici) que Kant définit dans *La religion dans les limites de la simple raison* comme « ce genre d'erreur qui consiste à regarder la simple représentation d'une chose comme l'équivalent de la chose elle-même. » [5]. Seulement, si l'on s'illusionne en permanence, on devient incapable de distinguer le vrai du faux or la distinction, la dissociation, le distinguo et l'art de faire des différences sont les meilleurs garants de la raison. Si l'on ne se place pas sous ces égides salvatrices, on sombre dans le délire, on déréalise l'entourage puis on devient susceptible de contaminer les autres ; ainsi dans *Sur l'illuminisme...*, Kant évoque-t-il le *Schwärmer* qui « s'empare [...] d'effets qui peuvent être de purs produits de l'imagination - aussi bien chez la personne qui observe que chez celle qui est observée »[6]. Par conséquent, de la « contamination » métaphorique au vocabulaire de la pathologie (non pas au sens kantien, mais au sens médical), le pas est vite franchi et dans, *l'Anthropologie...*au sein de l'onomastique kantienne qui rapproche *Schwärmerei* de *Wahnwitz* (traduit par « extravagance » par Foucault, par « divagation » dans la Pléiade) et les compare, l'extravagance est bien au nombre des « maladies de l'âme ». Et le fait le plus intéressant est justement qu'elle y est certes définie comme « dérangement du jugement », mais surtout qu'elle y est décrite très précisément comme une congruence délirante : « ...sous son effet, l'esprit est lanterné par des analogies confondues avec les concepts des choses similaires, et dès lors l'imagination fait miroiter un jeu d'association de choses disparates, analogue à l'entendement... »[7]. D'ailleurs, et ce à titre purement anecdotique - mais malgré tout, à l'instar de Kant, je me dois de « rentabiliser » ma lecture de Swedenborg - il est amusant de constater que Swedenborg lui-même, le *Schwärmer*, insiste lui aussi sur cette idée de l'illusion (il y aurait beaucoup à dire de

---

5 AK VI, 168 ; OP III, 201.

6 AK XI, 142. Lettre à Borowski (entre le 6 et le 22 mars 1790).

7 AK VII, 215 ; OP III, 1033.

même dans ce cas sur le refoulement de l'ego) dans des termes qui ne sont pas sans évoquer, et c'est un euphémisme, le passage cité de *Sur l'illuminisme*. Il écrit ainsi - et cela constitue un parallélisme incongru et très gênant pour Kant de par , on le verra, la possible identification de leurs avis - dans les *Arcanes célestes...* à propos des « esprits enthousiastes » : « ceux-ci ont des visions qui ont rapport à des choses qu'on doit croire, dont ils sont si fortement persuadés, et qu'ils persuadent aux autres avec tant d'ardeur, qu'ils peuvent jurer que le faux est vrai et qu'une imposture est une chose réelle... »[8].

Seulement, et pour en revenir à l'analyse kantienne, la *Schwärmerei* est davantage qu'une illusion, qu'une association délirante ou qu'une fusion illégitime, elle est fondamentalement aussi confusion hallucinatoire, subreption pour employer le vocabulaire kantien - on touche ici au cœur de la congruence - mélange délirant de facultés et de concepts. Hallucinatoire dans un premier temps car la congruence divagante assimile d'abord de façon indue des éléments hétérogènes au niveau visuel et que cette problématique de l'hallucination - et du déplacement du *focus imaginarius* - revient à plusieurs reprises dans l'œuvre kantienne, tel un modèle métaphorique. Jacques Rozenberg y consacre d'ailleurs un article intéressant intitulé : « La théorie optique de l'hallucination dans les *Rêves d'un visionnaire...* de Kant »[9]. Toutes ses analyses sont des variations autour de ce thème central - qui n'est étudié ici que dans une œuvre - : la confusion. Et l'on retrouve ici la métaphore de la congruence, qu'il qualifie quant à lui d' « illégitime », entre « objet réel et image virtuelle ». Il évoque aussi l'idée du « brouillage », l'hallucination étant un brouillage entre l'« image originaire » et l'« image fantomatique », une confusion entre l'intérieur du sujet et son extérieur. En fait, la personne qui souffre d'hallucinations extériorise les créations de son sens interne et leur offre une réalité effective, en les voyant comme si elles étaient présentes face à elle. Kant dans les *Rêves d'un*

---

[8] *Arcanes Célestes...* Seconde partie . Chapitre seizième, § 1968.

[9] In *Revue philosophique de la France et de l'étranger* . Numéro 1, janvier-mars 1985 .

visionnaire... ne dit pas autre chose et consacre de longues pages à expliquer pourquoi les *Geistersehers*, les visionnaires, les « voyeurs d'esprits »[10], « transportent hors d'eux-mêmes l'illusion née de leur imagination... »[11]. Selon lui, cela est dû au déplacement du « *focus imaginarius* » (point de fuite des sensations) de l'intérieur de l'homme à l'extérieur. Cela induit une grande solitude pour le visionnaire qui croit évidemment « voir ou entendre très distinctement tant de choses que nul ne perçoit sinon lui... »[12] Et, si l'on peut faire de cette image de l'illusion visuelle un modèle, c'est que Kant y revient dans la *Critique de la raison pure*, et fait, dans *l'Appendice à la dialectique transcendantale* du *focus imaginarius* un point régulateur, au-delà des limites de l'expérience possible, qu'il ne faut absolument pas prendre pour un élément constitutif[13]. En une seule page, on assiste à la confrontation du kantisme et de l'illuminisme. Malgré tout, il ne faut pas réduire la *Schwärmerei* à cette unique modalité de la confusion, car elle désigne une confusion plus complexe, se déclinant dans différents domaines. Tout d'abord, dans le domaine du savoir, la *Schwärmerei* - on le verra longuement ultérieurement, je ne fais donc ici que souligner la congruence indue - confond l'objectif et le subjectif, le savoir et la foi tels qu'ils sont définis dans la *Critique de la raison pure* (*Canon de la raison pure*). La *Schwärmerei* est foi, c'est-à-dire qu'elle n'est « suffisante que subjectivement » [pour le *Schwärmer*] mais en fait « objectivement insuffisante »[14] tandis qu'elle se croit savoir c'est-à-dire « suffisante subjectivement aussi bien qu'objectivement ». Premier grave manquement à la logique. À un autre degré, la *Schwärmerei*, par l'intermédiaire de ses représentants directs ou indirects, confond les facultés et leurs correspondants conceptuels : elle prend en quelque sorte le phénomène pour la chose en soi, le sensible pour le

---

10 Traduction de M. David-Ménard dans *La folie dans la raison pure...*

11 AK II, 343-344 ; OP I, 558.

12 AK II, 347 ; OP I, 562.

13 AK III, 427-428 ; OP I, 1247-1248.

14 AK III, 533 ; OP I, 1377.

suprasensible, subreption par excellence. A. Philonenko explique très bien dans son introduction à *Qu'est-ce que s'orienter dans la pensée ?* que Mendelssohn , qui mène à la *Schwärmerei* de la raison dogmatique - et qui sera un des exemples les plus frappants d'illimitation dans le domaine de la raison - fonde ses démonstrations sur « une confusion de l'entendement et de la sensibilité » ; quant au spinozisme, (et à travers lui, Jacobi) il est défini dans les mêmes termes comme une « confusion de l'*esse* et du *concipi*, de l'intuition et du concept ». Allant plus loin que le schème lui-même, la *Schwärmerei* outrepasse donc ses droits à l'analogie. Par conséquent, elle se fourvoie à l'instar du mysticisme qui « fait un schème de ce qui ne servait que de symbole »[15] , qui croit que l'idée pourrait être présentée dans l'intuition, et qui, ce faisant, ne fait que s'égarer « dans le transcendant », égarement qui n'est qu'une conséquence tout à fait naturelle de la confusion perpétuelle. Monique Castillo évoque aussi cette subreption dans son ouvrage *Kant, L'invention critique* : « Le suprasensible du visionnaire est (...) une réalité qu'il croit effectivement saisir et posséder grâce à une extension de sa sensibilité au-delà de toutes les bornes de sa vie corporelle. La sensibilité est ainsi traitée comme une sorte de pouvoir trans-sensoriel, comme un pouvoir de connaître l'immatériel au-delà du sensible. »[16] Ainsi, et l'on s'achemine ici vers une présentation de la *Schwärmerei* comme une pathologie dangereuse, les prodromes à l'affection pathologique se situent dans la congruence hallucinée. Cela, Kant l'expose très nettement dans un passage polémique des *Rêves d'un visionnaire...* directement dirigé contre le *Schwärmer* Swedenborg : selon Kant, c'est bien la confusion entre les domaines spirituel et matériel qui est à l'origine de la création délirante des *Arcanes Célestes...* et donc de la folie de Swedenborg : pour lui, c'est ce rapprochement indu qui est « le réservoir des figures barbares et indiciblement stupides que

---

15 *Critique de la raison pratique. Typique de la faculté de juger pratique.* AK V, 70 ; OP II, 694.

16 *Kant, L'invention critique.* Vrin, 1997.

notre exalté [*Schwärmer*] croit voir en pleine clarté dans sa fréquentation quotidienne des esprits »[17]. La relation kantienne par excellence, celle de cause à effet, est donc établie entre la *Schwärmerei* comme folle congruence et cette même *Schwärmerei* comme affection pathologique. Ainsi, le visionnaire, lâchant la proie pour l'ombre, s'amuse avec ses propres créations qu'il a extériorisées et échange - comme l'écrit Kant dans *l'Anthropologie...* - « un idéal (de la raison pratique) contre une idole »[18], les Lumières contre l'exaltation.

Or c'est cette volonté exaltée, cette persévérance dans l'erreur, cette résistance au retour de la saine perception de la réalité des choses, bref, cette affirmation péremptoire et fière de la vérité supérieure de la *Schwärmerei* qui la précipite, aux yeux de Kant, dans le gouffre où bouillonnent les maladies de la tête. Il ne faut jamais oublier, en effet, que la première occurrence du terme se situe dans *l'Essai sur les maladies de la tête* et qu'une de ses dernières apparitions se trouve dans *l'Anthropologie...* au cœur du classement des maladies de l'âme (classement qui s'effectue, peu ou prou, autour de la notion-pivot que constitue la divagation). Pour Kant, la *Schwärmerei* est aussi, sinon surtout, une véritable maladie. Aussi n'hésite-t-il pas à se lancer dans des descriptions psychophysiologiques, dont certaines ne sont pas sans rappeler des démonstrations cartésiennes : ainsi cet étonnant passage des *Rêves d'un visionnaire...* dans lequel il évoque les personnes susceptibles d'avoir des apparitions : personnes « dont les organes possèdent un degré inhabituel d'irritabilité, de nature à fortifier les images de la fantaisie par un mouvement harmonique selon l'état interne de l'âme, plus intensément que cela n'arrive d'ordinaire aux hommes en bonne santé, et même que cela ne devrait arriver »[19]. Il finit par qualifier ces personnes de « peu banales », doux euphémisme dans un moment de son discours où il se veut plus objectif que polémique, plus savant que contradicteur et surtout plus éloigné de ces dites personnes que concerné par leur état. Dans d'autres passages, irrité par les

---

17 AK II, 365 ; OP I, 583.

18 AK VII, 192 ; OP III, 1009.

19 AK II, 339-340 ; OP I, 553.

prétentions excessives du *Schwärmer*, Kant, maniant l'épée de l'humour caustique se révèle un redoutable bretteur, qui fait mouche grâce à quelques métaphores savamment perfides. Ainsi, toujours dans les *Rêves d'un visionnaire...* , joue-t-il du *topos* du devin aveugle qui voit ce que le commun ne peut voir alors que le commun est sensé voir mieux que lui, mais il l'utilise en considérant que c'est une partie de sa raison que le *Schwärmer* échange contre son soi-disant don, reflet contemporain du marché de dupes entre Junon et Tirésias. Il renvoie donc l'exalté de façon lapidaire à la triste réalité : « La connaissance intuitive de l'autre monde ne peut s'acquérir ici-bas qu'au prix d'une partie de l'intelligence dont on a besoin pour celui-ci. »[20]. Plus basse, mais plus amusante, cette attaque directe contre Swedenborg dans la partie « historique » : « ...à coup sûr [...] dans le monde lunaire, sa bouteille est entièrement pleine et ne le cède à aucune de celles que l'Arioste y a vues remplies de la raison qu'on avait ici-bas perdue... »[21]. Explicitement donc, la *Schwärmerei* est perte, défaut de la raison, maladie psychique. On ne peut donc point blâmer ceux qui veulent conduire les visionnaires à l'hôpital, comme l'explique Kant, même si de nos jours le bûcher n'est plus nécessaire et qu'une bonne purge suffit. D'ailleurs, et cela est cité par F. Courtès dans son édition des *Rêves d'un visionnaire...*, une fois de plus, le malade Swedenborg entérine les craintes kantiennes en répondant à un ami (Robsahm) qui aurait voulu partager ses dons : « Prenez garde, c'est un chemin qui conduit à l'hôpital des fous. ». Si c'est le visionnaire lui-même qui le dit... Kant n'a plus de scrupule à avoir en évoquant : « le cerveau fiévreux des enthousiastes [*Schwärmer*] abusés... »[22]. On peut donc légitimement écrire, comme le fait Rozenberg [23] que la « supravision » devient « une entité

---

[20] AK II, 341 ; OP I, 555.

[21] *Rêves d'un visionnaire...* AK II, 359-360 ; OP I, 576. Il s'agit ici d'une allusion au *Roland furieux*, chap. XXXIV, stances 67 et suiv., où l'on voit Astolphe, conduit par Saint Jean sur la lune, y retrouver tout ce qui est perdu sur terre et, en particulier, enfermée dans une ampoule, la raison qu'a perdue Roland et qu'il lui rapportera.

[22] *Rêves d'un visionnaire...* AK II 348 ; OP I, 563.

[23] *Op. cit.*

pathologique ». Enfin, pour terminer sur ce point, il est intéressant de remarquer que Kant conserve le champ sémantique de la pathologie et y évolue comme dans un milieu métaphorique dans la lettre *Sur l'illuminisme*, qui a d'ailleurs été intitulée par Borowski : *Sur l'illuminisme [Schwärmerei] et les moyens d'y remédier*. Ce dernier, dans sa lettre à Kant du 6 mars 1790[24] donnait déjà le ton : « Il me tenait à cœur de remettre en place tant de têtes exaltées [*schwärmerischen Kopfes*] même dans notre pays... » Kant, dans sa réponse, utilise certes le vocabulaire médical mais à plusieurs degrés : il ne veut plus se contenter de décrire et de purger (en schématisant bien sûr) mais il souhaite aller plus loin et éradiquer un mal philosophique dont il a mesuré depuis les *Rêves d'un visionnaire...* tout le danger et toutes les potentialités négatives... Un bref relevé des expressions de la lettre suffira pour preuve : il débute sa lettre par cette formule : « Vous me demandez d'où peut provenir l'exaltation [*Schwärmerei*] qui actuellement se propage et comment on pourrait remédier à ce mal », puis il emploie les expressions « médecins de l'âme », « contaminer », « épidémie de lecture », « maladie » et enfin répond à Borowski en ces termes : « Contre ce mal, je ne vois aucun autre remède que... » Ici Kant est très clair : la *Schwärmerei*, non contente d'être une puissance d'illusion et de confusion est un véritable danger.

b-L'*hubris* des illuminés : une volonté de dépasser les limites

Du simple fait d'exister, sans revendication particulière ni prosélytisme contaminant, la *Schwärmerei* est une menace pour l'œuvre kantienne, pour la personnalité de Kant, pour sa découverte majeure en philosophie. Il est très important de remarquer, dans le cadre de ces analyses, que, si Kant a un compte personnel à régler avec la notion c'est parce que cette dernière ruine son œuvre (après lui avoir donné naissance) autant qu'elle heurte sa sensibilité personnelle. Et ce tout simplement parce qu'elle se définit comme une absence de limites, un

[24] AK XI, 140.

dépassement des limites, une atteinte magique de l'illimité : autant de prétentions insupportables pour celui qui a fondé la métaphysique comme science des « limites de la raison humaine » et a fait de ces limites (*Grenzen*) un fil directeur essentiel de toute son œuvre. Ainsi ce que, par exemple, Kant ne peut supporter chez un Jacobi c'est, comme l'explique Philonenko, son « désir forcené d'effacer les limites » ; pour Jacobi, l'Absolu doit se trouver dans le *hic et nunc*, doit entrer en nous, l'Idéal doit se phénoménaliser : pour Kant, Dieu doit rester à sa place et nous à la nôtre, plus on posera de limites aux différents pouvoirs de l'esprit, moins ils seront tentés de divaguer et d'aller chercher ce qu'ils ne peuvent pas trouver. Jacobi, d'un bond, s'arrache à l'expérience et se disperse dans un éther supra-humain, quand la philosophie kantienne se veut à portée humaine et reconnaît l'ingrate finitude de notre raison sans chercher à aller au-delà : telle est la différence capitale entre Kant et la *Schwärmerei*. Cette dernière est d'ailleurs définie par Kant dans cette optique de dépassement des limites dans un passage essentiel de la *Critique de la raison pratique*. Si ce passage est aussi fondamental, c'est parce qu'il contient une des rares définitions nettes de la *Schwärmerei*, et constitue un des rares moments où Kant accepte de thématiser la notion interdite, bref il aurait formé un des paragraphes fondamentaux de l'inédit *Was ist Schwärmerei ? :* « Si le fanatisme [*wenn Schwärmerei*], dans le sens le plus général du mot, consiste à entreprendre, suivant des principes, de dépasser les limites de la raison humaine [*der Grenzen der menschlichen Vernunft*] le fanatisme moral [*moralische Schwärmerei*] consiste en cette transgression des limites que la raison pure pratique pose à l'humanité... » [25]. Il faut ici remarquer que, comme nous sommes dans la *Critique de la raison pratique*, Kant veut définir avant tout le fanatisme moral et c'est à cette occasion que, différentiellement ou plutôt comme un point de repère (le genre guidant l'appréhension de l'espèce) il donne une définition générale de la *Schwärmerei* qui, sans cette occasion fortuite, n'aurait peut-être jamais eu droit à une détermination en bonne et due forme. Ce court passage a au

---

[25] AK V, 85 ; OP II, 712.

moins le mérite de la clarté : « dépasser les limites de la raison humaine », « transgression des limites », la *Schwärmerei* est bien l'ennemi, que l'on pourrait désigner en termes grecs par cette formule : l'*hubris* de l'*apeiron*. La démesure, la folle ivresse du « gai savoir » sans effort atteignant des hauteurs de vue insoupçonnées, sont contraires à l'intérêt de la raison spéculative qui n'est autre que justement : « limiter la démesure (*Frevel*) spéculative. »[26]. Toutefois, toujours dans ce même registre de franchissement des limites, la *Schwärmerei* ne se réduit pas à dépasser celles de la raison, elle outrepasse aussi, à un niveau inférieur, celles de la sensibilité. Et cette transgression, pour être plus commune, n'en est pas moins dangereuse, car elle paraît, et est d'ailleurs, plus accessible, plus susceptible de se répandre telle une épidémie et de faire naître par conséquent toute une population de « visionnaires ». Il est en effet plus facile de voir des esprits, de divaguer sur d'éventuelles apparitions que de s'interroger sur les principes premiers des choses, sur la raison humaine en tant qu'elle est limitée, sur l'Absolu en tant qu'il ne peut être transformé en phénomène... Donc, si la *Schwärmerei* est l'ennemi suprême, insaisissable, c'est aussi parce qu'elle n'accepte pas de jouer le « jeu » de la raison, en se situant délibérément dans une autre sphère que celle de l'expérience possible, domaine pourtant imparti et échu à l'homme et dont il n'a pas à sortir. Elle est donc « une illusion qui consiste à voir quelque chose au-delà de toutes les limites de la sensibilité »[27], c'est-à-dire qu'elle est une contradiction en acte : elle veut voir l'invisible, utiliser le sens de la vue, pour atteindre l'au-delà de la sensibilité, ce qui n'est rien d'autre que la manie du visionnaire, le *Geisterseher*, celui qui voit les esprits. Comparable, on le verra, à l'illusion transcendantale, niveau supérieur de l'illusion précédemment étudiée, elle est le résultat d'une volonté antithétique, sorte d'entité monstrueuse et pérenne, qui se soutient de son propre caractère contradictoire. Mais, elle ne fait que se maintenir dans un espace vide, car comme l'explique H.

---

[26] *Critique de la raison pratique*. AK V, 121 ; OP II, 756.
[27] *Critique de la faculté de juger*. AK V, 275 ; OP II, 1048.

Delacroix dans son article[28], elle ne permet de fonder « qu'une pure création de l'Esprit ». La *Schwärmerei* ne peut ni garantir, ni justifier les « faits merveilleux » qu'elle allègue car « aucune expérience ne nous permet de conclure à des principes au-delà de toute expérience possible ». Mais, peut-on objecter, l'*a priori* kantien qui est connaissance indépendante de toute expérience, n'est-il pas le retour subreptice de la *Schwärmerei* sous un autre nom ? Justement non, car on ne peut porter de jugement synthétique *a priori* que sur la « condition formelle d'une expérience possible (externe ou interne) en général ». L'*a priori* est l'exploration des conditions de possibilité et la connaissance spéculative *a priori* ne s'étend pas au-delà des « objets d'une expérience possible pour nous », alors que la *Schwärmerei* n'est que la vaine recherche de ce qui est à la fois inconditionné et impossible et de ce qui franchit toutes les limites (expérience, sensibilité, raison). Par conséquent, et telle est la conclusion de l'article, « aucune expérience ne peut révéler le suprasensible puisque toute expérience subit les formes de la sensibilité et de l'entendement et les phénomènes qui échappent à la liaison normale de l'expérience ne sont que des apparences ». En bref : alors que l'*a priori* cherche à cerner le phénomène (*Erscheinung*), la *Schwärmerei* ne trouve face à elle que son ersatz, l'apparence (*Schein*) ; et tandis qu'elle avait cherché à connaître l'inconnaissable, elle se retrouve perdue, errant dans un arrière-monde parallèle...

L'*hubris*, en effet, se paye toujours et l'on ne franchit pas impunément les limites de l'humaine nature. Or, tel est le destin de la *Schwärmerei* : en voulant, par des moyens divagants, lever un voile qui devait rester en place, elle va se perdre au-delà de l'archipel des facultés humaines dans une mer déchaînée et infinie. Mais tout d'abord, par l'analyse des « restrictions » kantiennes quant à ce qui est connaissable, on peut définir différentiellement la *Schwärmerei* comme transgression de ces interdits. Dans les *Prolégomènes à toute métaphysique future...*, Kant pose une restriction qu'il reprendra

---

28 *Revue de métaphysique et de morale* 1904. *Kant et Swedenborg.*

maintes fois et qui rejoint l'analyse précédente de l'*a priori* : celle qui empêche la connaissance d'atteindre l'en soi. Il rappelle que la raison, « au moyen de tous ses principes *a priori* » nous conduit à la limite objective de l'expérience, fondement premier de tous les objets de cette dernière, mais, et il fait la part du régulateur et du constitutif, pour éviter toute subreption, « elle ne nous instruit pas toutefois de ce que ce terme est en soi. »[29]. Cela paraît être une évidence kantienne : on peut connaître le phénomène et non la chose en soi ; mais encore faut-il comprendre pourquoi cette impossibilité est posée et surtout contre quoi ou contre qui. Kant ne décide pas tout à coup de la limitation de la raison humaine, mais il assigne un terme à ceux qui prennent leurs rêves de visionnaires pour des réalités. Et cette connaissance objective impossible de l'en soi inconnaissable est aussi un des fils directeurs de la raison kantienne contre la *Schwärmerei* car elle réapparaît à plusieurs reprises, notamment bien sûr dans les *Critiques*. Ainsi, dans la *Critique de la raison pratique*, dans le chapitre sur les postulats de la raison pure pratique, est réaffirmée la limite intrinsèque de la raison spéculative, de la raison théorique. Ces postulats que sont la « nature de notre âme », « le monde intelligible », « l'Etre suprême », et qui recoupent les sujets favoris du *Schwärmer*, nous ne les connaissons pas « suivant ce qu'ils sont en eux-mêmes »[30] ; seule la raison pratique peut nous y donner accès mais par d'autres voies que celles empruntées par la spéculation. Or la *Schwärmerei* a la folle prétention d'expliquer rationnellement le suprasensible et de le connaître objectivement. Rien n'est moins sensé et Kant y revient une dernière fois dans la *Critique de la faculté de juger* dans des termes sans équivoque, qui soulignent bien l'abîme entre nature et liberté, et qui assignent clairement à la raison théorique son domaine propre qu'elle ne peut ni ne doit dépasser : « Il y a [...] pour l'ensemble de notre faculté de connaître un champ illimité, mais également inaccessible, à savoir le champ du suprasensible, dans lequel nous ne trouvons pour nous aucun

---

[29] AK IV, 361 ; OP II, 147.
[30] AK V, 133 ; OP II, 770.

terrain et donc sur lequel nous ne pouvons avoir un domaine en vue de la connaissance théorique ni pour les concepts de l'entendement ni pour ceux de la raison. »[31]. Par conséquent, ceux qui se risquent dans cet illimité sont immédiatement stigmatisés comme *Schwärmer*, ainsi Berkeley dont l'idéalisme est dit mystique et divagant (*schwärmerisch*) dans les *Prolégomènes...* car il tente de prouver l'existence de Dieu comme cause de nos perceptions. De plus, tous ces échauffements délirants, toutes ces envolées utilisent leurs propres moyens surnaturels et divagants pour atteindre leur but : la *Schwärmerei* refuse presque hautainement les ressources proposées par la raison et l'entendement au profit de diverses facultés, qui tiennent plus du *Deus ex machina* que de la médiation naturelle et rationnelle. Kant s'élève donc aussi contre ces « instruments » du *Schwärmer* car il y voit, à juste titre, l'alternative à long terme à une raison défaillante (comme on le verra) mais aussi en premier lieu et à court terme, une sorte de « moyen court pour faire l'économie de la raison » (pour plagier un célèbre ouvrage de Madame Guyon) . Moyen court, car il contourne les difficultés de la quête rationnelle pour proposer une autre voie, inexplicable et injustifiable , et c'est surtout cette dernière détermination qui est inadmissible : que l'on fasse une hypothèse contraire à celle que propose Kant, bien sûr, il n'y voit pas d'objection, mais si elle arrive comme un éclair, sans justification ni explicitation, elle ne peut être qu'un expédient, subtil certes, et donc à craindre, mais qui reste un expédient. Ainsi l'instrument par excellence de l'idéalisme qui « proprement dit a toujours la divagation [*Schwärmerei*] pour fin »[32] est l'intuition intellectuelle, digne conclusion, - et cela est remarquable déjà chez Platon - de nos connaissances *a priori*, alors que les sens ont pourtant eux aussi une intuition pure *a priori*. Cet exemple des *Prolégomènes...* est significatif de cette folle velléité d'effacer les limites : ainsi, voyant que nous pouvons connaître certaines choses *a priori*, le *Schwärmer*, au lieu de demeurer dans les « limites de la simple

---

31 AK V, 175 ; OP II, 929.

32 *Prolégomènes à toute métaphysique future...* AK IV, 375 ; OP II, 163.

raison » et de poser uniquement l'intuition sensible, veut tout de suite aller plus loin et invente une intuition intellectuelle injustifiée et injustifiable. Et voici comment Kant fait de Platon le père de la *Schwärmerei*, statut qu'il lui attribue de nouveau treize ans plus tard dans *Sur un ton supérieur nouvellement pris en philosophie...* Dans cet écrit, au ton polémique et virulent, violente diatribe contre les *Schwärmer* que sont les « philosophes de l'intuition » comme Schlosser ou Stolberg, Kant revient en effet à la malheureuse grossesse philosophique de Platon, qui a enfanté toute une dynastie d'exaltés . C'est effectivement l'invention d'une nouvelle faculté que Kant lui reproche le plus, l'impulsion donnée à un développement dont on ne sait ensuite, ni où, ni comment, il est susceptible de s'arrêter. Faute d'avoir anticipé la découverte fondamentale qu'est l'intuition sensible *a priori*, Platon a engendré toute une descendance divagante, qui use et abuse de la notion d'intuition pure - intellectuelle - et la réutilise à tort et à travers. Ainsi, comme l'écrit Kant dans une note - une nouvelle fois, la remarque importante est hors du texte - : « S'il (Platon) avait pu deviner [...] qu'il y a assurément des intuitions *a priori* ne relevant pas toutefois de l'entendement humain mais sensibles que par conséquent tous les objets des sens ne sont connus de nous comme phénomènes, et que même leurs formes, que nous pouvons déterminer *a priori* en mathématiques, ne sont pas celles des choses en soi [on retrouve ici ce thème capital, ce qui prouve bien son lien avec la position de nouveaux instruments de connaissance] mais celles (subjectives) de notre sensibilité, qui donc valent pour tous les objets de l'expérience possible, mais aussi ne valent pas un pas de plus, alors il n'aurait pas cherché l'intuition pure [...] dans l'entendement divin et ses archétypes de tous les êtres comme objets existant en soi, et ainsi il n'aurait pas allumé le flambeau de l'exaltation [*Schwärmerei*] mystique. »[33]. En fait, Platon a eu le tort insigne de n'être pas Kant, et cela le désigne presque d'office dans la catégorie des *Schwärmer*. Plus sérieusement, il a eu l'intelligence de faire passer une faculté du divin à l'humain,

---

[33] *Sur un ton supérieur...* AK VIII, 391 ; OP III, 398. Trad. A. Renaut.

pour combler une insupportable finitude. Seulement, pour Kant, l'homme ne doit pas voler le feu divin mais agir droitement et intelligemment avec les moyens dont sa faible nature dispose. C'est la raison pour laquelle il récuse aussi un autre « *organon* » de la *Schwärmerei* : la Grâce et ses effets et ce, de nouveau, dans une note. Dans la longue note qui suit la remarque générale de la première partie de *La religion dans les limites de la simple raison*, Kant s'attaque à ce qu'il nomme les « *Parerga* de la religion à l'intérieur des limites de la pure raison »[34] dont la *Schwärmerei*, conséquence d'une « prétendue expérience interne (les effets de la Grâce) . »[35]. Ce recours aux effets de la Grâce - « pure erreur d'une raison franchissant ses bornes » tout comme la superstition, l'illuminisme et la thaumaturgie - étant une position passive, un « non-faire », qui attend tout d'une puissance supérieure et qui se laisse diriger par une hétéronomie divine, ne peut par conséquent entrer dans les maximes de la raison : il est lui aussi, hors du champ raisonnable. De même, cet appui sur la Grâce, déresponsabilisant, est incompréhensible et « nous ne saurions y adhérer en nos maximes, ni pour un usage théorique, ni pour un usage pratique . »[36]. Supposant absurdement une utilisation d'ordre pratique du concept de cause et d'effet, cet instrument est donc à rejeter dans les flots bouillonnants qui viennent briser contre « l'île de l'entendement ». Cette métaphore de l'île salvatrice, de l'îlot de rationalité dont il ne faut pas s'éloigner résume effectivement en termes de navigation - thème très prisé par Kant - le risque de l'expansion téméraire en-dehors de la fermeté du sol de l'entendement. Ainsi, comme le développe Kant, le pays de l'entendement « est une île, enfermée par la nature même dans des limites immuables. C'est le pays de la vérité [...] environné d'un vaste et tumultueux océan, siège propre de l'apparence, où mainte nappe de brouillard, maint banc de glace sur le point de fondre, présentent l'image trompeuse de nouveaux pays, et ne cessent d'abuser par de

34 AK VI, 52 ; OP III, 70.
35 AK VI, 53 ; OP III, 70.
36 AK VI, 53 ; OP III, 71.

vaines espérances le navigateur parti pour la découverte... »[37]. Or, c'est la raison pour laquelle on peut pardonner à l'imagination ses divagations mais non à l'entendement qui, lui, est une instance supérieure et normative, une fonction qui donne ses limites au terrain connaissable. Car il peut être compréhensible que l'imagination « divague » (*schwärmt*) et ne se maintienne « pas prudemment à l'intérieur des limites de l'expérience », seulement cela n'est pas pensable quant à l'entendement : « car lui seul peut fournir une aide afin de fixer des limites aux divagations de l'imagination [*Schwärmerei der Einbildungskraft*] quand c'est nécessaire. »[38]. Et, s'il décide de ne plus le faire, s'il abandonne l'étalon salvateur de l'expérience, il peut inventer à loisir sans que cette dernière vienne confirmer mais sans qu'elle puisse rien infirmer non plus (puisque tout se déroule alors dans un domaine supra-empirique).

---

37 *Critique de la raison pure*. AK III, 202 ; OP I, 970.

38 *Prolégomènes*... AK IV, 317 ; OP II, 93.

2-L'intuition immédiate (unmittelbare Anschauung) *et le « sentiment » des* Schwärmer *: une négation de la rationalité kantienne*

a-La *Schwärmerei* : un désir du savoir immédiat, de la connaissance « en un coup d'aile »

Influence immédiate, intuition immédiate, inspiration immédiate, immédiate présence : même appliquée à une infinité de notions différentes, l'immédiateté reste un élément absolument invariant quand il s'agit pour Kant de définir la *Schwärmerei*. Or, cette régularité n'a rien d'innocent : en effet, l'absence de médiation, l'économie du temps passé à travailler et à construire est une destruction en bonne et due forme des fondations de l'œuvre kantienne, bâtie sur la nécessaire médiation , sur le schème, sur l'effort. Par conséquent si Kant veut se soutenir, se maintenir debout conceptuellement et même philosophiquement, il se doit de briser la *Schwärmerei* en la dénonçant comme immédiateté, s'il ne veut pas qu'elle lui porte la première estocade. Ainsi, même si dans cette accusation Kant ne fait pas preuve d'une originalité remarquable, car Leibniz avait déjà défini la *Schwärmerei* en ces termes - on va le voir - et il était admis qu'elle désignait, parmi d'autres choses, une révélation immédiate de vérités transcendantes, il utilise à fort bon escient cette diatribe traditionnelle dans son œuvre personnelle, car c'est par rapport à lui, en tant que philosophe et en tant qu'homme, qu'elle trouve son véritable sens ainsi que toute sa nocivité. Comme nous le signalions à l'instant, Leibniz dans les *Nouveaux essais sur l'entendement humain* signale cette caractéristique de la *Schwärmerei* discutée par Philalèthe et Théophile. Philalèthe définit l'enthousiasme comme « le défaut de ceux qui s'imaginent une révélation immédiate lorsqu'elle n'est point fondée en raison » et renchérit : « la source de l'enthousiasme est qu'une révélation immédiate est plus commode et plus courte qu'un raisonnement long et pénible »...Et Théophile (porte-parole de Leibniz répondant à

Locke) dit de la *Schwärmerei* qu'elle « signifie qu'il y a une divinité en nous - *Est Deus in nobis* »[39], inhérence qui, troublée par la pathologie, devient de l'aliénation. Kant reprend donc une thématique déjà déterminée, mais il faut noter qu'il l'utilise dès les premiers textes. Ainsi, dès l'*Essai sur les maladies de la tête*, il y fait allusion dans sa définition du *Schwärmer*, qui est selon lui, un « halluciné [M. David-Ménard traduit « un homme dérangé »] jouissant de ce qu'il croit être une inspiration immédiate et d'une grande intimité avec les puissances du ciel »[40]. Immédiateté, intimité avec Dieu qu'il faudrait considérer comme un élément régulateur à n'envisager qu'avec le plus grand respect : décidément, le *Schwärmer* ne doute de rien, et c'est une des raisons majeures pour lesquelles il est insupportable...La même année, et dans un texte contemporain du précédent (*Observations sur le sentiment du beau et du sublime*), Kant revient à la charge : « Le fanatique [*der Schwärmer*] ne parle que d'inspiration immédiate [*unmittelbarer Eingebung*] et de vie contemplative » puis dans la distinction qu'il opère entre exaltation (*Schwärmerei*) et enthousiasme (*Enthusiasmus*) - distinction que l'on étudiera ultérieurement- , il réutilise le même terme, *unmittelbare* - traduit ici différemment d'ailleurs - pour désigner l'affection elle-même (et non plus l'affecté) : la *Schwärmerei* « croit se sentir en communion directe [*unmittelbare*] et extraordinaire avec une nature plus haute »[41]. De même , dès que le ton devient polémique, l'idée réapparaît : comme par exemple lorsque Kant nie dans *Qu'est-ce que s'orienter dans la pensée ?* que le concept de Dieu et la conviction de son existence puissent lever en nous par « le fait de l'inspiration » ou par « une intuition immédiate »[42]. À ce propos d'ailleurs, Philonenko dans sa présentation de l'œuvre remarque aussi cette expression récurrente et l'inclut dans la tactique stratégique que Jacobi met en place pour se débarrasser de la

39 *Nouveaux essais sur l'entendement humain.* Livre IV Chapitre XIX.

40 AK II, 266-267.

41 AK II, 251 ; OP I, 503.

42 AK VIII, 142 ; OP II, 540.

raison, l'immédiateté devenant ainsi menaçante pour la raison elle- même. Effectivement, après avoir accrédité l'idée de Dieu selon Spinoza comme étant la plus rationnelle, Jacobi, dans un second moment, « en s'appuyant sur une soi-disant « *unmittelbare Anschauung* » sur une intuition immédiate »[43], déclare que cette idée est incompatible avec les exigences du cœur et la foi. Dès lors, le génie propose une autre alternative : « ou le Dieu du cœur ou le néant de la raison incapable de nous élever au divin ». Et c'est cette intuition, cette révélation, grâce à laquelle le « génie » repoussera l'idée de Dieu et la raison trop spinozistes à son gré qui « constituera ce que Jacobi nomme « le saut périlleux » [...] dont procède la négation de la raison ». Ce désir d'immédiateté est donc à prendre très au sérieux, car il n'est pas uniquement le fait d'un malade halluciné mais peut aussi bien être une façon habile de reléguer le modèle rationnel au rang des souvenirs et d'imposer une nouvelle forme de pensée, une autre sorte de penseurs et de philosophes dans la compagnie desquels Kant n'aurait pas de place. Car le « *Genieschwärmer* » se complaît dans son « audacieux élan » et dans son « intuition immédiate » et ce qu'il espère nier, ce sont bien moins - comme l'écrit Philonenko - « les ambitions ontologiques de la raison dogmatisante, que la « lenteur », la « pesanteur » qui s'attache à la voie des démonstrations ». Effectivement, dès que, conformément à la raison, on veut démontrer - ici en l'occurrence l'existence de Dieu - on s'installe dans la discursivité, dans l'activité médiate du *logos*, dans la temporalité qui empêche un résultat instantané. La démonstration suppose nécessairement « entre » Dieu et la conscience une chaîne de raisons et cet « entre » est inacceptable par le *Schwärmer*. Ce que Jacobi cherche en fait à faire disparaître - alors que Kant fait au contraire tous les efforts possibles pour essayer de l'établir - c'est la finitude de la raison qui lui « interdit toute saisie immédiate de l'Etre ». Or, c'est cette finitude indispensable qui préserve de la chimère qu'est la *Schwärmerei*, et qui fait cruellement défaut à ceux qui se laissent tenter par elle. Quant à ceux qui croient découvrir par

[43] AK VIII, 134 ; OP II, 530.

un sentiment « l'indice sûr d'une influence divine immédiate » et qui négligent de remonter, pour désigner la cause de leur action, à la simple moralité de la loi, ils ouvrent « à l'enthousiasme [*Schwärmerei*] portes et fenêtres »[44]. Et ce, parce que la *Schwärmerei* désigne chez ceux qui en sont atteints, le fait d'être persuadé, de pouvoir produire la Grâce par la Nature, introduisant ainsi une influence qu'on ne peut pas prouver, et un objectif qu'on ne peut pas atteindre. Par conséquent, « on dit d'une illusion qu'elle est enthousiaste [*schwärmerisch*] quand le moyen imaginé, en tant que suprasensible, n'est pas au pouvoir de l'homme, compte non tenu de l'inaccessibilité de la fin ce faisant visée. C'est que ce sentiment de l'immédiate [*unmittelbaren*] présence de l'Être suprême et la distinction de ce sentiment d'avec tout autre indiquerait une réceptivité envers une intuition, pour laquelle en l'humaine nature il n'y a aucun sens »[45]. On retrouve donc ici cette collusion presque systématique, entre la *Schwärmerei* et l'immédiateté. Immédiateté de l'intuition qui est, bien sûr, dénigrée aussi dans *Sur un ton supérieur...*, pour ses fâcheuses conséquences quant à l'attitude de ses utilisateurs. Selon ces derniers « une intuition intellectuelle saisirait et présenterait l'objet immédiatement et d'un coup », mais alors « celui qui s'imagine être en possession de cette intuition regardera la première démarche (celle du travail) de haut et avec mépris »[46]... Seulement, sans se contenter de bénéficier d'une intuition immédiate de Dieu et d'une immédiate présence de l'Être suprême, le *Schwärmer* veut aussi tout savoir tout de suite et acquérir « en un coup d'œil » des connaissances que d'autres mettent des années à appréhender ; le *Schwärmer* est un homme pressé...

Or force est d'admettre que le temps est un élément nécessaire à l'acquisition des connaissances. Le progrès vers la science sous-entend obligatoirement l'évolution temporelle, l'avancée pas à pas et la joie de l'échelon durement gravi. En

---

44 *La religion dans les limites de la simple raison*. AK VI, 114 ; OP III, 138.

45 AK VI, 175 ; OP III, 209-210.

46 AK VIII, 389 ; OP III, 396.

proposant l'apprentissage instantané, la *Schwärmerei* non seulement se fourvoie - il suffit pour le dénoncer de le signaler - mais elle emmène aussi tout un public ravi par son chant orphique, vers une catastrophe prévisible en jouant, assez grossièrement d'ailleurs, sur des mécanismes psychologiques élémentaires. En effet, le désir d'apprendre qui est le lot des philosophes et de tous les hommes ouverts à la connaissance, est un désir impérieux, impatient ; plus il avance, plus il veut avancer, plus il connaît, plus il veut connaître et surtout plus il veut aller vite en besogne. Plus ce désir de savoir est stimulé, moins il accepte de perdre de temps et c'est à ce moment là qu'il perd pied et vise l'omniscience sans se donner les moyens de l'atteindre. La *Schwärmerei* entre alors en scène en promettant la connaissance immédiate et sans effort tandis que le seul autre choix est celui de la philosophie kantienne : un lent travail payé par la joie de reconnaître sa finitude. Si l'on en reste à une psychologie élémentaire, il n'y a pas à hésiter ; d'où la propagation à croissance géométrique de l'exaltation. Son succès étant assuré, du fait de la nature même de l'homme, les issues à un tel piège inévitable sont fort peu nombreuses, comme on le verra. Cependant, avant de chercher les remèdes à apporter à un tel procédé déloyal car trop facile, Kant se permet lui aussi une facilité qui va consister à réutiliser une fois encore une même formule pour insister davantage sur la démagogie des *Schwärmer*. On va donc analyser dans un premier temps la critique qu'il fait de la volonté d'un savoir immédiat puis l'on étudiera la réitération d'une formule fétiche servant à éloigner ce qu'elle désigne, à savoir la connaissance « en un coup d'aile ». En premier lieu, et pour donner le « ton » de la critique kantienne, une formule de M. Crampe-Casnabet (*Op.cit.*) est très intéressante : à savoir « l'impatience du désir » ; c'est en effet ce désir fou, qui ne peut pas plus attendre qu'il ne peut se limiter qui fait de la *Schwärmerei* une volonté de possession immédiate. Et ce, par un moyen simple - commun à la raison dialectique, on le verra - : « faire l'économie du temps, l'économie du schème, l'économie de la médiation ». Bref, faire l'économie de la philosophie kantienne... Il faudrait être un saint laïque de la trempe de Kant pour pouvoir résister aux bras tendus et lascifs de cette exaltation qui échauffe le désir et propose l'immédiate possession. Car, pourquoi peiner et faire des efforts, quand tout est facile, pourquoi avancer lentement à l'époque des Lumières, époque de progrès ? Justement pour ne pas passer des Lumières à l'illuminisme. Et si l'on ne doit pas céder à la démagogie de la *Schwärmerei*, c'est pour ne pas l'attraper en tant qu'elle est une pathologie du corps et de l'âme. C'est d'ailleurs dans sa lettre *Sur l'illuminisme* que Kant décrit le mieux le leurre de la *Schwärmerei* flattant les mauvais penchants d'un public qui ne demande que cela. Selon Kant, c'est « l'épidémie de lecture » qui se répand partout à cette époque qui est à la fois le « moyen par lequel cette maladie [la *Schwärmerei*] se propage mais aussi le poison (le miasme) qui la produit ». Il est tout à fait intéressant de remarquer ici, sans vouloir jouer sur les mots, que les Lumières sont véritablement à la source de l'Illuminisme. Car sans les progrès effectués dans le domaine de l'éducation, sans la volonté de s'instruire prônée par les *Aufklärer*, sans la nécessité posée d'un progrès dans tous les domaines, la lecture n'aurait pas tant d'adeptes, adeptes qui sont les futures proies de l'illuminisme. Parce que le public aisé, et les « gens de qualité » touchés par cette épidémie et séduits par les délices de la connaissance veulent en savoir plus mais bien sûr sans peiner. C'est alors que, la *Schwärmerei* s'étant emparée de ces individus qui restent sur leur faim de savoir, ils prétendent au même niveau de culture et de savoir que ceux qui ont acquis la connaissance à force d'années et « se contentent pour ainsi dire d'écrémer le lait des sciences, dans des index et des résumés sommaires »... Mais ils se précipitent par là même vers une catastrophe intellectuelle : l'omniscience superficielle, l'ignorance de celui qui, restant à la surface, s'imagine tout couvrir alors qu'il ne surplombe qu'un vide. À vouloir aller trop vite, à désirer le savoir immédiat, on ne gagne qu'une science superficielle et une profonde bêtise. Et les Lumières se retrouvent tout à coup face à l'illuminisme qu'elles ont engendré, et qui est amené à les détrôner, le fils tuant, une fois encore, le père ! Tout ceci parce que le prédigéré est toujours plus commode que la perspective du travail de la digestion ; seulement Aristote ou Platon ne se résument pas et l'étude véritable demande l'effort et l'ascétisme : c'est la raison pour laquelle le philosophe se doit de défendre cette lourde charge qu'est la vie intellectuelle, s'il ne veut pas se faire à son tour « résumer » en tant qu'auteur, quelques siècles plus tard et délester de sa substance au profit de sa surface. La lutte contre les « hommes de génie [*Genieschwärmer*] » est donc un devoir de survie, car « ils tiennent pour gâchis les labeurs de l'étude et de la recherche » mais prétendent malgré tout « présenter la science en petites doses sous une forme concentrée et vigoureuse » et portent ainsi « grand préjudice aux progrès de la culture scientifique et morale lorsque, du siège de la sagesse, pareils aux initiés, [...], ils pontifient sur la religion, les affaires de l'Etat ou la morale, experts, de la sorte, à jeter un manteau sur l'indigence de leur esprit »[47]. Nous avons affaire ici à une dénonciation en règle de ce que l'on a appelé « l'omniscience superficielle » rendue possible par l'acquisition immédiate et « en un coup d'aile » de pseudo-savoirs. Cette formule, « en un coup d'aile », ou « en un coup d'œil » ou « d'un coup de main » à quelques infimes variantes près, revient de manière récurrente dans l'œuvre kantienne pour dénoncer explicitement la *Schwärmerei* en tant qu'elle est folle velléité de connaissance instantanée. À cet égard, s'il est une qualité que l'on ne peut refuser à Kant, c'est bien la constance : et il est absolument essentiel de le remarquer dans l'emploi de ces formules souvent péjoratives et ironiques car elles révèlent de véritables ornières intellectuelles structurant toute la pensée kantienne. De 1764 à 1798, Kant ne va pas varier dans la désignation de ces *Schwärmer* trop pressés à son goût, et que cela soit voulu ou non, conscient ou non, cela reste révélateur d'une régularité extrême dans le refus de l'élément ainsi désigné. Dans les *Observations sur le sentiment du beau et du sublime*, Kant, définissant la *Schwärmerei* invente - au sens de trouver - la formule qui lui est directement applicable : « Le fanatisme [*Schwärmerei*] est [...] une pieuse présomption et a pour cause un certain orgueil et une beaucoup trop grande confiance en soi-même, en vue de se rapprocher des natures célestes et de s'élever d'un coup d'aile qui sort de l'ordinaire au-dessus de

---

[47] *Anthropologie...* AK VII, 226 ; OP III, 1043.

l'ordre habituel et prescrit »[48]. Cette métaphore du coup d'aile cumule bien des avantages : elle est poétique tout en s'appliquant parfaitement au défaut dénoncé, elle est séduisante tout en étant péjorative. C'est sans aucun doute cette ambiguïté qui lui donne tout son prix et en fait un argument à réutiliser . On la retrouve ainsi - à l'identique dans la traduction française - dans un passage de la *Critique de la raison pure*, dans lequel Kant stigmatise la présomption de la raison pratique à s'élever au-dessus de son domaine, comme si elle était « arrivée d'un coup d'aile à la connaissance immédiate de nouveaux objets »[49]... Variant légèrement mais toujours autour du même thème, il évoque les philosophes au ton supérieur qui seraient en mesure d'accomplir « en un seul coup d'œil sur leur intériorité tout ce que le labeur peut jamais procurer, et bien plus encore »[50] . Enfin l'une des caractéristiques des « hommes de génie » est selon Kant qu'ils « allèguent avoir happé d'un coup de main l'esprit de toute science »[51]. Ainsi, à travers l'évolution des différents avatars d'une même expression critique on peut voir l'obstination de Kant dans son jugement négatif.

b-Le « sentiment » incommunicable du génie comme négation de l'essence même de la rationalité kantienne

Comme on l'a vu, le visionnaire souffre d'une solitude qui confine au solipsisme. Replié sur lui-même, il ne se fonde pour étayer ses allégations que sur son sentiment intérieur, sur son for intérieur : il ne s'appuie que sur lui-même et c'est d'ailleurs pour cela qu'il ne peut éviter d'être orgueilleux et trop sûr de lui. À ne s'appuyer que sur ses propres sentiments, sur sa propre expérience, on ne peut que se couper du monde extérieur mais si de plus l'on est certain de la véracité de ce que

48 AK II, 251 ; OP I, 503.

49 AK III, 530 ; OP I, 1375.

50 AK VIII, 390 ; OP III, 397.

51 *Anthropologie...* AK VII, 226 ; OP III, 1043.

l'on ressent, étant donné que l'on est un « élu », l'on en vient à ne vivre que dans sa propre sphère, refusant toute communication avec autrui y compris et surtout tout échange rationnel. Ainsi Jacobi dans *Des choses divines et de leur révélation* expose et résume avec beaucoup de force les convictions qui sont les siennes (et que Kant critique en s'appuyant sur les œuvres parues de son vivant). Il écrit ainsi : « c'est à bon droit que nous affirmons une *conviction intérieure* avec plus de chaleur et d'insistance que nous ne le faisons pour nos biens et notre chair. (...) ». Mais un passage suit où est résumée toute la théorie du « sentiment moral » jacobien. Quoiqu'un peu long, ce passage mérite d'être cité en entier car il définit exactement ce qui reste plus « flou » dans les œuvres antérieures : « il y a des vérités spontanées, simples (*einsache*), d'une certitude immédiate (*unmittelbar Gewisse*), entièrement positives qui, sans preuves empruntées à d'autres connaissances, sans témoignage d'aucune sorte, se font valoir *dans le cœur* comme les plus hautes. C'est sur elles seules que se fonde cette certitude qui ennoblit cœur et esprit (*Herz und Geist*), qui ne pourrait être ce qu'elle est si sa lumière n'était que reflet, sa force qu'emprunt. Une telle vérité positive, immédiate se découvre à nous dans et par le sentiment d'un instinct qui s'élève au-dessus de tout intérêt sensible, inconstant, fortuit et qui se manifeste irrésistiblement comme l'instinct fondamental de la nature humaine. Les objets vers lesquels tend cet instinct dans l'ordre de la connaissance et de la volonté, de tous temps les hommes les ont appelés des choses divines (*göttliche Dinge*) et les premiers effets qui s'en présentent des sentiments, des tendances, des opinions et des actes vertueux. C'est pour cela que ce sentiment porte le nom tantôt de sentiment moral, tantôt de sentiment de la vérité (*Wahrheitgefühl*). En lui se révèlent sans intuition, sans concept, insondables et ineffables, le vrai, le bien et le beau en soi. » Ici, comme le fait remarquer L. Guillermit (dans son ouvrage *Le réalisme de Jacobi*) l'on pourrait tout à fait apercevoir une contradiction flagrante : en effet, Jacobi ayant défini l'intuition comme « la manière dont il est donné à l'entendement de connaître uniquement dans des sentiments transcendants quelque chose d'inaccessible et qui ne s'en présente pas moins comme quelque chose de vraiment objectif, quelque chose qu'il n'a nullement fait qu'inventer »[52], comment peut-il ensuite écrire que, par le sentiment moral se révèlent « sans intuition (...), le vrai le bien et le beau en soi » ? Selon Guillermit, « c'est la preuve non pas du tout qu'il n'a aucun scrupule à se contredire, mais bien qu'il entend dissocier de l'immédiateté d'ordre *cognitif* qui s'attache ordinairement à l'intuition, une immédiateté d'ordre *ontologique.* »[53] Cette distinction est capitale car elle fait du sentiment un élément encore plus immédiat, encore plus proche du « cœur » que l'intuition. Ici, le sentiment peut bien être désigné -pour plagier R. Barthes - comme le « degré zéro » de la doctrine jacobienne, le degré le plus évident - qui n'est évidemment pas le plus facile - le plus proche de l'origine même, de la source de cette même doctrine. C'est la raison pour laquelle Kant va s'en prendre très durement à cette notion de « sentiment ». Trop flou, sans preuves, il dévoile trop tout en ne se justifiant pas assez : il révèle rien moins que « l'immédiateté ontologique », il donne vie, sans pouvoir être appréhendé rationnellement ni encore moins être communiqué à d'autres. Ainsi, Kant s'élève dans *La religion dans les limites de la simple raison* contre l'interprète de l'Ecriture qui prétend se fonder sur un sentiment intérieur qui est illégitime, et qu'il ne faut surtout pas confondre avec le véritable sentiment moral qu'est le respect pour la loi morale ; plus largement il critique la notion de sentiment : ici encore le passage est long mais doit être cité intégralement : « un troisième prétendant à la fonction d'interprète [de l'Ecriture] se présente : il n'a besoin ni de raison, ni de science, mais seulement d'un sentiment intérieur (*nur ein inneres Gefühl*), pour connaître le vrai sens de l'Ecriture et en même temps son origine.(...) Mais pas plus qu'on ne peut s'élever à partir d'un quelconque sentiment à la connaissance des lois et au savoir que celles-ci sont morales, pas plus et encore moins peut-on conclure par un sentiment ou découvrir grâce à lui l'indice sûr

52 *F.H Jacobi's Werke*, T. II, p. 59-60.

53 L. Guillermit. *Le réalisme de Jacobi*, Publication de l'université de Provence, 1981.

d'une influence divine immédiate (*unmittelbaren göttlichen Einflusses*). C'est qu'une même action peut avoir plus d'une cause et que, dans ce cas, la simple moralité de la loi (et de la doctrine), reconnue par la raison, se trouve en être la cause. Et quand bien même on n'aurait affaire, en ce cas, qu'à la simple possibilité de cette origine, c'est un devoir de l'interpréter en ce dernier sens, si l'on ne veut pas ouvrir à l'enthousiasme (*Schwärmerei*) portes et fenêtres et priver de sa dignité le sentiment moral (*moralische Gefühl*) qui est sans ambiguïté, en l'apparentant à tout autre sentiment chimérique (*phantastischen*). (...) Le sentiment n'enseigne absolument rien ; mais il enveloppe seulement la manière dont le sujet relativement au plaisir ou au déplaisir est affecté, et aucune connaissance ne peut se fonder là-dessus. »[54] Kant montre bien dans cette analyse qu'il réfute toute *connaissance* par sentiment : si éventuellement le sentiment peut nous faire prendre conscience de quelque chose, ce sera - comme nous le verrons avec « l'expérience intérieure » kantienne - selon des modalités qui lui sont propres et qui sont fort différentes des médiations rationnelles. Seule la *raison* peut nous amener à la connaissance, jamais selon Kant un sentiment ne pourra - comme Jacobi le voudrait - prétendre à une immédiateté qu'elle soit cognitive ou ontologique : il pourra peut-être - et c'est une tautologie nécessaire - nous faire sentir ou ressentir par le moyen de l'expérience mais il ne nous apprendra jamais rien. Même la foi en un « saint mystère » ne peut ni ne doit s'appuyer sur la « béquille » trop facile qu'est le sentiment : « La foi en une chose que nous devons cependant regarder comme un saint mystère (*als heiliges Geheimniß*) peut être tenue soit pour une foi inspirée par Dieu ou pour une pure foi de la raison. À moins que nous ne soyons forcés par la plus extrême nécessité d'adhérer à la première, nous nous ferons une maxime de nous en tenir à la seconde. Des sentiments (*Gefühle*) ne sont pas des connaissances et n'indiquent aucun mystère, et puisque le mystère a un rapport à la raison, mais sans toutefois pouvoir être communiqué universellement chacun devra

---

[54] AK VI, 113-114 ; OP III, 138-139. Trad. A. Philonenko.

(supposé qu'il s'en trouve jamais) le chercher en sa propre raison. »[55] En effet, ce qui insupporte aussi Kant, c'est la facilité que permet le sentiment : les « philosophes du sentiment », trouvant le développement rationnel trop difficile, s'octroient la possibilité de s'en passer, d'en faire fi et se contentent donc de revendiquer leur « sentiment », véritable succédané à la raison. Ils peuvent accomplir - selon la formule consacrée précedemment étudiée - « en un seul coup d'œil sur leur intériorité (*einen einzigen Scharsblick auf ihr Inneres*), tout ce que le labeur peut jamais procurer, et bien plus encore. »[56] De plus ils sont incontestables, étant donné qu'ils ne laissent prise à aucune discussion : on ne peut engager aucun débat avec des philosophes qui sont à la fois sûrs de détenir la vérité et incapables de la faire partager. « Le principe de vouloir philosopher sous l'influence d'un *sentiment supérieur* (*eines höheren Gefühls*) est de tous celui qui est le mieux fait pour le ton distingué ; car, qui veut contester mon sentiment ? Si donc, je peux de plus rendre crédible que ce sentiment n'est pas seulement subjectif *en moi*, mais que par tout homme il peut y être prétendu, donc aussi de façon objective et comme à un élément de connaissance, et qu'ainsi il n'est pas seulement comme concept le produit d'une ratiocination mais qu'il a la valeur d'une intuition (*Anschauung*) (d'une saisie de l'objet lui-même), alors je possède un grand avantage sur tous ceux qui doivent d'abord se justifier pour pouvoir se vanter de la vérité de leurs affirmations. (...) Vive donc la philosophie par sentiment (*die Philosophie aus Gefühlen*), qui nous conduit droit aux choses elles-mêmes ! »[57] Jacobi, philosophant sur « un ton supérieur » prétend que chaque homme peut éprouver ce sentiment incommunicable, ce qui en fait ainsi quelque chose d'objectif : seulement c'est une simple supposition, qui n'est pas rationnellement convaincante, et qui ne peut évidemment

---

55 *La religion dans les limites de la simple raison.* AK VI, 137-138 ; OP III, 168.

56 *Sur un ton supérieur nouvellement pris en philosophie.* AK VIII, 390 ; OP III, 397.

57 *Sur un ton supérieur nouvellement pris en philosophie.* AK VIII, 395 ; OP III, 402-403. Trad. A. Renaut.

pas satisfaire Kant pour qui évoquer le sentiment équivaut à perdre toute prétention à l'universalité. Il dénonce donc la manœuvre des « platoniciens modernes » (il vise ici Schlosser mais aussi Jacobi) qui tentent de nous mystifier avec des « sentiments » : « Dans la nouvelle langue mystico-platonicienne, on dit : « Toute la philosophie des hommes ne peut décrire que l'aurore ; le soleil doit être pressenti. »[58] Mais personne ne peut pourtant pressentir un soleil à moins d'en avoir déjà vu un. (...) Certes on ne peut faire pénétrer le regard dans le soleil (le suprasensible) sans s'aveugler ; mais le voir à travers la façon dont il se réfléchit (à travers la raison qui illumine moralement l'âme) et même suffisamment du point de vue pratique, comme le faisait le Platon de l'antiquité, est tout à fait faisable ; au contraire les platoniciens modernes « ne nous donnent assurément qu'un soleil de théâtre » parce qu'ils veulent nous abuser par des sentiments (*Gefühle*) (des pressentiments) (*Ahnungen*), c'est-à-dire uniquement par l'élément subjectif, qui ne donne absolument aucun concept de l'objet, pour nous promettre éternellement l'illusion d'une connaissance de l'objectif qui s'applique au transcendant. »[59] Ici Kant relève un autre terme appartenant au vocabulaire du génie : celui de « pressentiment », d'anticipation, qui est encore un autre moyen non rationnel d'accéder sans effort à la connaissance. « Désormais, on introduit un nouveau degré qui n'a plus rien de commun avec la logique, qui doit être non un progrès de l'entendement, mais l'anticipation d'une sensation (*praevisio sensitiva*) de ce qui n'est nullement objet des sens, c'est-à-dire un pressentiment du suprasensible (*Ahnung des Übersinnlichen*). »[60] La philosophie ne peut que s'opposer à une telle méthode : alors certes, comme le résume Kant à la fin de son essai, les deux partis en conflit s'agenouillent face à une déesse voilée qui est la loi morale en nous dans sa majesté

---

58 Schlosser.

59 *Sur un ton supérieur nouvellement pris en philosophie.* AK VIII, 398-399 ; OP III, 407-408.

60 *Sur un ton supérieur nouvellement pris en philosophie.* AK VIII, 397 ; OP III, 404-405-406.

inviolable et entendent sa voix. Mais à partir de là, l'on peut soutenir que c'est de la raison dans l'homme qu'elle provient ou d'une autre instance, inconnue, et la seconde solution menace de sombrer dans la vision enthousiaste, mort de toute philosophie : « ... le procédé didactique de rapporter la loi morale en nous, selon une méthode rationnelle, à des concepts clairs, est seul proprement *philosophique*, alors que le procédé qui personnifie cette loi et qui, de la raison ordonnant moralement, fait une Isis voilée (...) est une manière *esthétique* de représenter exactement le même objet ; de ce mode de représentation, on peut certes se servir après coup, si les principes ont déjà été par la première méthode conduits à leur pureté, pour animer ces Idées par une présentation sensible, quoique seulement analogique, avec pourtant toujours quelque danger de tomber dans une vision exaltée (*in schwärmerische Vision*) qui est la mort de toute philosophie. »[61] Alors le pressentiment dans ces conditions se doit d'être philosophique ou de n'être pas : « Pouvoir donc *pressentir* (*ahnen*) cette divinité, ce serait une expression qui ne signifierait rien de plus que : être conduit par son sentiment moral aux concepts du devoir, avant même de pouvoir se rendre *clairs* les principes dont dépend ce sentiment ; lequel pressentiment d'une loi (*Ahnung eines Geseßes*), dès que par un traitement méthodique, il accède au niveau d'un clair discernement, est l'affaire propre de la philosophie, sans laquelle cette parole de la raison serait la voix d'un oracle, exposé à des interprétations de toute sorte. »[62] Cette « voix d'un oracle » est une illusion de ce que Kant nomme le « sens interne » (*der innere Sinn*) dans l'*Anthropologie du point de vue pragmatique*. Il le définit ainsi : « Le sens interne n'est pas l'aperception pure, une conscience de ce que l'homme accomplit, celle-là relevant du pouvoir de penser, mais de ce qu'il *subit*, dans la mesure où il est affecté par le jeu de sa propre pensée » et ajoute qu'il est soumis à des illusions : « soit que l'homme prenne les phénomènes donnés par ce sens pour des impressions, soit qu'il les tienne même

---

61 AK VIII, 405 ; OP III, 415.

62 AK VIII, 405 ; OP III, 415-416.

pour inspirations provoquées par un autre être qui n'est pourtant point un objet des sens externes : auquel cas l'illusion est alors *extravagance*, ou même *manie visionnaire* (*Schwärmerei oder auch Geisterseherei*), l'une et l'autre étant tromperie du sens interne. Il s'agit ici et là d'une maladie de l'âme. » (...) Ainsi en était-il du ravissement extravagant des impressions intérieures d'une Bourignon, des terreurs extravagantes d'un Pascal (*So war es mit den schwärmerisch-reizenden inneren Empfindungen einer Bourignon, oder den schwärmerisch-schreckenden eines Pascal bewandt*). »[63]. Enfin, l'on peut signaler une variante au « sentiment intérieur » qu'est « l'expérience intérieure ». Concernant cette dernière expression, Kant n'a pas beaucoup varié : selon lui, elle est liée à la raison et doit le rester. Ainsi dans la *Recherche sur l'évidence des principes de la théologie naturelle et de la morale*, il propose une « expérience intérieure sûre (*sichere innere Erfahrung*) »[64] comme point d'appui à la recherche de la certitude la plus haute possible en métaphysique. Puis il évoque dans *La religion dans les limites de la simple raison* la « prétendue expérience interne (*der vermeinten inneren Erfahrung*) »[65], expérience intérieure usurpée en ce qu'elle désigne en fait les effets de la Grâce. Enfin il distingue nettement le sentiment de l'expérience intérieure, tous deux devant cependant naître de la « voix de la raison » dans *Sur un ton supérieur nouvellement pris en philosophie* : « L'expérience intérieure et le sentiment (*die innere Erfahrung und das Gefühl*) (qui en soi est empirique et par conséquent contingent) ne sont excités que par la *voix de la raison* (*dictamen rationis*), qui parle clairement à chacun et est susceptible d'une connaissance scientifique ; mais une règle pratique particulière n'est pas introduite pour la raison par le sentiment : c'est impossible, parce que sinon elle ne pourrait jamais être universellement valable. »[66] Or, c'est de ce fait de l'incommunicabilité du

---

63 AK VII, 161-162 ; OP III, 979-980.
64 AK II, 286 ; OP I, 230.
65 AK VI, 53 ; OP III, 70.
66 AK VIII, 402 ; OP III, 411.

sentiment que le génie va se retrouver seul, compris de lui seul, approuvé de lui seul, étant sa propre règle et sa propre pierre de touche, autant de positions qui nient profondément la rationalité kantienne...

En effet, comme le remarque Lévy-Bruhl : « rien de si parfaitement convaincant que le sentiment pour qui l'éprouve et tant qu'il l'éprouve ; rien de si insuffisant, pour qui ne l'éprouve pas, ou ne l'éprouve plus. (...) la doctrine de Jacobi « fait des prosélytes plutôt que des disciples. Elle touche des âmes prédisposées à éprouver des sentiments analogues : elle n'ouvre pas une voie nouvelle à l'esprit curieux de la vérité encore inconnue. »[67] . Seulement, une telle doctrine devient de ce fait incommunicable : elle ne passe pas par les médiations du discours rationnel puisqu'elle ne s'*explique* pas, elle ne se prouve pas puisqu'elle refuse toute démonstration logique, elle ne se défend pas - ni n'a d'ailleurs à se défendre - puisqu'elle détient la vérité sans avoir besoin de la justifier. Cela ne peut qu'induire une profonde solitude pour le génie, étant donné que toute communication avec autrui devient à la fois impossible et inutile. L'on peut signaler à cet égard un reproche que faisait Schlegel à Jacobi : il lui reprochait de « n'avoir aucune idée de l'humanité, mais seulement celle de la Friedrich-Heinrich Jacobiheit. »[68] Cette critique est significative dans le mesure où elle dénonce un égoïsme intellectuel qui est autant choisi que subi. En effet, Jacobi, borne certes son horizon philosophique à sa seule individualité *volontairement*, mais il lui est aussi impossible de faire autrement d'une certaine manière, dans la mesure où sa doctrine se veut incommunicable en refusant d'entrer dans un système rationnel et logique. Comme le disait Schlosser, plagiant lui-même Pascal : « La philosophie a ses mystères qui sont accessibles au sentiment »[69], certes, seulement l'on a affaire alors à une philosophie ésotérique, à une philosophie pour initiés, c'est-à-dire une conception

---

67 Lévy-Bruhl. *La philosophie de Jacobi. Op. cit.*

68 *Prosaische Jugend-Schriften.* T. II, p. 83.

69 Cité par Kant dans *Sur un ton supérieur nouvellement pris en philosophie.* AK VIII, 395 ; OP III, 403.

totalement contraire à celle que Kant a défendue dans toute son œuvre, conception à laquelle il était profondément attaché, selon laquelle la philosophie doit toujours descendre de sa tour d'ivoire pour se faire comprendre du plus grand nombre. Or, les philosophes du sentiment, eux, s'imaginent avoir été choisis, élus par Dieu : ils ont donc une optique très différente de l'optique kantienne et désirent que la philosophie - ou ce qu'ils croient être tel - soit et demeure un *mystère*. C'est ce que dénonce Kant dans *Sur un ton supérieur nouvellement pris en philosophie* : « Le nom de philosophie, après qu'il eut perdu sa première signification, celle d'une sagesse scientifique de la vie, en est venu très tôt à être recherché à titre d'ornementation de l'entendement chez des penseurs au-dessus du commun, pour lesquels désormais la philosophie représentait comme le dévoilement d'un mystère (*eine Art von Emthüllung eines Geheimnisses*). (...) les plus récents à posséder ce mystère, ce sont ceux qui l'ont en eux (*in sich haben*), mais qui malheureusement ne peuvent l'énoncer ni le communiquer universellement par le langage (*philosophus per inspirationem*). »[70] Ces « penseurs » s'imaginent posséder une intuition intellectuelle (*eine intellectuelle Anschauung*) « qui saisirait et présenterait l'objet immédiatement et d'un coup. »[71] Or, inévitablement, ils snobent ceux qui sont obligés de travailler, de gravir péniblement les degrés qui mènent à la connaissance, se renfermant encore davantage sur eux-mêmes et ne fréquentant plus que des « élus ». Schelling décrit fort bien l'état d'esprit de ces philosophes « inspirés » : « ceux qui se donnent pour inspirés immédiatement de Dieu » sont les théosophes. Le théosophisme se vante « d'être tout entier sur le terrain de la vision ou de l'expérience immédiate, et de voir, comme en extase, les choses telles qu'elles sont en Dieu, dans leur vraie relation originelle. (...) Cette vision ne se laisse pas communiquer et reste donc quelque chose de mystérieux, de

[70] AK VIII, 389 ; OP III, 395.
[71] AK VIII, 389 ; OP III, 396.

mystique. »[72] Selon Schelling, ceux que Kant nomme les philosophes inspirés, sont des mystiques et Jacobi en fait évidemment partie même si sa doctrine - qui se caractérise par le non-savoir - manque du contenu spéculatif du mysticisme : « On ne peut nommer mysticisme que cet état d'esprit qui dédaigne toute démonstration et toute analyse scientifique, et qui prétend déduire tout vrai savoir d'une soi-disant lumière intérieure dont la clarté ne brille pas pour tout le monde, mais reste enfermée dans l'individu, lumière qui est celle d'une révélation immédiate, d'une simple intuition extatique, d'un pur sentiment... »[73] Ainsi, le « mystique » Jacobi n'accepte aucune contradiction rationnelle et ne peut s'entendre, de toute façon, qu'avec un individu qui partage les mêmes sentiments que lui, c'est-à-dire quelqu'un qui a reçu la « lumière », qui est donc - au choix - éclairé ou illuminé. Il l'avoue lui-même dans la préface de 1815 à *David Hume et la croyance* : il commence par citer Platon : « il est tout aussi impossible d'inculquer la connaissance du vrai aux âmes qui ne sont pas dotées de l'organe qui est le seul à y être approprié, que de révéler la vue à un aveugle en lui tendant un miroir. »[74] Puis il dévoile sa propre conception : « ... si les purs sentiments du beau et du bien, de l'admiration et de l'amour, du respect et de la vénération ne parviennent pas à convaincre un homme que, dans et par ces sentiments, il perçoit quelque chose qui ne dépend pas d'eux, qui est inaccessible aux sens externes et à un entendement qui n'est tourné que vers leurs intuitions, alors il est vain de discuter avec lui. » Jacobi démontre ici parfaitement que la solitude du génie est une solitude due au statut de « l'élu » qui n'a pas à essayer d'expliquer la vérité à qui ne peut la comprendre. Par cette conclusion très radicale – « il est vain de discuter avec lui » - il montre bien le caractère à la fois intransigeant et exclusif d'une doctrine comme la sienne, caractéristiques on ne peut plus antithétiques à la doctrine

---

72 F.J.W Schelling. *Contribution à l'histoire de la philosophie moderne*. S.W 184-185.

73 S.W 192. *Ibid.*

74 Platon. *République*, VII.

kantienne. Pour Kant, en effet la raison se doit toujours de parler la première, car ainsi une certaine universalité est *de facto* présente et l'on n'a pas affaire à une opinion fondée sur le « bon plaisir » de chacun : « ... lorsque l'on conteste à la raison son droit à parler la première en ce qui concerne les objets suprasensibles, par exemple, l'existence de Dieu et la vie future (*die künftige Welt*), on ouvre toute grande la porte à l'enthousiasme (*Schwärmerei*), à la superstition, à l'athéisme même. Tout semble (...) avoir été préparé pour renverser, peut-être seulement l'intellection rationnelle et le savoir (...) ou même, ce que je ne puis décider véritablement, la croyance rationnelle, et pour instaurer au contraire une autre croyance, que chacun peut établir selon son *bon plaisir.* »[75] Selon l'orientation kantienne, seule la raison est la pierre de touche de la vérité : en aucun cas l'individu et son opinion personnelle ne peuvent incarner la règle du vrai, du bien et du beau. Tout particulièrement dans les questions religieuses, c'est toujours la raison qui doit guider l'interprétation, sous peine d'une herméneutique « éclatée », dispersée, et ne pouvant plus conserver de sens. Kant explique cela dans *Le conflit des facultés* (1798) : « ... quand la philosophie cherche à découvrir dans les passages des Ecritures un sens moral, et même l'impose au texte, c'est là (...) l'unique moyen de tenir éloignée la mystique (...). Car dans les questions religieuses l'imagination se perd inévitablement dans le transcendant si elle ne rattache pas le surnaturel (ce qu'il faut penser de tout ce qui se nomme religion) à des concepts déterminés de la raison, comme les concepts moraux, et elle conduit à un illuminisme de révélations intérieures (*Illuminatism innerer Offenbarungen*) dont tout un chacun a ensuite la sienne propre et pour lesquelles il n'y a plus aucune pierre de touche publique de la vérité. »[76] Pour Kant, les exaltés réitèrent la malédiction de Babel : ils font éclater le langage universel de la raison en une multiplicité d'idiolectes incommunicables d'une sphère subjective à une autre. Comme il l'écrit dans *Qu'est-ce que s'orienter dans la*

---

[75] *Qu'est-ce que s'orienter dans la pensée ?* AK VIII, 143 ; OP II, 541.
[76] AK VII, 46 ; OP III, 849-850.

pensée ? : « chacun s'abandonne maintenant à sa propre inspiration (*Eingebung*) »[77] et toutes ces « inspirations intérieures » sont différentes les unes des autres, empêchant *de facto* toute communication. Or, cela est un coup presque fatal pour la pensée et la philosophie kantiennes car Jacobi, avec cette théorie du sentiment incommunicable met gravement à mal le fondement de la doctrine kantienne à savoir l'universalité rationnelle, la « pensée en commun ». Contrairement à l'effort de la rationalité kantienne, tout entier orienté vers l'institution d'un langage universel, Jacobi va créer l'incompréhension et la raison retournera à l'état de nature à savoir la guerre ; ce qui aboutit à la négation de la liberté de penser. Pour Kant, la pensée rationnelle est pensée en commun : or Jacobi défend l'idée d'une subjectivité dévoilant le vrai, incommunicable à autrui : il nie donc la raison kantienne et même la raison en général. Comme le résume Philonenko (dans son introduction à *Qu'est-ce que s'orienter dans la pensée* ?) : « Nous ne pouvons être des êtres pensants, c'est-à-dire raisonnables, si nous ne pensons pas en *commun*, et nous ne pouvons penser en commun sans la liberté de penser. Sans liberté de penser, il n'est pas de raison et le royaume de la force dont le « génie » dévoile l'aurore contient en soi la négation de notre dignité d'êtres raisonnables. Ce que nie Jacobi est finalement la découverte la plus révolutionnaire - et peut-être aussi la moins comprise du criticisme - le *cogito* est plural. Je pense = penser en commun : *Ich denke = in Gemeinschaft- mit-anderen-denken.* ». Ainsi, c'est la raison kantienne elle-même qui est en danger de mort à cause de l'orgueil insupportable du génie.

---

[77] AK VIII, 145 ; OP II, 543-544.

3- L'orgueil insupportable des Schwärmer

a-L'orgueil des « favoris du ciel » (*Himmelsgünstlig*) et les artifices présomptueux de la *Schwärmerei*

Des premiers textes concernant la *Schwärmerei* aux derniers, un élément invariant la définit : elle est présomption, orgueil, prétention : autant de défauts que Kant ne peut pas supporter. En effet, et selon une formule de Valéry (dans sa préface au livre de M.Lamm intitulé *Swedenborg)* : la *Schwärmerei* est un « désir d'en savoir plus qu'on ne peut savoir »[78], elle est un besoin nécessaire et permanent, non seulement de dépasser les limites, mais d'aller plus loin que les hommes du commun : de soulever les différents voiles de la Vérité. Davantage donc qu'une simple démarche intellectuelle, elle est un trait de caractère, une véritable attitude, un comportement qui vise en permanence à se hausser et à humilier ceux qui ne l'adoptent pas. Dès 1764, elle est décrite et stigmatisée par Kant en ces termes dans les *Observations sur le sentiment du beau et du sublime* : « Le fanatisme [*die Schwärmerei*] est pour ainsi dire une pieuse présomption et a pour cause un certain orgueil et une beaucoup trop grande confiance en soi »[79]. Ici, Kant est tout à fait clair : la cause de la *Schwärmerei* c'est l'orgueil et la confiance immodérée en soi-même ; donc elle est bien déterminée par une sorte de « profil intellectuel » qui peut être inné ou acquis. Le *Schwärmer* donc, comme Locke, est par définition immodér[2]é et il ose affirmer ostensiblement , ce que l'homme raisonnable estime ne pas pouvoir se permettre. Par exemple, aller jusqu'à dire que l'être « souverainement suffisant » « existe nécessairement, ce n'est plus là la modeste expression d'une hypothèse permise mais d'une orgueilleuse prétention d'une certitude apodictique » [80]. Conscient de la nécessité de sa science, le *Schwärmer* parle sur le

---

78 *Variétés*. T I. Pléiade, 868.

79 AK II, 251 ; OP I, 503.

80 *Critique de la raison pure*. AK III, 409 ; OP I, 1224.

ton de l'apodicticité, ton qu'il ne faut adopter qu'après moult précautions et en en faisant un usage régulateur et pas constitutif. Mais la présomption de l'exalté est incorrigible et quelle que soit la nature de la *Schwärmerei*, religieuse ou rationnelle, le dénominateur commun est toujours cet orgueil , qui est une de ses caractéristiques les plus essentielles. Ainsi, dans *Qu'est-ce que s'orienter dans la pensée ?*, Jacobi comme Mendelssohn, le spinozisme comme le rationalisme dogmatique pèchent par orgueil, l'un des sept péchés capitaux, qui fut celui d'Adam comme il l'avoue dans la *Divine Comédie*[81] et que Dante punit d'ailleurs au premier giron du purgatoire (Chant X) en accablant les pénitents de pesants blocs de pierre. Peine qui serait donc méritée par le spinozisme « présomption sans bornes », et qui « par cette présomption » « mène à l'extravagance [*Schwärmerei*] »[82] : ici encore la présomption implique directement et immédiatement l'exaltation. Quant au rationaliste dogmatique, il n'est pas à l'abri de cette dérive, dans la mesure où la raison, dans l'évolution de la « marche des choses » (*Gang der Dinge*) quant à l'orientation dans la pensée, après l'inspiration immédiate et le témoignage extérieur de la tradition, se fonde sur elle-même et plus rien qu'elle-même. Elle dégénère alors en abus et « en une présomptueuse confiance dans l'indépendance de son pouvoir à l'égard de toute restriction, en une conviction de la toute puissance de la raison spéculative qui n'admet que le justifiable au nom de fondements objectifs et d'une conviction dogmatique et qui, en revanche, répudie avec audace tout le reste »[83]. Par conséquent, la *Schwärmerei* est aussi la raison orgueilleuse, ce qui en fait un mal assez répandu et surtout beaucoup plus contagieux et plus virulent qu'on ne le croit face aux jeunes générations, aux philosophes en herbe épris d'absolu et tentés par la superficielle séduction de ce moyen magique. Cependant, même dans son aspect plus directement « pathologique », observé chez les *Schwärmer* « purs et durs » , elle se définit aussi comme audace. Le « saut périlleux » de

---

81 *Paradis*, Chant XXVI.

82 *Qu'est-ce que s'orienter dans la pensée ?* AK VIII, 144 ; OP II, 542.

83 AK VIII, 146 ; OP II, 544.

Jacobi n'est en effet rien d'autre qu'un « audacieux élan »[84] et Philonenko dans sa présentation de *Qu'est-ce que s'orienter dans la pensée ?* , consacre tout un paragraphe à ce qu'il appelle le « véritable orgueil du génie ». Il y décrit la « soif d'Absolu » qui hante la conscience du génie, qui ne peut s'épancher par les tentatives de preuves rationnelles : Jacobi ne « tolère même pas la modestie implicitement comprise dans l'idée que la raison doit donner la preuve de l'existence de Dieu » : il n'admet pas ce que Fichte appelait la « nostalgie de l'éternel » car il se veut en rapport immédiat - on l'a vu - avec l'Être suprême, et il a donc la prétention d'atteindre, par son don particulier, l'inatteignable. Cette fière arrogance des *Schwärmer* est relevée aussi par Biester qui, dans la demande qu'il adresse à Kant pour qu'il prenne parti dans la querelle de 1786, sait bien qu'il lui faut insister sur le péril que représente la *Schwärmerei* pour la philosophie en général. « Ce ne sont que la vérité et la raison que je ne souhaiterais pas voir si nettement mises en danger. Et lorsque ceux qui affectent un enthousiasme génial [*Genieschwärmer*] les mettent en péril de façon si fière, si arrogante, si dictatoriale, je souhaiterais que des hommes qui ont jusqu'ici tenu la barre de la philosophie et que tous les penseurs ont reconnu avec gratitude comme des hommes sûrs et expérimentés veuillent bien déclarer publiquement leur désaccord »[85]. Ce ne sont rien moins que la vérité et la raison qui sont ici remises en cause par la *Schwärmerei* selon Biester, qui, habilement, peint Kant en « capitaine » de la philosophie : en opposant donc au caractère altier du *Schwärmer*, l'expérience du philosophe sûr de son humilité mais fort de sa modestie. Modestie qui sera à opposer à l'exalté qui prend ses désirs pour des réalités, à cette folle prétention à la possession inconditionnée de l'inconditionné. Humilité morale qui est aussi à opposer, dans le domaine pratique, à ceux qui expliquent les actions nobles et magnanimes par le seul mérite du sujet et non par le respect pour la loi sainte du devoir. Ceux qui font cela disposent les esprits à « un pur fanatisme moral [*moralische Schwärmerei*], à un accroissement

---

[84] AK VIII, 145 ; OP II, 543.
[85] AK X, 455. Lettre du 11 juin 1786.

de la présomption » [86] : là encore, la *Schwärmerei* est assimilée à l'excès de confiance en soi, à un point tel d'ailleurs que les deux idées sont presque synonymes ou tout du moins ne nécessitent plus un lien de cause à effet. En suivant l'évolution de ce thème chronologiquement l'on s'aperçoit qu'entre deux périodes durant lesquelles Kant dénonce la *Schwärmerei* comme orgueil agressif, offensif, il la présente comme un orgueil défensif, comme la défense de l'ignorant qui veut faire montre de plus de savoir qu'il n'en a (pour humilier les vrais savants), dans la lettre à Borowski *Sur l'illuminisme*. Il y décrit les symptômes de ceux qui sont atteints par ce mal qu'est la *Schwärmerei* et observe qu'ils tendent à la négation du savoir acquis des vrais savants, et surtout au nivellement, à l'égalisation qui masque leur orgueilleuse stupidité et fait ressortir la nécessaire ignorance des savants sur certains points. Leur objectif est en effet de « rendre imperceptible l'inégalité [...] entre une ignorance verbeuse et une science approfondie » ; et pour ce faire, ils « s'emparent comme de faits de choses incompréhensibles dont la possibilité est sans fondement pour la pensée », en demandant bien entendu au savant, qui en est incapable et pour cause, de les leur expliquer. Face à l'aveu d'impuissance de la science qui, modestement, admet qu'elle ne peut pas tout savoir, « tout le monde se trouve dans le même état d'ignorance ». Ainsi, en égalisant par des procédés déloyaux toutes les connaissances, celles du savant et les pseudo-connaissances du *Schwärmer*, les exaltés détruisent la nécessité d'étudier, détruisent le travail, annihilent la volonté d'approfondir et finalement, en dépréciant le savoir acquis par l'effort, ils rehaussent leur prétention qui, elle, a immédiatement su qu'elle ne pouvait pas savoir. Comme l'écrit Kant : « Il leur était difficile d'apprendre et de savoir tout ce que sait le physicien ; c'est pourquoi ils essaient de faire disparaître l'inégalité par une voie plus facile en lançant dans le débat des choses que le savant ne sait et ne comprend pas plus qu'eux et où ils ont alors la liberté de juger de tout en un domaine où ce dernier ne peut guère faire mieux »[87]. Cet « intermède » dans la

---

86 *Critique de la raison pratique*. AK V, 84 ; OP II, 711.

87 AK XI, 141-142.

dénonciation de la *Schwärmerei* comme orgueil est instructif, car c'est à partir de la description dans cette lettre - on le verra - des artifices employés par le présomptueux *Schwärmer*, que Kant pourra réfléchir sur les « moyens de remédier » à cela. Toutefois, dans les oeuvres tardives, Kant reprend la même thématique de l'orgueil offensif et délirant. Dans *Le conflit des facultés* tout d'abord, il s'attaque à la délirante prétention du piétisme, branche « dure » du protestantisme, dans laquelle il fut pourtant élevé, mais auquel il reproche de s'être attribué la faveur d'une élection divine. Dans une note il explique donc : « ce n'est pas le mépris de la piété qui a fait du nom des piétistes la dénomination d'une secte [...] c'est plutôt la prétention délirante et fière, avec toutes les apparences de l'humilité de se distinguer comme les enfants surnaturellement favorisés du ciel, bien que leur conduite [...] ne manifeste pas la moindre supériorité, en matière de moralité, sur celle de ceux qu'ils nomment les enfants du monde »[88]. On peut remarquer ici - outre l'emploi de l'expression « favori du ciel » qui est, on va le voir, un des fils directeurs de la diatribe kantienne contre la *Schwärmerei* prétentieuse - que Kant critique non seulement la prétention mais aussi l'hypocrisie des piétistes qui se donnent les apparences de l'humilité mais s'affirment les élus de Dieu, et cette dissimulation les rend encore plus dangereux aux yeux d'un philosophe qui défend une conception de l'humilité intellectuelle qui pourrait, alors, passer pour feinte. Ce même piétisme, par l'observation de soi-même qu'il recommande, « mène aisément à l'extravagance et au délire [*Schwärmerei und Wahnsinn*] » [89]. En effet, recueillir sur soi-même des observations et tenir le « Journal d'un contemplateur de soi-même » fait montre d'une part d'un orgueil assez phénoménal mais aussi d'autre part - d'où la présence de ce passage dans l'*Anthropologie...* - est « ou bien une maladie de l'esprit [...] ou bien le chemin qui mène à elle et à la maison de fous ». Par conséquent : « quiconque se montre prolixe au sujet des expériences intérieures [...] risque fort dans son voyage à l'exploration de soi-même de n'aborder préalablement qu'à

---

[88] AK VII, 57 ; OP III, 864.

[89] *Anthropologie...* AK VII, 132 ; OP III, 950.

Anticyre [ville grecque célèbre pour la culture de l'ellébore et visitée par de nombreux malades] »[90]. Et c'est ainsi qu'on en arrive au « ravissement extravagant [*schwärmerisch*] d'une Bourignon [Antoinette Bourignon, 1616-1680, une mystique illuminée française, auteur de nombreux ouvrages] » ou aux « terreurs extravagantes [*schwärmerisch*] d'un Pascal »[91], autant d'illusions du sens interne qui font des élus du ciel des victimes de la *Schwärmerei*...

Favoris du ciel, élus, initiés : du fait de leur incroyable orgueil, les *Schwärmer* se veulent des hommes exceptionnels, hors du commun, extraordinaires au sens le plus fort du terme. La *Schwärmerei* est alors promue au grade d'élection divine, de don du ciel, de distinction particulière et de grâce accordée à certains et non à d'autres : autant de déterminations qui ne peuvent que déplaire fortement au philosophe qui donne la communauté universelle comme le garant de toute attitude raisonnable morale ou religieuse. Ainsi, ce vocabulaire du choix divin et de l'initiation réservée à quelques-uns est un véritable *leitmotiv* dans la critique kantienne de la *Schwärmerei*, réitération ironique visant à ridiculiser les velléités mégalomaniaques de l'exalté. D'ailleurs, le retour du bon mot trouvé par Kant se fait, à chaque fois, pratiquement dans les mêmes termes : quand on a trouvé un mot d'esprit à la fois ironique et amusant, dénonçant avec humour, il serait dommage de ne pas le réutiliser ! La première occurrence de ce qui peut passer pour une sorte de formule qui à la fois désigne et dénonce la *Schwärmerei* se trouve dans *Qu'est-ce que s'orienter dans la pensée ?*, lorsque Kant, évoquant les « *Genieschwärmer* » les rebaptise « favoris [*Günstlinge*] de la bienveillante nature »[92]. Dans tout le passage, il les envisage par rapport aux « hommes du commun » - dans lesquels Kant s'inclut lui-même : « nous, hommes du commun » - qui nomment la « caducité acceptée de la raison législatrice suprême, extravagance [*Schwärmerei*, notée en gras dans le texte

90 AK VII, 134 ; OP III, 952.
91 AK VII, 162 ; OP III, 980.
92 AK VIII, 145 ; OP II, 543.

allemand] » tandis que les premiers la nomment « illumination [*Erleuchtung*] » [93]. Une autre occurrence de la formule fatidique est à relever dans *La religion dans les limites de la simple raison :* l'enthousiasme religieux [*religiöse Schwärmerei*] ayant été défini comme l'illusion qui consiste à croire que l'on peut préparer sa justification devant Dieu en instituant un « prétendu commerce »[94] avec lui, Kant décrit l'évolution de celui qui en est atteint : « Lorsque l'illusion de ce prétendu favori du ciel [*Himmelgünstlings*] s'exalte en lui jusqu'à l'imagination enthousiaste [*schwärmerischen Einbildung*] de ressentir des effets particuliers de la Grâce (et même jusqu'à l'outrecuidance d'entretenir dans une confiance totale, un prétendu commerce secret avec Dieu) alors la vertu elle-même lui répugne et devient à ses yeux un objet de mépris »[95]. Par parenthèse, signalons que Philonenko - traducteur de *La religion...* dans la Pléiade - fait ici référence, bien sûr à Swedenborg mais aussi à Madame Guyon et il est intéressant de remarquer que dans la « querelle du quiétisme », Louis XIV avait eu la même réaction que Kant dans celle du panthéisme. Madame de Maintenon apprend ainsi à la Comtesse de Saint Géran dans sa lettre du 12 mai 1693 que Louis XIV, entendant un extrait du *Moyen court...*, le qualifia de « resveries »[96], et Françoise Chandernagor dans son ouvrage *L'allée du roi* (mémoires apocryphes de Madame de Maintenon) reconstituant la querelle emploie les termes qui étaient utilisés à l'époque, à savoir : les « extravagances (des filles de Saint Cyr) », leurs « exaltations », le fait que toutes les petites filles soient devenues des « visionnaires »... Tout ceci pour dire que, de l'exaltation française du grand siècle à la *Schwärmerei* du siècle des Lumières, d'étranges coïncidences apparaissent, et que le rapprochement de Philonenko est donc tout à fait justifié. Fermons la parenthèse à présent pour en revenir aux favoris du ciel, qui reviennent , comme nous l'avons vu, sous la forme « d'enfants surnaturellement favorisés du ciel » dans le *Conflit*

---

93 AK VIII, 145 ; OP II, 543.

94 AK VI, 174 ; OP III, 209.

95 AK VI, 201 ; OP III, 242.

96 *Correspondance de Madame de Maintenon.*

des facultés ; enfin on peut relever une dernière apparition - non du thème bien sûr mais de la formule - dans *l'Anthropologie...* lorsque Kant évoque les « hommes de génie », il indique « qu'ils pratiquent le verbe des esprits privilégiés par la nature »[97]. On peut donc constater que Kant aura utilisé avec profit son mot sur les *Schwärmer*, faisant appel à lui à chaque fois qu'il s'exprimait sur eux. Seulement, ici encore, il s'est inspiré de Swedenborg, se contentant en quelque sorte de transposer au second degré sur le mode de l'humour, ce que le visionnaire décrit au premier degré avec toute la solennité nécessaire à une telle tâche. Il est très difficile ici de résister au plaisir de citer quelques passages des *Arcanes Célestes...*, qui après avoir été lus par Kant, ont motivé sa réaction et ont suscité très certainement son ironique formulation. Dès les premiers paragraphes de cette œuvre immense, Swedenborg reconnaît avoir été choisi pour communiquer avec les esprits : « il m'a été accordé, par la divine miséricorde du Seigneur [Kant relève dans les *Rêves d'un visionnaire...* que cette expression : *datum mihi ex divina Domini misericordia*, qui revient de façon presque obsessionnelle dans le texte de Swedenborg, connote une « faveur » faite par Dieu . AK II 361.] d'être depuis quelques années continuellement et sans interruption dans la société des Esprits et des Anges, de les entendre parler et de parler pareillement avec eux ; qu'ainsi il m'a été donné d'entendre et de voir les choses surprenantes qui se passent dans l'autre vie, choses qui ne sont jamais venues ni à la connaissance ni à l'idée d'aucun autre homme »[98]... Nous sommes ici en présence de cette sorte d'ingénuité prétentieuse, qui avoue avec fierté et avec un certain naturel un don du Seigneur qui n'est fait à personne d'autre : autant de motifs d'exaspération pour Kant. De même au paragraphe 59 du chapitre premier, Swedenborg avoue avec la même évidente sûreté qu'il a été protégé personnellement par le Seigneur. Lorsqu'ensuite cette évidence se fait affirmation apodictique l'on imagine les réactions de Kant lecteur, face par exemple à cette phrase - Swedenborg évoque la vie du Seigneur qui fut une

---

97 AK VII, 226 ; OP III, 1043.

98 *Arcanes Célestes...* Chapitre Premier § 5.

continuelle Tentation et une continuelle Victoire - : « Je sais avec certitude que les choses se sont passées ainsi »[99]. Enfin, justifiant le qualificatif de visionnaire, dans un passage délirant Swedenborg s'attribue la fonction d'être rien moins que les « yeux » des esprits : « il leur a été donné de voir par mes yeux »[100]... On peut arrêter ici cette reconstruction d'un concentré inflammable provoquant l'explosion kantienne, mais on pourrait relever bien d'autres passages tant les *Arcanes Célestes...* fourmillent de descriptions complaisantes de l'auteur par lui-même. Car, en effet, la *Schwärmerei* est fondamentalement intérêt pour le propre et le particulier ; sorte d'égoïste intellectuel, le *Schwärmer*, observateur de lui-même, devient peu à peu une véritable illustration du solipsisme, comme nous l'avons vu . Il insiste sur son soi, le creuse, l'approfondit et finit par se couper de l'extérieur et se perdre dans l'autocontemplation, abomination pour le philosophe qui a démontré la nécessité de la « publicité » intellectuelle. Comme le résume très bien M. Crampe-Casnabet dans son article (*Op.cit.*) : « l'erreur, la faute de la philosophie occulte est de prétendre accaparer l'universel au bénéfice de quelques-uns : aristocratique en ce sens, elle est une philosophie pour initiés. Un universel réservé à un petit nombre est pour Kant une contradiction dans les termes ». En effet, la *Schwärmerei* qui prétend à une communication surnaturelle et universelle avec les esprits, refuse malgré tout que l'universel soit l'affaire de tous. Or, c'est cet arrêt prolongé sur le soi, sur l'*ego* qui a été élu pour raconter l'universel aux autres qui est insupportable et qui fait exploser la communauté, qu'elle soit religieuse ou tout simplement humaine. Tout d'abord l'Eglise, au sens d'*Ecclesia*, la communauté religieuse, ne peut qu'imploser du fait de la *Schwärmerei* qui prétend instituer un commerce individuel avec Dieu : car, si « chacun se met à suivre son inspiration » alors « une inévitable confusion de langage ne tarde pas à éclater »[101]. Comme le remarque J.L. Bruch (*Op .cit.*) la *Schwärmerei* « en impliquant l'illusion d'un commerce individuel avec Dieu,

---

[99] *Arcanes Célestes...* Chapitre Quatorzième § 1690.

[100] *Arcanes Célestes...* Chapitre Quinzième § 1880.

[101] *Qu'est-ce que s'orienter dans la pensée ?* AK VIII, 145 ; OP II, 543-544.

désagrège l'institution ecclésiastique et la dissémine en sectes ». Parmi ces sectes, on compte bien sûr les piétistes, mais aussi bon nombre d' « illuminés sectaires », solitaires et divagants, deux tares dirimantes contre lesquelles, en Kant, « tout s'élève : le rationaliste et l'homme d'ordre ». Pire même que l'implosion de l'Eglise, la *Schwärmerei* finit par provoquer la dispersion de la communauté humaine elle-même, en donnant plus de prix à la partie qu'au tout, à l'entité individuelle qu'à l'entité universelle. Car, en prétendant atteindre un suprasensible qui reste inaccessible aux autres, le *Schwärmer* s'isole et s'enferme dans sa singularité propre. « Le rêveur de la raison [...] tout comme le rêveur de la sensation [...] vit une expérience solipsiste ; il perçoit quelque chose que ne voit aucun autre homme qui soit sain »[102]. Et du fait de ce solipsisme, qui enferme l'exalté dans son propre piège, l'incommunicabilité devient une règle, chaque soi devient une unité close, fermée sur elle-même, sans passage possible d'une « monade » à une autre, ce qui s'oppose totalement à la raison, à la morale, à la religion, et à la personnalité kantiennes. Or, c'est du fait de cette attitude solipsiste cumulée à l'impression d'être un favori du ciel, que naît la conception « initiatique » de la philosophie, la volonté de réduire les possesseurs du savoir à un petit groupe partageant des connaissances ésotériques et occultes. Par conséquent, dans ces conditions, le « ton supérieur » devient inévitable, étant le véritable signe de reconnaissance entre les initiés, celui qui permet de distinguer ceux qui bénéficient d'une intuition immédiatement juste, qui sont très peu nombreux, et ceux qui ont besoin de travailler pour uniquement s'en rapprocher, qui sont la majorité. Or, ce qui ne plaît pas du tout à Kant, c'est qu'il est compris dans cette majorité besogneuse qui fait beaucoup d'efforts sans récolter leurs fruits. C'est la raison pour laquelle il se fait un devoir de prendre parti contre ce « ton supérieur nouvellement pris en philosophie » qui transforme cette dernière en une tâche facile et qui, par l'intermédiaire de la *Schwärmerei*, fait du premier exalté un peu bavard un philosophe. Dirigé contre les philosophes dits de « l'intuition », dignes fils de Platon, que

---

102 J . Rozenberg. *Op. cit.*

sont Schlosser (traducteur, en 1795 des lettres de Platon et s'appuyant sur cette caution pour justifier ses thèses en faveur d'une orientation mystique en philosophie), Stolberg et bien sûr - même s'il n'est pas nommé - Jacobi, l'essai de Kant (*Sur un ton supérieur...*) s'oppose à tous ceux qui veulent dénaturer la philosophie en croyant atteindre la vérité immédiatement et sans effort et qui, comble de culot pourrait-on dire, se croient supérieurs pour cela. Dès les premières lignes, l'ouvrage se donne comme la dénonciation de ceux qui se représentent la philosophie comme le « dévoilement d'un mystère » : les « plus récents à posséder ce mystère, ce sont ceux qui l'ont en eux, mais qui malheureusement ne peuvent l'énoncer ni le communiquer universellement par le langage (*philosophus per inspirationem*) »[103]. Et ces philosophes de l'intuition, n'écoutant que leur « oracle » intérieur, procèdent « de façon géniale » et non « de façon scolaire » (lentement et prudemment), toisant et méprisant ceux qui, raisonnablement, empruntent cette dernière voie pour atteindre la vérité. Seulement, ce chemin de la raison est lent, pénible, il oblige à gravir sans cesse malgré les obstacles qui l'obstruent, tandis que la voie proposée par les exaltés est douce, facile à emprunter, elle transporte sans effort vers le but à atteindre : et il n'est donc pas étonnant qu'entre ces deux cheminements philosophiques, le dernier ait la vedette, car la facilité attire toujours davantage que la promesse d'efforts pénibles, même pour un plus grand bien. En conséquence, celui qui médite en lui-même sur une idée qu'il ne peut ni comprendre, ni communiquer à d'autres, situe dans ce fait « l'authentique philosophie (*philosophia arcani*) où donc le talent poétique trouve de quoi s'alimenter dans le sentiment et la jouissance de l'exaltation mystique [*zu schwärmen*], ce qui, il est vrai, est de loin plus séduisant et brillant que la loi de la raison »[104]... Il n'y a donc rien de surprenant à ce que les *Arcanes Célestes* aient des lecteurs et un public, alors que la *Critique de la raison pure* n'a pu le constituer qu'en plusieurs années. Platon, le « père de toute exaltation mystique en philosophie [*der Pater aller Schwärmerei*

---

103 AK VIII, 389 ; OP III, 395.

104 AK VIII, 393 ; OP III, 401.

mit der Philosophie] »[105] séduit davantage qu 'Aristote qui, lui, fait de la philosophie un travail. Et le grand danger serait qu'un Jacobi ou un Swedenborg attirent plus que la philosophie kantienne, car on assisterait à la remise en cause d'une conception particulière de la philosophie et de la personnalité même du philosophe. La moquerie, l'ironie sont donc nécessaires pour tenter de ruiner ces « vides espérances » trop tentantes, cette « vaine illusion de la connaissance de grands mystères »[106]. Et Kant n'hésite pas à faire un peu de mise en scène pour mieux lutter contre les exaltés et pour stigmatiser l' « initiation » en philosophie ainsi que l'emploi d'un idiolecte intellectuel, « mystico-platonicien » : « Qui ne voit ici le mystagogue qui, non seulement s'exalte [*schwärmt*] pour lui-même, mais en même temps appartient à une secte et , en parlant à ses adeptes, plutôt que devant le peuple (par quoi sont compris tous les non-initiés) fait le supérieur avec sa prétendue philosophie ! [...] Dans la nouvelle langue mystico-platonicienne, on dit : « toute la philosophie des hommes ne peut décrire que l'aurore ; le soleil doit être pressenti. » [Schlosser] Mais personne ne peut pourtant pressentir un soleil à moins d'en avoir déjà vu un »[107]... Réponse perfide mais légitimement ironique aux méprisants philosophes de l'intuition, qui sont aussi cités en bonne place parmi les « malades » de l'*Anthropologie*...pour les maux qui les caractérisent le plus : le mysticisme exalté et le fait de se prendre pour des initiés : Kant les qualifie avec humour d' « époptes », c'est-à-dire ceux qui avaient atteints le troisième des six degrés de l'initiation éleusinienne, l'époptie : « il est aussi des prémonitions joyeuses et hardies ; elles sont le fait de têtes exaltées [*schwärmen*] flairant le proche dévoilement d'un mystère pour lequel l'homme n'a cependant pas de sens récepteur et qui croient voir sur le point de se dégager de son manteau le pressentiment de ce qu'ils attendent dans une vision mystique, en véritables Epoptes »[108]. Seulement, qu'est-ce qui

---

105 AK VIII, 398 ; OP III, 406.
106 AK VIII, 398 ; OP III, 407.
107 AK VIII, 398 ; OP III, 407.
108 AK VII, 187 ; OP III, 1005.

distingue l'initié du non-initié, autrement dit, quelles sont les marques distinctives du *Schwärmer* et les artifices qu'il utilise afin de passer pour l'élu de Dieu ? Pour Jacobi par exemple c'est le « saut périlleux » - qualifié d'« élan audacieux » par Kant - hors des limites de la raison, mais « l'artifice habituel de l'exalté [*der Schwärmende*] » est décrit dans *Sur l'illuminisme*. Il consiste non seulement à égaliser les niveaux de connaissance comme on l'a vu mais aussi à poser, pour ce faire, des questions précises sur l'inconnaissable, sur l'inconcevable. En effet le leurre qui permet à l'exalté de donner à son ignorance les traits de la science : « consiste à demander : comprenez-vous la vraie cause du magnétisme ? ou connaissez-vous la matière qui produit des effets aussi prodigieux dans les phénomènes électriques ? »[109]. Et cela correspond tout à fait à un symptôme pathologique : celui de la déraison (*Uberwitz*) décrit dans l'*Anthropologie...*, déraison qui n'est, comme toutes les maladies de l'âme, qu'une modalité particulière de la *Schwärmerei.* Le malade qui en est atteint « s'imagine concevoir l'inconcevable. L'invention de la quadrature du cercle, du *perpetuum mobile*, le dévoilement des forces suprasensibles de la nature et la ompréhension du mystère de la Trinité sont en son pouvoir. Il est le plus tranquille de tous les pensionnaires de l'hôpital, et, de par la nature renfermée de sa spéculation, le plus éloigné du déchaînement : avec une pleine suffisance (*Selbstgnügsamkeit*) , il néglige toutes les difficultés de la quête intellectuelle. »[110]. Bref, tous les *Schwärmer* de Jacobi à Schlosser en passant par Swedenborg sont des « déraisonneurs » et, on le verra, cela ne sera pas sans incidence quant à la constitution de la *Schwärmerei* comme « raison négative ». Signalons enfin un dernier moyen de se distinguer de la foule du commun, un dernier expédient qui nie l'effort par un excès de présomption : croire en la réalisation possible du Souverain Bien du vivant même de certains hommes (sans avoir par conséquent à postuler l'immortalité de l'âme). Dans la *Critique de la raison pratique*, Kant évoque cette fonction exaltée de la loi morale, couplée à « l'espoir d'une destination

---

109 AK XI, 142.

110 AK VII, 216 ; OP III, 1033.

inaccessible, à savoir l'entière acquisition espérée de la sainteté de la volonté » qui conditionne le fait que « l'on se perd(e) dans des rêves théosophiques extravagants [*schwärmende*] »[111].

b-La lutte pour la philosophie contre le ton « grand seigneur »

Comble d'audace, l'orgueil du génie refuse la médiation rationnelle et refuse de même toute démonstration quant à l'existence de Dieu : comme l'explique A. Philonenko : « la démonstration la plus métaphysique ne suffit point à apaiser la soif d'Absolu qui hante la conscience du génie. La démonstration est discursivité, elle suppose nécessairement « entre » Dieu et la conscience une chaîne de raisons. Dieu n'est pas immédiatement présent à la raison dogmatique… » Or, le génie estime n'avoir pas besoin de recourir à cette même raison : son intuition, dans son immédiateté, supplée à toute médiation spéculative, à tout effort de démonstration, ce qui ne peut qu'exaspérer Kant. De plus Jacobi, en utilisant ce genre d'argument refuse la pierre de touche de la raison puisqu'il croit pouvoir s'en passer et il met ainsi en danger la liberté de penser elle-même : « … la liberté de penser (*Freiheit in Denken*) signifie que la raison ne se soumette à aucune autre loi que celle qu'elle se donne à elle-même. Et le contraire est la maxime d'un usage sans loi de la raison - afin, comme le génie en fait le rêve (*das Genie wähnt*), de voir plus loin qu'en restant dans les limites de ses lois (…) l'inévitable conséquence de cette absence explicite de loi dans la pensée ou d'un affranchissement des restrictions imposées par la raison, c'est que la liberté de penser y trouve finalement sa perte. Et puisque ce n'est nullement la faute d'un malheur quelconque, mais d'un véritable orgueil, la liberté est perdue par étourderie au sens propre de ce terme. »[112] En voulant outrepasser les limites qui s'imposent à la raison de tout un chacun, en voulant aller plus loin que les autres, le génie compromet non seulement sa propre

---

111 AK V, 122-123 ; OP II, 758.

112 *Qu'est-ce que s'orienter dans la pensée ?* AK VIII, 145. Trad. A. Philonenko.

position philosophique mais aussi celle de tous les penseurs qui acceptent les règles communes de la discussion rationnelle, et du débat intellectuel. Dans la « marche des choses » (*der Gang der Dinge*) qui caractérise l'évolution de la raison, évolution à la fois cyclique et inévitable, le « génie » (*das Genie*) apparaît en tête. Il se « complaît d'abord dans son audacieux élan (*in seinem kühnen Schwunge*) après avoir rejeté le fil par lequel la raison le conduisait autrefois. Bientôt il charme aussi les autres par des sentences impérieuses et de brillantes promesses ; il semble s'être enfin placé sur le trône qu'une raison lourde et pesante ornait si mal, sans toutefois cesser d'en tenir le langage. Nous autres, en hommes du commun, nous appelons « enthousiasme » (*Schwärmerei*) la maxime dès lors admise de l'invalidité d'une raison souverainement législatrice ; mais ces favoris de la bonne nature (la nomment) : « illumination » (*Erleuchtung*). »[113] Deux méthodes philosophiques s'opposent ici dans la confrontation entre le génie et le philosophe : l'une prétend à l'immédiateté et donc à l'absence d'effort, l'absence de travail, l'autre progresse lentement mais suit un parcours sûr, balisé, construit par une attention et un effort constants. Comme l'explique Kant dans *Sur un ton supérieur nouvellement pris en philosophie* : « les hommes s'imaginent supérieurs dans la mesure où ils croient pouvoir ne pas travailler [par rapport à ceux qui doivent travailler] ; et selon ce principe les choses ont récemment été si loin qu'une prétendue philosophie, pour laquelle on peut ne pas *travailler*, mais seulement écouter l'oracle présent en soi-même et en profiter pour faire de fond en comble l'acquisition de toute la sagesse qui est visée par la philosophie, s'annonce sans déguisement et publiquement ; et cela, à vrai dire, sur un ton qui montre qu'ils ne se conçoivent pas du tout comme à mettre au même rang que ceux qui - *de façon scolaire* (*schulmäßig*) - se tiennent pour obligés de progresser lentement et avec prudence de la critique de leur faculté de connaître à la connaissance dogmatique, mais au contraire ils sont en mesure d'accomplir - *de façon géniale* (*geniemäßig*) - en un seul coup d'œil sur leur intériorité (*durch*

113 *Qu'est-ce que s'orienter dans la pensée ?* AK VIII, 145. Trad. A. Philonenko.

einen einzigen Scharsblick auf ihr Inneres), tout ce que le labeur peut jamais procurer, et bien plus encore. »[114] Kant stigmatise l'époque qui est la sienne où « l'utilisation décorative du titre de philosophie est devenue une affaire de mode », époque « où le philosophe de la vision (si on admet qu'il y a un tel philosophe), à cause de la facilité qu'il a d'atteindre sans effort, par un bond audacieux (*durch einen kühnen Schwung*), la cime de l'intelligence, pourrait bien, sans qu'on s'en aperçoive, rassembler autour de lui un grand nombre de partisans (car l'audace est contagieuse), ce que la police du royaume des sciences ne peut tolérer. »[115] Effectivement, l'audace est insupportable quand, comme Kant, l'on a établi ce que Philonenko appelle une « métaphysique de la modestie » et c'est tout le sens du « besoin de la raison » qui doit nous orienter dans la pensée ; comme le remarque Philonenko concernant « l'orientation kantienne » : « Il faut reconnaître modestement que notre raison est besoin, car c'est en cet aveu que nous dévoilons le fondement de la vie de notre raison toujours tendue vers ce qui la dépasse, vers l'Être, toujours divisée entre le fini et l'infini. Le « besoin de la raison » dont nous entretient Kant est la plus haute manifestation de cette métaphysique de la modestie qui définit le criticisme. (...) En reconnaissant le besoin qui l'anime, la raison trouve sa vie en se saisissant comme l'être d'un « manque » ... »[116] Selon Kant l'humilité est essentielle dans toute démarche intellectuelle, morale ou religieuse et il faut combattre ceux qui prétendent la négliger par des « armes » qui se fondent sur cette même attitude. Tout d'abord, en matière religieuse : l'on peut louer « la morale de l'Evangile d'avoir la première, en posant le principe moral dans sa pureté tout en l'appropriant en même temps à la nature bornée des êtres finis, soumis toute bonne conduite de l'homme à la discipline d'un devoir qui, placé devant ses yeux, ne lui permet pas de s'égarer (*schwärmen*)

---

114 AK VIII, 390 ; OP III, 396-397. Trad. A. Renaut.

115 *Sur un ton supérieur nouvellement pris en philosophie*. AK VIII, 403-404 ; OP III, 413.

116 A. Philonenko. Introduction à *Qu'est-ce que s'orienter dans la pensée ? Op.cit.*

dans une perfection morale chimérique, et d'avoir ainsi imposé les bornes de l'humilité (*Schranken der Demuth*) (c'est-à-dire de la connaissance de soi-même) à la présomption et à l'amour propre, qui tous deux méconnaissent volontiers leurs limites. »[117] Même les rationalistes dogmatiques sont rappelés à l'ordre de la nécessaire modestie : « Le savoir du dogmatique, une fois que les ailes en ont été coupées par la critique de sa propre raison, le force inévitablement à modérer ses prétentions (modestie) (*Bescheidenheit*) ... »[118] Cependant ce sont bien les « génies » dont le représentant le plus illustre est Jacobi, qui doivent être combattus par les armes de l'ironie, du travail, de l'ordre et de la raison : « Il est parmi eux [à savoir les véritables génies, ceux qui se caractérisent par l'originalité de leur faculté de connaître] une espèce, du nom d'homme de génie (ou mieux des singes de génie) (*Genieaffen*) qui s'est glissée de force sous cette enseigne. (...) Cette espèce, comme celle des guérisseurs et des charlatans, porte grand préjudice aux progrès de la culture scientifique et morale, lorsque, du siège de la sagesse, pareils aux initiés ou aux maîtres de ce monde, ils pontifient sur la religion, les affaires de l'Etat et la morale, experts, de la sorte, à jeter un manteau sur l'indigence de leur esprit. Que faire là contre sinon rire et poursuivre patiemment sa marche dans l'application, l'ordre et la clarté (*und seinen Gang mit Fleiß, Ordnung und Klarheit geduldig fartzuseßen*), sans égard à ces bateleurs ? »[119] On ne peut ici plus clairement opposer deux optiques philosophiques :l'une dénonçant l'illusion de savoir et la sagesse feinte des « singes de génies », l'autre n'hésitant pas à employer un ton « grand seigneur ».

Dès 1765, dans une lettre à Lambert, Kant emploie cette expression qui servira beaucoup plus tard à dénoncer le ton hautain et sûr de lui du génie : il évoque en effet le « badinage perpétuel des faiseurs d'esprit » et la « loquacité des auteurs d'aujourd'hui, qui écrivent d'un ton de grand seigneur (*von*

---

117 *Critique de la raison pratique*. AK V, 86 ; OP II, 712-713.

118 *Sur un ton supérieur...* AK VIII, 403 ; OP III, 413.

119 *Anthropologie du point de vue pragmatique*. AK VII, 226 ; OP III, 1043.

herrschenden Tone). »[120] Ce ton peut plaire à une jeunesse arrogante, et paresseuse, cherchant à tout maîtriser sans travailler, à tout connaître sans avoir eu à apprendre ; mais heureusement il ne peut convaincre ceux qui suivent pas à pas le chemin sûr de la raison : « Je me suis aperçu avec plaisir et reconnaissance, en divers écrits publiés (...) que l'esprit de profondeur n'est pas mort en Allemagne, mais qu'il avait été seulement recouvert pour peu de temps par le ton à la mode d'une liberté de pensée affectant le génie (*den Modeton einer geniemäßigen Freiheit im Denken*), et que les sentiers épineux de la critique, qui conduisent à une science de la raison pure, conforme aux exigences de l'école, mais seule durable à ce titre et par suite hautement nécessaire, n'avaient pas empêché des esprits courageux et clairs de la maîtriser. »[121] L'écrit de 1796, *Sur un ton supérieur nouvellement pris en philosophie* est tout entier dirigé contre ces philosophes à la mode comme Schlosser, ou Stolberg qui avec, Jacobi comme chef de file, insultent la philosophie tout autant qu'ils la ridiculisent : cette sorte de penseur situe « dans le fait de méditer en lui-même sur une idée qu'il ne peut ni comprendre ni communiquer à d'autres (...) l'authentique philosophie (*philosophia arcani*), où donc le talent poétique trouve de quoi s'alimenter dans le sentiment et la jouissance de l'exaltation mystique (*im Gefühl und Genuß zu schwärmen*) ; ce qui, il est vrai, est de loin plus séduisant et brillant que la loi de la raison : ne s'acquérir un bien que par du travail ; mais où également l'indigence et la morgue vaniteuse produisent le phénomène ridicule d'entendre la philosophie s'exprimer sur un ton supérieur (*in einem vornehmen Ton*). »[122] Or, poursuit Kant, il ne faut surtout pas confondre les philosophes et leurs pâles copies, ceux qui ne font que jouer un rôle usurpé : « Il y a (...) une différence entre philosopher et faire le philosophe (*Philosophiren und den Philosophen machen*). Cette dernière attitude se produit dans le ton distingué

---

[120] *Lettre à J.H Lambert* du 31 décembre 1765. AK X, 56-57 ; OP I, 597.

[121] *Critique de la raison pure*. Préface de la deuxième édition. AK III, 25 ; OP I, 754.

[122] AK VIII, 393 ; OP III, 400-401.

quand le despotisme exercé sur la raison du peuple (et même sur sa propre raison) par son enchaînement à une croyance aveugle (*blinden Glauben*) est donné pour de la philosophie. »[123] Ces pseudo-philosophes qui se fondent sur l'intuition possèdent « un grand avantage sur tous ceux qui doivent d'abord se justifier pour pouvoir se vanter de la vérité de leur affirmations », ils peuvent par conséquent « parler sur le ton d'un seigneur qui est dispensé de la peine de montrer son titre de propriété (*beati possidentes*). »[124] Pour qualifier ses ennemis, Kant a aussi recours à une autre formule assassine : les « élus ». Il est d'ailleurs à remarquer à ce propos, la récurrence étonnante de ces formules polémiques que l'on pourrait presque qualifier d'homériques, tant elles reviennent dans les mêmes termes et les mêmes circonstances. Dans sa lettre à Marcus Herz du 7 avril 1786, après avoir dénoncé Jacobi qui affecte une exaltation qui serait le signe du génie, Kant écrit : « Reichard est également atteint par cette épidémie de génialité (*der Genieseuche*) et recherche la compagnie des *élus* (*Aüserwahlten*). »[125] De même il souligne dans *La religion dans les limites de la simple raison* l'impropriété (en matière morale) d'une telle expression : « on n'a pas encore constaté que ces êtres, extraordinairement favorisés (*außerordentlich Begünstigten*), à leur avis (les élus) (*Auserwählten*), surpassent si peu que ce soit l'homme naturellement honnête, auquel on peut donner sa confiance dans le commerce, les affaires et la détresse. »[126] Point n'est donc besoin d'entretenir un quelconque « commerce secret » avec Dieu pour avoir une nature moralement bonne...Précisément ce dernier apanage affirmé du génie – la communauté avec Dieu, la communion avec l'Être infini – fait réagir le philosophe, qui y revient à plusieurs reprises. Il faut d'ailleurs souligner que Kant ne fut pas toujours aussi hostile à une telle hypothèse, qu'il expose lui-même dans *l'Histoire générale de la nature et théorie du ciel* :

---

123 AK VIII, 394 ; OP III, 402.
124 AK VIII, 395 ; OP III, 403.
125 AK X, 442.
126 AK VI, 201 ; OP III, 242.

« Quand enfin sont tombés les liens qui nous tiennent attachés à la vanité des créatures, à l'instant déterminé pour la transformation de notre être, l'esprit immortel, libéré de la dépendance des choses finies, trouvera dans la communauté avec l'Etre infini (*unendlichen Wesen*) la jouissance de la vraie félicité. Toute la nature, qui comporte une relation générale d'harmonie afin de pouvoir être objet de complaisance pour la divinité, ne peut que remplir d'une satisfaction sans fin cette créature raisonnable, qui se trouve unie avec cette source originelle de toute perfection. »[127] Cependant, il s'agit là d'une œuvre de jeunesse et Kant, moins de dix ans après, a dejà calmé son emportement. Ainsi dans les *Observations du beau et du sublime* il distingue le fanatisme de l'enthousiasme, en insistant, pour le premier, sur ce thème de la communion directe avec Dieu : « Il faut toujours distinguer le fanatisme de l'enthousiasme. Celui-là croit se sentir en communion directe et extraordinaire (*unmittelbare und außerordentliche Gemeinschaft*) avec une nature plus haute, celui-ci désigne l'état d'esprit où le sentiment, en vertu de quelque principe, s'enflamme au-delà du degré qui convient, que ce soit en vertu des maximes du patriotisme, de l'amitié ou de la religion, sans que, dans ce sentiment, la chimère d'une communion surnaturelle ait rien à faire. »[128] Puis la formule devient récurrente : il l'emploie ainsi dans *La religion dans les limites de la simple raison* pour qualifier l'enthousiasme religieux : « L'illusion qui consiste à croire que, par les opérations religieuses du culte, il est possible de préparer sa justification devant Dieu, est la superstition religieuse ; de même que l'illusion d'arriver à ce but en s'efforçant d'instituer un prétendu commerce avec Dieu (*einem vermeintliche Umgange mit Gott*) est de l'enthousiasme religieux (*die religiose Schwärmerei*). »[129] De même il stigmatise, ensuite, l'outrecuidance du favori du ciel qui dit entretenir, « dans une confiance totale, un prétendu commerce secret avec Dieu

---

127 AK I, 322 ; OP I, 90. Trad. F. Marty.

128 AK II, 251 ; OP I, 503.

129 AK VI, 174 ; OP III, 209.

(*Umgangs mit Gott*). »[130] Enfin, il exprime une dernière fois sa défiance face à une telle attitude, qui place la philosophie dans une situation de danger mortel, dans *Sur un ton supérieur nouvellement pris en philosophie,* où il évoque le « pressentiment » (*Ahnung*) des exaltés : « un pressentiment est une attente obscure et contient l'espoir d'une solution, qui toutefois n'est possible, dans les problèmes de la raison, que par concepts, alors que ces questions sont transcendantes et ne peuvent conduire à aucune véritable connaissance de l'objet, et qu'elles doivent donc nécessairement en promettre un succédané, une *communication surnaturelle* (*übernatürliche Mittheilung*) (illumination mystique) : ce qui dès lors est la mort de toute philosophie. »[131] Ainsi l'orgueil des « favoris du ciel » et leur méthode faite d'intuition immédiate et de commerce secret avec Dieu représentent pour Kant le danger radical en philosophie : s'enfermer dans un sentiment intérieur incommunicable et abandonner ainsi tout échange, ce qui n'est qu'une définition pour Kant de la mort de la pensée.

---

130 AK VI, 201 ; OP III, 242.
131 AK VIII, 398 ; OP III, 406.

4-De l'antiparadigme défini à la fois contre la raison et avec elle à la **Schwärmerei** *comme « raison négative » : la nature profonde de l'exaltation*

Il reste maintenant à envisager la véritable nature de la *Schwärmerei*, sa nature profonde qui ne se détermine que dans son rapport à la raison. Ainsi, si l'on considère la raison comme un modèle, un paradigme, comme l'emblème de *l'Aufklärung*, la *Schwärmerei* va apparaître dans un premier temps comme un antiparadigme, un contre-modèle en quelque sorte. Puis dans un second temps, l'exaltation se définira selon un concept kantien - celui des grandeurs négatives - comme une « raison négative ». Tout d'abord, se posant à la fois contre la raison et avec elle, la *Schwärmerei* se veut l'antiparadigme de la raison par excellence : la solution de remplacement à la rationalité. À l'exemple à suivre proposé par la raison, l'exaltation en substitue un autre à savoir le sien propre, comportant plusieurs modalités et plusieurs formes. Suivant une logique particulière précédemment évoquée, la *Schwärmerei* décline ses facultés et ses propriétés, pour atteindre des objectifs similaires à ceux de la raison ; elle joue donc avec ses propres armes, et se mue en une concurrence non-négligeable pour la raison. En effet, du fait de sa prétention à atteindre l'inconditionné immédiatement et sans effort, du fait de sa volonté de dépasser toutes les limites, du fait des illusions de facultés « congruentes » qu'elle génère, la *Schwärmerei* est un adversaire très dangereux, qui se retourne contre son créateur - la raison - et propose un contre-modèle qui permettrait la même maîtrise d'un impossible domaine d'antipensée. Puis l'élève dépassant le maître, elle finit par outrepasser ce stade et devient la seule médiation vraiment valable vers l'inconditionné et l'immédiateté, provoquant la mort de la raison à court terme et la suprématie totale du modèle divagant à moyen terme. Kant ne peut, bien entendu, supporter un tel affront et il évoque dans ses textes ces moyens magiques à la disposition de l'exalté, moyens qu'il utilise de préférence à la raison pour satisfaire plus rapidement et mieux - croit-il - son désir. Tout d'abord, le *Schwärmer* partage - avec ses compagnons initiés et avec les néophytes tentés par l'expérience - de l'indicible, de l'ineffable, du non thématisable. Tandis que Kant réclame l'universalité logique, le partage balisé par la loi : or, des deux propositions, l'une est plus tentante que l'autre, du fait même de la nature humaine. Par conséquent, c'est tout le modèle raisonnable qui, de par la simple existence de la *Schwärmerei*, est discrédité au profit de cette dernière. Il est plus facile de parler aux esprits sans expliquer le pourquoi ni le comment de cette étrange et fascinante relation, que de fonder sa maxime personnelle sur l'universalité possible de la formule légale et par conséquent est mis en scène le combat inégal de deux méthodes dans lequel toujours l'une primera sur l'autre et s'imposera peu à peu à son détriment. Dès la confrontation des deux modèles, la *Schwärmerei* a l'avantage de la facilité et donc l'appui de la majorité. Or Kant en a une conscience aiguë, ainsi écrit-il dans *Qu'est-ce que s'orienter dans la pensée ?* : « Si [...] la raison, dans des questions relatives aux objets suprasensibles, telles l'existence de Dieu et la vie future, se voit contester le droit qui est le sien de parler la première, une porte est grande ouverte à toute forme d'extravagance [*Schwärmerei*] (et) de superstition »[132]... Il s'aperçoit très bien que, sur des sujets délicats, si l'on conteste la primauté d'une raison qui est ici la raison kantienne critique, la *Schwärmerei* s'avance immédiatement comme un substitut au modèle, elle s'offre même comme exemple en lieu et place d'une raison dépassée par les événements qu'elle a provoqués. De même, lorsque Philonenko stigmatise le « refus de penser » du *Schwärmer* Jacobi qui préfère le « saut périlleux » à l'ordre des raisons, il ajoute : « ce refus de penser, Kant le nomme *Schwärmerei* ».Or, sans jouer sur les mots, on peut dire que c'est un refus de penser affirmé, positivement confronté à la volonté rationnelle. Le *Schwärmer* fait de cette absence, de ce manque, de ce négatif une prise de position forte et déterminée, il transforme sa négativité en positivité combative et offensive. Loin d'être un simple retrait à la limite de la neutralité, un repli un peu frileux sur une confortable position, la *Schwärmerei* comme refus de

---

132 AK VIII, 143 ; OP II, 541.

penser est une alternative pleine - et non pas creuse - et positive à la raison (ce qui selon les critères kantiens, la donnera comme une « raison négative » et d'autant plus « négative » au sens kantien qu'elle s'oppose positivement). Et cette solution de substitution est tellement efficace et donc tellement dangereuse, qu'elle est même capable de faire périr la raison. Par exemple , l'illusion religieuse enthousiaste, décrite dans *La religion dans les limites de la simple raison* comme cette mystérieuse intuition de l' « immédiate présence de l'être suprême », intuition « pour laquelle en l'humaine nature il n'y a aucun sens », provoque de par le seul fait qu'elle existe une catastrophe dans le domaine rationnel car « l'illusion religieuse enthousiaste [*der schwärmerische Religionswahn*] est la mort morale de la raison [*der moralische Tod der Vernunft*] sans laquelle cependant il ne peut y avoir de religion qui, comme toute moralité en général, doit être fondée sur des principes »[133]. Ainsi, en s'immisçant subrepticement dans le champ de la religion, la *Schwärmerei* non seulement provoque, et ici l'affirmation kantienne est radicale, la mort de la raison mais aussi la mort de la religion elle-même, qui doit impérativement reposer sur le modèle de la raison par l'intermédiaire de la nécessaire foi rationnelle. Par conséquent, la nocivité inhérente à sa simple présence conceptuelle fait de la *Schwärmerei* une meurtrière de la raison, ayant poussé la logique de l'antimodèle jusqu'à la destruction du modèle initial qui avait servi à sa propre détermination négative. Et ce, par l'intermédiaire de moyens magiques, antirationnels : comme la communication spirituelle par l'ouverture du sens intérieur chez Swedenborg, le « saut périlleux » en dehors du domaine de la raison chez Jacobi, ou le « pressentiment » des philosophes de l'intuition sur lequel on peut insister davantage, les deux cas précédents ayant déjà été examinés. L'éclairage particulier se justifie dans la mesure où Kant décrit, dans un passage de *Sur un ton supérieur...*, un nouveau « degré » dans l'acte de tenir pour vrai, une nouvelle méthode pour arriver aux fins de la raison, une antiméthode mais se justifie aussi dans la mesure où il

---

133 AK VI, 175 ; OP III, 210.

renouvelle sa mise en garde quant au péril encouru par la rationalité en parlant dans ce passage de « mort de toute philosophie ». « Jusqu'ici, on n'avait entendu parler que de trois degrés dans l'acte de tenir pour vrai, jusqu'à son évanouissement dans une complète ignorance : le savoir, la croyance et l'opinion »[134]. Dans ce passage significatif de la révolte kantienne face à l'antiparadigme qu'est la *Schwärmerei*, Kant commence par rappeler selon leur degré d'objectivité, les trois positions possibles de la raison quant à la connaissance de l'objet. Puis il évoque l'introduction - révoltante - d'un nouveau degré « qui n'a rien de commun avec la logique » et qui est « l'anticipation d'une sensation (*praevisio sensitiva*) » mais « de ce qui n'est nullement objet des sens c'est-à-dire un pressentiment du suprasensible »[135]. Seulement - et ici le texte se passe presque de commentaire tant il illustre parfaitement l'analyse précédente - ce nouveau moyen magique, ce « *salto mortale* » reste pour Kant et doit rester de la *Schwärmerei*. Aussi développe-t-il : « Or, qu'il y ait ici un certain tact mystique, un saut (*salto mortale*) des concepts à l'impensable, un pouvoir de s'emparer de ce qu'aucun concept n'atteint, l'attente des mystères ou plutôt la promesse réitérée qu'on y accédera, mais à proprement parler une fâcheuse disposition des cerveaux à l'exaltation [*Schwärmerei*], c'est l'évidence »[136]. Enfin pour conclure cette diatribe contre les philosophes *Schwärmer* de l'intuition , il les accuse d'être des matricides : de tuer leur mère-philosophie au moyen - Kant utilise ici le terme adéquat pour désigner la *Schwärmerei* en tant qu'antiparadigme et solution de substitution - d'un « succédané », de la connaissance par concepts. Il conclut donc : « Car un pressentiment est une attente obscure et contient l'espoir d'une solution, qui toutefois n'est possible, dans les problèmes de la raison, que par concepts, alors que ces questions sont transcendantes et ne peuvent conduire à aucune véritable connaissance de l'objet, et qu'elles doivent donc

---

134 AK VIII, 396 ; OP III, 404.
135 AK VIII, 397 ; OP III, 405-406.
136 AK VIII, 398 ; OP III, 406.

nécessairement en promettre un succédané, une communication surnaturelle (illumination mystique) : ce qui dès lors est la mort de toute philosophie »[137]. Il revient enfin une dernière fois sur ce thème dans le *Conflit des facultés* où il oppose le « mysticisme qui tue la raison » à la « doctrine biblique de la foi telle qu'elle peut [...] être développée par le moyen de la raison »[138]... On ne peut invalider plus clairement la prétention de l'agresseur et plaider plus fermement en faveur de l'agressé : la raison est un modèle et la *Schwärmerei* un antiparadigme à ne pas imiter sous peine de voir disparaître la fondation de l'édifice rationnel. Seulement, les deux notions restent et demeurent inséparables et la *Schwärmerei* se déterminant à la fois contre et avec la raison peut être finalement définie comme « raison négative »...

Dans l'*Heautontimoroumenos* de Baudelaire, le couteau est aussi important que la plaie ; dans le roman de Stevenson, Mr Hyde est aussi - voire plus - fascinant que le Dr Jekyll, et en littérature le *Sturm und Drang* a une valeur égale à *l'Aufklärung* : pourquoi, alors, faire de la négation délirante de la raison un thème mineur au profit d'une réflexion longue et approfondie sur la raison elle-même ? En n'accordant à la *Schwärmerei* que de brefs moments d'attention qui n'en sont pas moins pour la plupart extrêmement radicaux et qui font montre d'une conscience très nette de la gravité du problème, Kant dénonce sa gêne, exhibe son malaise, montre ostensiblement ses hésitations, ses contradictions et ses ambiguïtés, finit donc par en faire un problème beaucoup plus important qu'une simple exaltation de visionnaire à dénoncer et à mépriser. Par l'absence notable d'un développement long sur cette notion, il en dit déjà plus qu'il ne voudrait en dire, car il aurait sans doute fallu ne jamais écrire un seul mot sur elle, tant elle est potentiellement dangereuse et destructrice, potentiellement car elle n'atteint son degré de nuisance maximal qu'utilisée intelligemment. Seulement, en réagissant littérairement contre elle, Kant en a déjà trop dit et il l'a

---

137 AK VIII, 398 ; OP III, 406.
138 AK VII, 59 ; OP III, 867.

acceptée, comme une notion existante, même si elle ne vaut pas et ne vaudra jamais le temps minimal qu'on lui accorde. Or ensuite, si l'on part du principe qu'il ne faut pas faire des oeuvres délirantes des résidus, des rebuts de la littérature ou de la philosophie mais les considérer au contraire comme des faits d'une raison déraisonnable à part entière, des productions quelquefois comparables à celles d'une raison saine, le cercle du rapport de Kant à la *Schwärmerei* se referme sur lui et il se retrouve dans l'obligation de traiter ce thème intraitable. Et ce, tout simplement parce qu'alors dans l'esprit du public et des lecteurs, Swedenborg est l'égal de Kant, la raison étant d'un côté délirante et de l'autre critique mais toujours présente. Le philosophe se doit donc de parler de l'exalté parce qu'il est, lui aussi, un homme raisonnable malgré tout, mais un homme qui a compris la raison dans une optique particulière et dont il faut par conséquent se méfier énormément afin d'éviter d'une part d'être assimilé à lui et éviter d'autre part que le *Schwärmer* détruise la fondation rationnelle sur laquelle il repose pourtant lui aussi, au profit de sa propre conception de la raison. Contre la *Schwärmerei* comme « raison négative », le combat risque d'être extrêmement âpre, du fait de la menace qui pèse toujours, l'épée de Damoclès conceptuelle, sur la raison saine voulant détruire la raison délirante...Car dans cet affrontement fatal et perpétuel entre les deux têtes d'un même corps, c'est la survie même du monstre bicéphale qui est en jeu... Mais tout d'abord, à l'instar de la définition de la limite comme « connaissance positive »[139], on peut dire de la *Schwärmerei* qu'elle est une raison négative. Cependant, il s'agit de justifier une telle détermination : en effet, dans quel sens peut-on la qualifier ainsi ? Tout simplement, et sans faire preuve d'une originalité débordante, dans le sens kantien, mis en place dans *l'Essai pour introduire en philosophie le concept de grandeurs négatives.* Car Kant, qui a appliqué ce concept, mathématique à l'origine, en philosophie, a ouvert un champ de possibilités qu'il ne soupçonnait sans doute pas, tant le concept est fécond et tant son champ d'application est vaste. En découvrant la possibilité

[139] *Prolégomènes...* AK IV, 361 ; OP II, 146.

d'appliquer cette notion aux accents newtoniens, aux concepts philosophiques, Kant nous offre l'occasion de se servir de sa propre thématique pour définir la *Schwärmerei* comme il ne l'a jamais fait. En effet, il n'a jamais eu l'audace de miner son propre terrain philosophique en offrant à la *Schwärmerei* la place d'honneur de vis-à-vis négatif de la raison et justement parce que c'eût été l'honorer bien trop. Mais nous pouvons, nous, avec le recul critique, non pas faire dire à Kant ce qu'il n'a jamais dit mais éclairer ce qu'il a toujours laissé dans l'ombre, faire parler ce qu'il a toujours tu, soulever l'interdit qu'il a toujours sciemment maintenu... Car, dans l'*Essai pour introduire en philosophie le concept de grandeurs négatives,* il définit le concept comme suit : « les grandeurs négatives ne sont pas des négations de grandeurs positives, comme l'analogie de l'expression le fait supposer, mais quelque chose de vraiment positif en soi qui est seulement opposé à l'autre »[140]... Avant d'évoquer le distinguo opéré entre opposition logique et opposition réelle, la notion de grandeur négative elle-même mérite une attention toute particulière : Kant précise bien que la grandeur négative ne représente pas purement et simplement un « non » brut qui s'opposerait au « oui », conditionnant une destruction mutuelle des deux éléments, mais qu'elle est bel et bien un « bloc » de positivité, polarisé différemment que le bloc auquel elle s'oppose. Il distingue donc deux types d'opposition : l'une logique, la « seule que l'on ait considérée jusqu'ici » et l'autre réelle. L'opposition logique s'appuie sur la contradiction : « quelque chose est affirmé et nié en même temps d'un objet »[141], par conséquent il n'en résulte « absolument rien (*nihil negativum irrepraesentabile*) ». Mais l'opposition réelle quant à elle n'utilise pas le principe de contradiction (dans la modalité dite du tiers-exclu), sa conséquence est donc « quelque chose (*cogitabile*) ». Il est très important de remarquer ici, qu'outre la différence portant sur la logique purement formelle, les deux résultats des oppositions diffèrent par leur caractère

---

140 AK II, 169 ; OP I, 264.
141 AK II, 171 ; OP I, 265.

représentable ou non : la conséquence de l'opposition réelle est pensable, tandis qu'on ne peut pas se représenter la conséquence de l'opposition logique. Et là est justement toute la différence entre une *Schwärmerei* présente épisodiquement dans l'œuvre kantienne mais présente quand même, et une absence totale de la notion. Si elle s'opposait logiquement à la raison, il n'y aurait rien à en dire et d'ailleurs elle serait irreprésentable. Mais si l'on admet qu'elle s'y oppose réellement, et qu'elle est donc la grandeur négative de la raison, elle devient pensable et impose donc une certaine présence même sporadique. C'est d'ailleurs la conclusion kantienne : après avoir remarqué que, malgré tout, l'opposition réelle reste une « véritable opposition », il ajoute que sa conséquence est un rien différent de celui de la contradiction, à savoir : « *nihil negativum repraesentabile* »[142]. Ainsi : « L'opposition réelle ne se produit que dans la mesure où, de deux choses considérées comme des principes positifs, l'une supprime la conséquence de l'autre »[143]. Par conséquent, elle ne se fonde pas sur une « absence de principe positif » mais sur l'affrontement entre deux principes positifs et opposés et Kant illustre cela par l'exemple physique du repos, qui peut être en quelque sorte « passif » c'est-à-dire un manque, une négation du mouvement en cas d'absence de force motrice ou bien actif c'est-à-dire être une privation dans la mesure où il serait le résultat de l'opposition de deux forces motrices contraires. Or le même schéma s'applique au rapport de la *Schwärmerei* à la raison ; on ne peut pas considérer la *Schwärmerei* comme une passivité, comme un manque, une simple absence de raison, mais il faut l'envisager comme un élément actif et positif s'opposant à la raison et laissant un vide qui est en fait plein, un repos qui découle de l'excès de mouvement et de tension entre deux forces qui poussent trop fort chacune de leur côté et finissent par annuler leurs effets. Aussi Kant utilise-t-il cet exemple à propos de plusieurs notions philosophiques car il a une grande force probatoire et démonstrative, tout en se gardant bien de

---

142 AK II, 171 ; OP I, 266.

143 AK II, 175 ; OP I, 271.

l'appliquer dans des domaines trop risqués comme celui de la raison. Mais il développe quand même plusieurs exemples philosophiques, et tout particulièrement le déplaisir, or il suffit dans cet exemple de remplacer déplaisir par déraison et plaisir par raison, pour obtenir une définition inédite mais très exacte de la *Schwärmerei* : « le déplaisir peut être appelé un plaisir négatif [144]. [...] Le déplaisir n'est pas un manque de plaisir mais un principe positif qui supprime en partie ou totalement le plaisir qui résulte d'un autre principe et c'est pourquoi je l'appelle un plaisir négatif »[145]. Il est donc, à partir de cette définition kantienne, tout à fait légitime de faire de la *Schwärmerei* une raison négative tout comme l'aversion est « un désir négatif , la haine un amour négatif , la laideur une beauté négative, le blâme un éloge négatif »[146]... De même, l'application au domaine pratique est aussi démontrée avec l'exemple du vice : vice (*demeritum*) qui « n'est pas simplement une négation, mais une vertu négative (*meritum negativum*) »[147]. Il n'y a donc aucune hésitation à avoir quant au statut de la *Schwärmerei* comme raison négative. Mais ceci reste malgré tout une interprétation personnelle et les commentateurs qui se sont intéressés au problème ont aussi travaillé sur cette notion de la divagation comme raison « à l'envers », mais sans, curieusement, évoquer ce concept de grandeur négative pourtant probant. En dépit de cette petite différence, seule la clef de la notion compte et le cœur du problème est bien le statut de la *Schwärmerei* comme « négatif » au sens photographique de la raison, annonce de la « *camera oscura* » de Marx (*L'idéologie allemande*) : sur ce point, l'unanimité est indiscutable. Ainsi, M. Crampe-Casnabet dans son ouvrage *Kant. Une révolution philosophique* , définit l'exaltation (en reprenant les termes de *l'Anthropologie...*) comme « une déraison positive », qui prétend, comme la raison elle-même, « s'élever à l'universel », d'où le danger incessant

---

144 AK II, 180 ; OP I, 275.
145 AK II, 181 ; OP I, 276.
146 AK II, 182 ; OP I, 277.
147 AK II, 182 ; OP I, 278.

qu'elle constitue, en se confrontant perpétuellement avec la raison sur le domaine de cette dernière. De la « déraison positive » à la « raison négative », la différence peut sembler infime, mais ici la connotation est fondamentale : la déraison positive connote une absence de raison qui s'affirme comme telle, tandis que la raison négative non seulement utilise un modèle kantien mais aussi connote une positivité effective s'opposant à une autre positivité effective, sans aucun manque ni d'un côté ni de l'autre. Malgré cette légère différence de vocabulaire, l'idée reste bien la même : la *Schwärmerei* représente une raison « au miroir », à savoir totalement identique quant aux contours et aux limites, mais en même temps entièrement renversée, l'image même de la non-congruence, l'élément identique mais inversé. Or c'est précisément sur ce thème qu'est articulé le paragraphe qu'A. Philonenko consacre à la *Schwärmerei* dans sa présentation de *Qu'est-ce que s'orienter dans la pensée ?* Il axe en effet son commentaire sur la notion de renversement et de raison à l'envers, faisant ainsi ressortir le caractère radical de la notion et soulignant fortement la nocivité qui la caractérise. Après avoir remarqué qu'à l'époque de Kant le terme est très employé et souvent à tort et à travers, il précise que justement, Kant lui accorde un sens plus précis, puis il le définit : « S'il nous fallait donner ici une définition de la *Schwärmerei* en son sens philosophique, nous dirions volontiers qu'elle est raison pure , mais... à l'envers. Elle est *de-mentia*, « *Un-Vernunft* ». Elle est en quelque sorte la figure de la raison, une fois effectué le « saut périlleux » c'est-à-dire une raison « la tête en bas ». Mais elle n'en est pas moins nocive pour cela : « l'on aurait bien tort de penser que *l'Un-Vernunft* est inoffensive. Au contraire, elle a beau « marcher sur la tête », elle marche quand même »... Or, c'est une caractéristique de la *Schwärmerei* que l'on ne souligne pas assez car Kant l'avait certes bien sentie mais préférait l'arme de l'ironie, pensant réduire ainsi la charge nuisible de la notion. Toutefois il ne faut jamais oublier que nous n'avons pas affaire à une bouffonnerie ou à une construction gratuite et sans conséquence d'un doux rêveur : la *Schwärmerei* est un mal radical dans la mesure où elle provoque la confusion, où elle utilise la raison dialectique, où elle a sa propre logique, où elle renverse tous les principes, et cela Philonenko le démontre fort bien. Il récapitule ainsi : « Nous dirons donc que la *Schwärmerei* définit une raison apparente, une raison qui est encore maîtresse de toute sa puissance dialectique, mais qui règle la logique sur l'affectivité, qui substitue à la distinction de l'intuition et du concept leur unité dans un soi-disant « sens de la vérité », à la séparation du phénomène et de la chose en soi, leur fusion dans la révélation du sens intérieur. En un mot la *Schwärmerei* est le « renversement des principes »[148] : le mal en philosophie ». Et ici, l'analyse est à élargir bien au-delà de *Qu'est-ce que s'orienter dans la pensée ?* Davantage encore donc qu'un refus de penser, la *Schwärmerei* est un « refus de penser sainement », choix encore plus pernicieux et révoltant. Elle est donc bien le mal en philosophie, et un mal radical, inévitable, qui mine la raison et ce que cette dernière induit, à commencer par la liberté de penser, la communication entre les hommes, la paix : la *Schwärmerei* provoque des réactions en chaîne qui visent à isoler les hommes les uns des autres - nous l'avions vu avec l'exemple de la tour de Babel - et donc à annihiler totalement toute intersubjectivité. C'est la raison pour laquelle il faut nécessairement s'orienter sainement dans la pensée pour lutter contre cette menace permanente, qui, non contente de provoquer l'implosion de la raison, provoquera, si l'on ne s'en méfie pas assez, l'implosion de la société, la guerre et la destruction : la *Schwärmerei* est aussi potentiellement apocalyptique. Comme le dit Philonenko, le *Schwärmer*, niant « l'effort de la rationalité kantienne » tout entier tourné vers l'institution d'un langage universel, introduit la confusion des langues, chacun parlant pour soi et se repliant sur un for intérieur incommunicable : « dès lors, l'incompréhension deviendra l'éther des consciences [...] et la raison retournera à l'état de nature : la guerre. [...] Ce faisant la *Schwärmerei* révélera une fois de plus qu'elle est une raison à l'envers car elle nous mènera à rejeter l'idée d'une constitution ayant pour but la plus grande liberté humaine fondée sur des lois qui

---

148 AK VIII, 138.

permettraient à la liberté de chacun de subsister en même temps que la liberté de tous les autres »[149]. Pour conclure sur ce point, l'on pourrait presque dire que la position particulière de la *Schwärmerei* par rapport à la raison et par rapport à Kant, annonce, mais avec davantage de négativité, l'*Aufhebung* hégélienne dans la mesure où, comme l'écrit M. Crampe-Casnabet : « la déraison [...] n'est pas cette négation pure et simple de la raison qui laisserait muette la rationalité (tel le *nihil negativum* dont la *Critique de la raison pure* souligne que justement on ne peut rien en dire) mais cette position-négation qui, face à la raison l'interroge ». En considérant ici la négation comme une forme de dépassement, et en tenant compte du fait - longuement analysé - que la divagation se détermine à la fois contre et avec la raison, nous pouvons, *in fine*, introduire l'impossible *Was ist Schwärmerei ?* par une définition tout aussi impossible de la part de Kant mais néanmoins exacte : la *Schwärmerei* comme *Aufhebung* de la raison en tant qu'elle est « raison négative ».

---

149 *Critique de la raison pure*. AK III, 247 ; OP I, 1028.

Chapitre II

Kritik der schwärmerischen Vernunft *: la nécessité absolue de lutter contre une* Schwärmerei *trop attirante par la mise à distance et l'imposition de limites*

Un cercle parfait indéfiniment parcouru, telle pourrait être la représentation topologique du lien maintenant envisagé entre Kant et la *Schwärmerei*. En effet, l'existence incompréhensible de cette dernière allume l'étincelle déclenchant la philosophie critique, qui est sans arrêt confrontée à son adversaire le plus féroce et le plus destructeur, lequel n'est autre que cette même *Schwärmerei*, qui cherche à éteindre de par sa seule présence, la flamme qu'elle avait suscitée. Le cercle est alors refermé, puis indéfiniment suivi, et tout pivote autour d'une autre notion spatiale : la notion fondamentale de limite. Pour parler en termes grecs, et ce parce que cette notion fut thématisée en premier lieu par les présocratiques, l'illimité d'Anaxagore, l'*apeiron* ne peut se définir que par rapport à ce qui précisément ne peut le circonscrire à savoir la *peras*, la limite : l'un et l'autre sont relatifs et liés de façon indissociable. Or, c'est exactement ce qui va se traduire dans la lutte de Kant contre la *Schwärmerei* : il a besoin d'elle pour se définir alors qu'il aimerait s'en débarrasser parce qu'elle le détruit parallèlement. Ainsi, c'est parce que la *Schwärmerei* est un dépassement illégitime des limites de l'expérience, une tentative insupportable d'atteindre l'illimité que Kant est « réveillé » et qu'il entreprend de poser les limites c'est-à-dire qu'il fonde le criticisme. Car l'illimité est aussi visé par la raison divagante, celle des dogmatiques, ce qui induit par là même le rapprochement entre les rêves du visionnaire et ceux de cette métaphysique dogmatique et sûre d'elle, mais aussi l'insupportable collusion *dogmatisch / schwärmerisch*. La condition de possibilité des trois *Critiques* est donc bien alors cette *Kritik der schwärmerischen Vernunft* initiale.

1-La lutte contre la tentation de la **Schwärmerei** *: distanciation et distinctions conceptuelles*

a-La nécessité d'être non-congruent à ses ennemis: l'attirance niée de Kant pour la *Schwärmerei*

Affectivement, conceptuellement ou spatialement : dès que l'on se trouve pris dans l'orbite d'une altérité - sorte d'hétéronomie à distance - et qu'*a fortiori* cette altérité peut nous être néfaste si l'on s'approche trop, une alternative s'offre à nous. Ou bien l'on cède à la tentation, malgré le danger qui lui est inhérente, l'on se confond alors avec l'élément étranger qui devient soi et l'on fusionne ; ou bien l'on prend brusquement la tangente et l'on s'arrache à l'attraction fatale. Kant, dans son rapport à la *Schwärmerei* va résoudre en quelque sorte l'antinomie en choisissant une troisième voie. Dans l'intitulé *Kant et la Schwärmerei*, il ne faut donc considérer le « et » ni comme inclusif, ni comme exclusif, mais comme une position intermédiaire entre ces deux extrêmes. En effet, tenté par la *Schwärmerei* (par ses raisonnements, par sa capacité de dépasser les limites, par son aspect mystérieux, occulte) dans la partie « négative » de sa personnalité, dans ses croyances parfois irraisonnées , Kant ne peut qu'en être repoussé s'il envisage son moi positif, raisonnable, et sensé : une sorte d'*agôn* se met alors en place entre ces deux volontés, combat qui rappelle - sans aucune commune mesure ici - celui évoqué par Saint Augustin dans les *Confessions*. Que faire alors si l'on ne se décide pas à trancher pour son ange ou son démon ? C'est ici que la non-congruence réapparaît dans la mesure où elle désigne le semblable mais qui n'entre pas dans les mêmes limites : tout comme les « spectres » de Kant, qui le hantent mais ne correspondent pas à sa personnalité, la *Schwärmerei* hante la rationalité kantienne mais ne doit pas - sursaut raisonnable - s'y identifier. Ainsi va-t-on voir Kant osciller entre une attirance avouée pour les thèmes de la *Schwärmerei* et une volonté de négation - le plus souvent sur le mode ironique - entre une équivoque attraction et une gêne réelle ; gêne qui se manifeste quand on peut s'apercevoir (de l'extérieur) qu'il s'approche trop de ce qui doit demeurer l'ennemi, l'autre irréductible... On peut évoquer ici le travail de Monique David-Ménard qui, dans son ouvrage *La folie dans la raison pure...* a bien éclairci l'attitude kantienne au moyen de concepts psychanalytiques. L'objet de mon propre essai ne recoupant pas du tout une telle tentative, une notion fondamentale - freudienne et psychanalytique mais envisagée ici philosophiquement comme la bonne formulation d'un comportement conceptuel - doit cependant être relevée avec attention : celle de négation. Freud la définit dans son vocabulaire spécifique : « ... la négation est une levée intellectuelle du refoulé qui maintient le refoulement ou plutôt l'instaure sur un mode particulier , celui de l'explicitation et de la connaissance des conflits qu'on désire tenir à distance »[150]. Mais, comprise en termes de non-congruence nécessaire et de lutte entre les volontés, cette notion - rendue plus « philosophique »- résume remarquablement l'étrange attitude kantienne adoptée sur une période très courte de son œuvre : l'année 1766, durant laquelle il publie les *Rêves d'un visionnaire...* et écrit une lettre à Mendelssohn restée célèbre le 8 avril. Dans ces textes, Kant va alternativement avouer son attachement irraisonné aux histoires d'esprits enfantées par la *Schwärmerei* et repousser ironiquement les mêmes faits, sur le mode de l'autodérision dans son propre texte (souvent frappante car très sévère), de l'autodénigrement, et à la manière de Pénélope, défaisant la nuit ce qu'elle avait fait pendant la journée. Ainsi, il ne faut pas laisser échapper - dans les *Rêves d'un visionnaire...* notamment mais pas exclusivement - « l'enjeu philosophique de l'équivoque » [151] : car c'est effectivement l'ambiguïté kantienne permanente, l'hésitation à la fois stylistique et philosophique qui offre à ces textes une grande fécondité et fait de la relation Kant /*Schwärmerei* un lien complexe et riche. Kant, happé dans le sillage de la sirène *Schwärmerei* est à la fois fasciné, séduit et repoussé, horrifié mais ne demeure longtemps ni l'un ni l'autre : alternativement la raison baisse sa garde puis repart, martiale.

---

150 *La négation*, in *Résultats, idées, problèmes.*

151 M. David-Ménard. *Op. cit.*

On a dit - plus précisément F. Courtès affirme dans sa présentation des *Rêves d'un visionnaire...*- que si, dans cet ouvrage, Kant s'en prend à Swedenborg « dans un mouvement de généreuse irréflexion », c'est parce qu'il « ne sait pas encore se tenir à distance ». Mieux vaudrait dire au contraire, car cela serait plus conforme au double mouvement évoqué précédemment, que c' est pour mieux se tenir à distance qu'il s'est rapproché du *Schwärmer*. Evoquons maintenant en premier lieu les moments d'heureuse défaillance du philosophe, ceux où il se berce de ses croyances personnelles, car il ne peut décidément pas s'en débarrasser et s'en libère en les évoquant. Il en vient d'ailleurs à ces confidences intellectuelles sur le mode significatif de l'aveu : « J'avoue que j'ai beaucoup de penchant à affirmer l'existence de natures immatérielles dans le monde et même à ranger mon âme dans la classe de ces êtres. »[152]. Penchant donc, mais penchant qui est celui par lequel a débuté un Swedenborg : on croit d'abord aux esprits puis on s'imagine pouvoir entrer en contact avec eux... Kant n'en est, bien sûr, pas encore parvenu au stade pathologique mais il sent l'abîme s'ouvrir quelquefois devant lui : il se prend tellement au jeu et la tentation occulte est tellement forte qu'il serait prêt à affirmer, presque dogmatiquement, des opinions sur la communauté interspirituelle qui, on le verra, ressemblent à s'y méprendre à celles soutenues par Swedenborg dans les *Arcanes Célestes...* Kant écrit ainsi - et le passage mérite citation - : « J'ai de plus en plus de mal à continuer de tenir le langage prudent de la raison. Je ne vois pas pourquoi je n'aurais pas moi aussi le droit de prendre le ton académique, lui qui est plus péremptoire et dispense l'auteur autant que le lecteur de la réflexion qui ne peut manquer de les amener tôt ou tard aux désagréments de l'indécision [...] je ne sais ni où , ni quand, mais un jour il sera démontré que même en cette vie l'âme humaine forme une communauté aux liens indissolubles avec toutes les natures immatérielles du monde des esprits... »[153]. Or,

---

152 *Rêves d'un visionnaire...* AK II, 327 ; OP I, 538.

153 AK II, 333. Trad. F. Courtès.

dans la lettre à Mendelssohn du 8 avril 1766 [154], Kant, face à la surprise de ce dernier quant à l'ambiguïté des *Rêves d'un visionnaire...*(ouvrage que Kant lui a envoyé), affirme ce que l'on pourrait appeler sa probité intellectuelle : « Sans doute je pense avec la conviction la plus claire, et pour ma plus grande satisfaction, beaucoup de choses que je n'aurai jamais le courage de dire, mais jamais cependant je ne dirai quelque chose que je ne pense point. » Toute la différence avec le *Schwärmer* étant que ce dernier, lui, ose dire ce dont il a la conviction tout à fait clairement et distinctement. Missive étonnante, adressée à celui qui deviendra un ennemi et se verra classé dans les *Schwärmer* de la raison, cette lettre à Mendelssohn reflète la vigoureuse « tempête sous un crâne » qui a dû secouer Kant à cette époque. Il y parle tour à tour de « répugnance » pour son écrit, puis d'attachement pour les histoires d'esprits, allant même jusqu'à proposer la défense de Swedenborg... Mais l'élément qui nous intéresse pour l'instant est la réitération de l'aveu précédent, aveu d'un attachement irraisonné mais dont le contenu est immédiatement détruit, car jugé à l'aune de la raison. Toute une méthode est ici décrite, celle qui a servi à écrire les *Rêves d'un visionnaire...* sans enchaîner sur l'écriture d'une œuvre digne des *Arcanes Célestes* : « en ce qui concerne les récits [ceux des *Rêves d'un visionnaire...*] je ne puis m'empêcher d'entretenir un léger attachement aux histoires de cette sorte, mais encore, en ce qui concerne les principes rationnels, je ne puis me retenir de les présumer exacts malgré l'extravagance des premiers et les conceptions chimériques et déraisonnables qui privent les seconds de toute valeur »[155]. Affirmer et nier avant que les autres ne le fassent : telle va être la méthode kantienne face à la *Schwärmerei* dans les *Rêves d'un visionnaire...* , le philosophe avance masqué tout en montrant son masque et se place sous l'égide déresponsabilisante de l'autodérision, comme il l'avoue lui-même après coup dans cette même lettre : « aussi le plus convenable me sembla-t-il de devancer les autres en me

---

[154] AK X, 69 ; OP I, 599.
[155] AK X, 70 ; OP I, 599-600.

moquant d'abord de moi-même... »[156]. Dans les *Rêves d'un visionnaire...*, dès qu'apparaissent la gêne, la honte, la crainte d'être pris pour, systématiquement Kant a recours à ce procédé (quelquefois parallèlement à celui de la négation pure et simple sur laquelle nous reviendrons précisément). Dès l' « *Avertissement* » : « qui ne promet pas que cette œuvre vous apporte grand-chose »[157], Kant compose une antiœuvre, qui ne doit pas être lue et qui , de toute façon, si elle est lue ne sera d'aucune utilité. Ainsi, dès l'ouverture du texte on trouve la « confession » (avatar de l'aveu) mais - il s'agit ici d'une variante par rapport aux cas précédents, due à la situation de ce passage dans l'économie du texte : au tout début c'est-à-dire à un emplacement stratégique - immédiatement désamorcée (et donc en quelque sorte éloignée, purgée) par l'ironie et l'autodérision : « Il [« l'auteur de ces lignes » : il est à noter que Kant parle de lui à la troisième personne, par conséquent il s'éloigne de lui-même et s'aliène dans la chair même de son texte] confesse un peu humilié, qu'il a été assez naïf pour chercher si certains de ces récits [de ceux qui sont exposés dans l'œuvre] étaient vrais ». Dans une première phase donc : autodénigrement très marqué : « confesser », « humilié », « naïf », dû à la volonté de se détacher de soi-même, volonté qui se trouve renforcée - dans un second temps - par l'immédiate ironie : « Il a trouvé...eh bien, ce que l'on trouve d'ordinaire là où il n'y a rien à chercher, c'est-à-dire qu'il n'a rien trouvé. »[158]. Telle est sans doute la meilleure manière de se disculper, la faute étant - il faut le souligner très nettement - d'avoir écrit sur les *Schwärmer* et sur les opinions issues de la *Schwärmerei*. Alors, Kant fait son *mea culpa* mais en incriminant ses amis qui l'ont poussé à écrire, en invoquant l'achat d'un énorme ouvrage qu'il a pris la peine de lire ; peine comme il dit « qu'il ne fallait pas perdre »[159], mais qu'il a quand même accepté de perdre... Il termine cet *Avertissement* en

156 AK X, 70 ; OP I, 599.
157 AK II, 317. Trad. F. Courtès.
158 AK II, 318. Trad. F. Courtès.
159 AK II, 318. Trad. F. Courtès.

apothéose, c'est-à-dire en minant l'ouvrage lui-même, le commentaire intra-textuel empêchant ainsi que l'on prenne le texte au sérieux : « on se flatte qu'il [le présent mémoire] donnera au lecteur les pleines satisfactions conformes à la nature du problème : celles de n'en pas comprendre la partie essentielle, de n'en pas croire l'autre et de se moquer du reste. »[160]. Résumons : selon Kant, la *Schwärmerei* est incompréhensible, incroyable, et inintéressante ; il affirme d'ailleurs dans la lettre à Jacobi du 30 août 1789[161] qu'il a écrit les *Rêves d'un visionnaire... invitus*, malgré lui et contraint ; mais seulement alors, pourquoi l'avoir écrit ? Grave question à laquelle Kant , gêné malgré l'anonymat relatif de l'œuvre, va répondre en la contournant comme les autres c'est-à-dire en commençant par jeter le discrédit sur son essai puis en en montrant l'utilité négative (ici au sens de l'éducation négative développée dans l'*Emile* non au sens kantien de *l'Essai pour introduire en philosophie le concept de grandeurs négatives*). De nouveau, un éclairage extérieur à l'œuvre - espace de libre expression - mais résumant parfaitement le sentiment de Kant se trouve dans la lettre à Mendelssohn lorsque Kant évoque la « répugnance » avec laquelle il a écrit son texte. Répulsion pour son propre travail - l'œuvre qui ne devait pas être écrite portant sur des gens qui ne devraient pas exister - que l'on retrouve au cœur même du texte dans des termes non moins durs. En s'interrogeant sur la légitimité de sa tâche, Kant « écrit », intellectualise son dégoût et cela est capital car significatif d'un des grands positionnements kantiens par rapport à la *Schwärmerei*. « Je présume qu'on demandera ce qui a bien pu me pousser à assumer cette besogne infamante, qui est de propager des contes qu'un être raisonnable a scrupule d'écouter patiemment, et même d'en faire le livret de mes recherches philosophiques. »[162]. Non content de rapporter des fables divagantes, j'ai érigé la *Schwärmerei* en sujet philosophique, semble-t-il dire, ineptie suprême que de s'intéresser

---

160 AK II, 318. Trad. F. Courtès.

161 AK X, 375.

162 AK II, 357. Trad. F. Courtès.

philosophiquement à l'incarnation symbolique de la négation de la raison. Dès lors avec un reste de honte, force se fait sentir d'abandonner une « entreprise insensée »[163] et une « matière ingrate », mais malgré tout , comme la justification est obligatoire et que seul le *Schwärmer* peut écrire gratuitement, sans motif apparent et sans utilité pour son lecteur, Kant va habilement faire de sa nécessité interne à écrire sur la *Schwärmerei* une vertu utile à ceux auxquels il s'adresse. En effet, tout ceci aura au moins eu une utilité négative : dispenser le lecteur de toute enquête, de toute vaine recherche sur ce qui le dépasse, sur ce qui se trouve dans un arrière-monde inconnu : « J'ai perdu mon temps afin de le gagner. J'ai trompé mon lecteur afin de le servir... »[164]. Cela valait donc la peine de lire les *Arcanes Célestes* et d'écrire, pour en rebuter le lecteur, les *Rêves d'un visionnaire...* Mais, ce que Michèle Crampe-Casnabet nomme la « pratique du détour »[165], qui consiste à s'installer dans le champ de la divagation pour mieux l'annihiler, conditionne un risque majeur : être confondu avec le personnage que l'on a joué, devenir son propre spectre, aux yeux des autres mais aussi et surtout - inconvénient beaucoup plus grave - à ses propres yeux...

En effet, outre l' « ombre de Swedenborg »[166] hantant la pensée kantienne, on peut , en plagiant le titre d'un ouvrage de Jacques Derrida, parler de « spectres de Kant ». Des personnages comme Swedenborg, Jacobi et, en élargissant l'analyse tous ceux qui sont victimes de la *Schwärmerei* entourent et cernent Kant comme autant de fantômes qu'il voudrait voir disparaître mais qui, parce qu'ils sont aussi d'origine kantienne, ne s'évanouissent jamais et représentent autant de clones en négatif du philosophe. Or, c'est ce rapprochement, cette assimilation qui doivent être définis comme le danger radical, radical car trop visible, pouvant être

---

163 AK II, 366. Trad. F. Courtès.

164 AK II, 367. Trad. F. Courtès.

165 Dans un article de la *Revue des sciences humaines* : *La raison et ses rêves. Kant juge de Swedenborg.*

166 M. Crampe-Casnabet. *Op. cit.*

relevé par le public extérieur, par ses propres ennemis et par le philosophe lui-même. Nous allons ici nous intéresser plus particulièrement à l'assimilation possible avec Swedenborg, dans la mesure où le rapport ambigu à Jacobi sera étudié de façon détaillée dans la dernière partie. Ainsi Kant s'aperçoit qu'il peut facilement être assimilé à Swedenborg, et, au tout début du second chapitre de la partie historique des *Rêves d'un visionnaire...*, il le dénonce avant qu'on le fasse pour lui - toujours la même méthode - : « par un coup de malchance, le témoignage que je trouve sur ma route et qui frappe par sa ressemblance avec le fruit de ma grossesse philosophique, décourage par son air difforme et niais, au point de me faire appréhender que le lecteur tienne mes arguments pour absurdes au nom de leur affinité avec des données de ce genre plutôt que celles-ci pour rationnelles au nom de ceux-là. »[167]. Dans des termes très sévères envers l'enfant monstrueux de Swedenborg, il le différencie avec force du sien, mais justement parce qu'on les avait trop rapprochés. D'aucuns pourraient arguer du fait que, tout effet ayant sa cause, ce rapprochement n'est peut-être pas le seul fait du hasard des interprétations... Mais ici Kant ne plaisante plus : s'il reconnaît l'accord de son système avec celui de Swedenborg, c'est sous certaines conditions qui, soit sortent Swedenborg de la *Schwärmerei* et en font donc un interlocuteur possible, soit l'y replongent tout à fait admettant le lieu commun du délirant qui parfois voit juste par hasard. Je ne fais ici que gloser un passage remarquable, remarquable car Kant y affirme nettement sa parenté intellectuelle avec Swedenborg tout en la vidant de sa substance, mais il y fait preuve malgré tout d'une grande clairvoyance sur l'opinion que l'on pourrait avoir de lui : « ...je dis sans détour sur le chapitre de ces piquants rapprochements que je n'admets pas la plaisanterie et je le déclare tout net : ou bien il y a lieu de présumer dans les écrits de Schwedenberg [on reviendra sur cette modification du nom du visionnaire] plus de finesse et de vérité qu'il n'y paraît au premier coup d'œil, ou bien c'est le fruit d'un hasard s'il s'accorde avec mon système, de la même façon qu'il arrive à

---

167 AK II, 359. Trad. F. Courtès.

des poètes en délire de prophétiser quelquefois... »[168]. On ne saurait être à la fois plus clair et plus ambigu... Autre rapprochement possible, qui va être le fait des commentateurs - ces derniers étant encouragés par les propos kantiens eux-mêmes - : l'ancêtre conceptuel du règne des fins, envisagé dans sa monstrueuse fraternité avec la communauté swedenborgienne des esprits. Le passage des *Rêves d'un visionnaire...* concerné ayant déjà été cité, l'on se contentera de relever les réactions de F. Alquié (dans sa présentation de l'œuvre dans l'édition de la Pléiade) qui estime que Kant substituera au règne des esprits swedenborgiens le règne des fins, et de M. David-Ménard qui affirme que « l'idée de communauté des fins rationnelles, qui s'appellera en 1785 « règne des fins » est explicitement ce que Kant accepte de garder du système de Swedenborg, lequel disait communiquer avec l'âme des morts et affirmait la réalité d'un monde des esprits »[169], et qui souligne la « troublante parenté entre occultisme et métaphysique »[170]. Ainsi, ce que Kant craignait et savait inévitable, l'amalgame de son moi propre et de son spectre *Schwärmer*, est bien mis en lumière par des critiques qui ne font ici que saisir l'occasion qu'il leur offre. Plus insolite et peut-être moins connue, est cette interprétation mystique de Kant par un de ses disciples, qui développe une herméneutique de la philosophie kantienne pour le moins troublante. En effet, Kant ayant toujours identifié mysticisme et *Schwärmerei*, il prit soin un jour de déclarer à un de ses biographes - Jachmann - qu'il ne faudrait jamais interpréter sa pensée dans un sens mystique et la tenir toujours pour étrangère au mysticisme. Or, une fois de plus, il fait montre de son goût pour la contradiction, en citant lui-même le point de vue de son disciple dans *Le conflit des facultés* (*Appendice : D'une pure mystique en religion*) . Wilmans, l'auteur de la dissertation *De similitudine inter Mysticismum purum et Kantianam religionis doctrinam*,

168 AK II, 359. Trad. F. Courtès.

169 Dans un article du *Cahier du Collège international de philosophie* : *L'évidence d'un délire expliquée par l'évidence de la moralité : Kant et Swedenborg.*

170 *La folie dans la raison pure... Op.cit* .

est donc cité, à propos d'une lettre, et c'est à la fin de celle-ci que l'on comprend mieux l'attitude kantienne (sinon incompréhensible). Effectivement, malgré l'éclairage inhabituel que Wilmans porte sur la pensée de Kant, il prend quand même soin de la distinguer de la *Schwärmerei* dans son aspect le plus négatif, raison pour laquelle il acquiert droit de cité dans le texte kantien. « Chez la partie cultivée d'entre eux [c'est-à-dire les mystiques] je n'ai jamais trouvé d'exaltation délirante [*Schwärmerei*], mais un raisonnement et un jugement libres et dépourvus de préjugés sur les objets de la religion. »[171]. Dans ce cas, l'honneur est sauf... Malgré tout, et pour en terminer sur ce point, dans le domaine du mysticisme religieux aussi, Kant a cultivé l'équivoque à la source de l'analogie illégitime. C'est ce que montre J.L Bruch[172], qui évoque lui aussi la communauté humaine au sens du *Corpus mysticum* mais qui relève surtout une ambivalence dans l'opinion kantienne quant à la communication individuelle avec Dieu, emblématique de la *Schwärmerei*. Ainsi, comme il l'explique, Kant réfute toute mystique du dialogue avec Dieu comme *Schwärmerei* mais il affirme aussi que la conversion s'accomplit dans la sainteté « qui résulte de la communauté avec Dieu » et que « l'adoration prend la forme d'une prière muette à un Dieu qui nous est intérieurement présent. »[173]. La nuance infranchissable est donc celle qui sépare la communauté avec Dieu de la communication avec les esprits, fil ténu qui sépare la raison de la divagation...

b-Le devoir du mélancolique face à son éventuelle dégénérescence en *Schwärmer* : la mise à distance et la nette distinction entre enthousiasme (*Enthusiasmus*) et exaltation (*Schwärmerei*)

Tout d'abord, si la nécessité de se distinguer de la *Schwärmerei* - par la négation et une taxinomie savante - est si impérative, c'est aussi pour une raison plus particulière mais de

171 AK VII, 74.
172 In *La philosophie religieuse de Kant.*
173 AK XIX. *Réfl.* 6611.

force majeure : Kant y joue sa propre raison et menace gravement, à se laisser entraîner dans un tel sillage, de passer derrière le miroir. Et ce, parce qu'il est déjà atteint par une pernicieuse maladie de l'âme : la mélancolie, qui contient en elle son avatar négatif : la *Schwärmerei*. Cette dégénérescence possible est décrite par Kant dans les *Observations sur le sentiment du beau et du sublime* : après avoir défini la mélancolie comme un « sentiment tendre et noble »[174], il envisage la « chute » du caractère mélancolique : « Quand ce caractère dégénère, le sérieux tourne à la mélancolie, la méditation au fanatisme [*Schwärmerei*, traduit « extravagance » par M. David-Ménard], l'amour de la liberté à l'enthousiasme. »[175]. Puis l'évolution s'avère de plus en plus négative : le mélancolique enthousiaste devient dangereux, il est la proie d'apparitions, d'inspirations, et en arrive aux niaiseries du style : « rêves-présages, pressentiments et signes miraculeux. »[176]. On l'aura compris : si Kant n'exploite pas conceptuellement ce trait de son caractère, il est en danger de devenir un Swedenborg. On pourrait dire que « l'enthousiasme est comme l'endroit d'une médaille dont la mélancolie [...] est le revers »[177] ; ou plus précisément que le « destin positif » de la mélancolie peut être la philosophie, alors que son « destin négatif »[178] est précisément la *Schwärmerei*. De même, dans la partie de l'*Anthropologie...*intitulée par Foucault : la *Caractéristique anthropologique*, Kant se plaît à souligner qu'« en matière de religion le mélancolique est dit exalté [*Schwärmer*] »[179], jugement qu'il déprécie en le qualifiant de « lancé à l'aveuglette », mais qu'il a quand même - une fois encore - pris la peine de rapporter.

Or, c'est cette imminence de la possibilité de sombrer dans l'exaltation qui nécessite une autre « orientation » de Kant

---

174 AK II, 219 ; OP I, 165.
175 AK II, 222 ; OP I, 468.
176 AK II, 222 ; OP I, 469.
177 M. David-Ménard. Traduction GF de l'*Essai sur les maladies de la tête.*
178 *La folie dans la raison pure...*
179 AK VII, 291 ; OP III, 1104.

par rapport à la *Schwärmerei* : la mise à distance. Ici il ne va plus s'agir de dénier tout en affirmant, mais de nier fortement ou plus précisément de repousser hors de son propre champ. La position kantienne envisagée sous cet angle ne consiste plus à emprunter le terrain de l'adversaire, avec tout ce que cela sous-entendait - comme on l'a vu - mais à repousser hors de son terrain propre, tous les fantômes qui oseraient s'y présenter. Reprenant, en le transformant, le terme kantien de « dénégation », M. David-Ménard qualifie l'« exercice de la dénégation » de mise à distance de la divagation ; elle est donc à considérer comme une protection intellectuelle constamment réitérée pour être efficace. Cette « dénégation » est un terme effectivement kantien, employé pour qualifier l'attitude à adopter par rapport à la *Schwärmerei* dans la lettre à Charlotte Von Knobloch du 10 août 1763, missive controversée s'il en est. Considérée comme apocryphe par certains - comme F. Courtès par exemple qui l'expose comme le fruit d'une manipulation de Borowski - mais intégrée dans la correspondance de Kant, nous lui accorderons le bénéfice du doute au profit de notre cause. Ainsi donc , si l'on admet que Kant est l'auteur de cette lettre, il révèle à sa destinataire qu'en ce qui concerne les « histoires d'apparitions et d'agissements dans le monde des esprits » il a « toujours considéré que la dénégation était l'attitude la mieux appropriée à la règle de la raison saine »[180] mais ce, avant sa rencontre avec Swedenborg qui l'a fasciné. Une fois bercée par le chant mélodieux du *Schwärmer*, la saine raison n'est peut-être plus capable de s'arracher à son attraction nuisible... Toutefois, Kant, qui n'a pas signé les *Rêves d'un visionnaire...*, suprême négation, et qui a déformé sans doute volontairement le nom de Swedenborg dans cet ouvrage - modification qui vise à « effacer » le personnage, mais contestable dans son moyen - met, à l'ouverture de son texte, une distance considérable entre lui et la *Schwärmerei* par la censure que constitue l'épigraphe. Il cite en effet un vers d'Horace - *Art poétique*, vers 7 et 8 - qui signifie : « (un livre où) pareilles aux songes d'un malade, ne seront

---

[180] AK X, 43-44.

retracées que des images inconsistantes » : ici, ce ne peut plus être de l'autocritique, il s'agit bel et bien d'une manière de discréditer totalement les aventures du *Schwärmer*, de lui couper la parole avant même qu'il ait songé à parler, cas emblématique de la distanciation par rapport à autrui. Moins explicitement critique mais non moins défensive pour autant, telle est la distinction opérée par Kant dans la *Critique de la raison pure* entre une imagination qui invente (*dichten*) et une imagination qui divague (*schwärmen*), distinguo dont le pivot est la notion d'hypothèse transcendantale. Pour séparer nettement, en effet, une parole kantienne qui soutient des opinions parallèles à celles du *Schwärmer* mais qui demeurent cohérentes, du chaos de la *Schwärmerei*, totalement désorientée, un point de repère est nécessaire et il est défini par Kant comme hypothèse. Cette dernière apparaît en fait, si l'on peut se permettre l'expression, comme un « garde-fou » établi par la raison pour surveiller l'imagination trop fertile ; elle évite ainsi à celle-ci de se laisser entraîner par son propre délire, délire qui est justement le fait de l'imagination qui « rêve » (*schwärmen*) parce qu'elle n'a plus le sens de la modalité. Car, c'est la juste position de la possibilité qui va permettre, cumulée à l'opinion, de poser la réalité de l'objet, tandis que l'imagination dépourvue d'un tel appui, n'est plus « lestée » par rien et s'envole dans les cieux éthérés de la divagation, sans plus que rien ne la retienne à la réalité de l'expérience. Ainsi : « pour que l'imagination ne rêve [*schwärmen*] pas en quelque sorte, mais qu'elle invente [*dichten*] sous la sévère surveillance de la raison, il faut toujours qu'il y ait auparavant quelque chose de pleinement certain, et qui ne soit pas invention ou pure opinion, et ce quelque chose est la possibilité de l'objet même. Alors il est bien permis de recourir à l'opinion au sujet de la réalité effective de cet objet ; mais cette opinion, pour n'être pas sans fondement, doit être rattachée, comme principe d'explication, à ce qui est effectivement donné et qui par conséquent est certain et alors elle s'appelle une hypothèse. »[181].Ensuite, en suivant l'ordre des rapprochements

---

181 *Critique de la raison pure*. AK III, 502 ; OP I, 1339.

possibles à détruire, Kant s'attache, concernant la question religieuse, à établir une classification posant des antithèses irréductibles. Il oppose ainsi dans *La religion dans les limites de la simple raison* deux appréhensions possibles de la nature propre de la religion et deux opinions quant à sa structure. Or, on remarque ici la volonté kantienne d'endosser le personnage de l'*Aufklärer* pour lutter contre le *Schwärmer* : Kant accepte d'entrer dans un cadre qui n'est pas exactement le sien pour mieux repousser le personnage dont il se sent plus proche. Ainsi, après avoir défini la religion comme la « connaissance de tous nos devoirs en tant que commandements divins »[182] et le primat de la connaissance du devoir sur celle du commandement comme illustration de la religion dite « naturelle », il oppose le « *rationaliste* » qui affirme la seule nécessité pour la morale de cette religion naturelle, au « *supranaturaliste* » qui, lui, prône pour la religion universelle la seule religion révélée (primat du commandement divin sur le devoir) . Séparation commode même si elle est un peu ambiguë dans la mesure où le partisan d'une religion révélée peut tout aussi bien être moral : raison pour laquelle Kant insiste en développant un argument concernant la structure de la religion, structure qui la rend susceptible ou non d'une communication extérieure. Ce faisant, il ouvre un gouffre entre le *Schwärmer* et sa personne, il pose une irréductibilité incontestable entre une opinion « éclairée » et une autre « illuminée », tout étant question d'éclairage conceptuel. Conception « éclairée » tout d'abord que celle qu'il développe ici d'une communicabilité universelle de la religion naturelle, du fait de sa simplicité : point de vue qui fut défendu par Rousseau et qui est aussi une thématique kantienne : point n'est besoin d'être savant pour être bon et moral, point n'est besoin d'être érudit pour connaître la religion naturelle et donc partager avec autrui une optique modeste mais suffisante (on peut remarquer ici que Kant rejoint involontairement des analyses spinozistes du *Traité théologico-politique* notamment celles où Spinoza insiste sur la primauté à accorder à la loi « gravée dans le cœur », avatar des discussions

[182] AK VI, 153 ; OP III, 183.

pauliniennes sur la foi et la loi). À cela est opposée la religion savante « où l'on ne peut convaincre un autre que par la médiation de l'érudition »[183] ; or, on ne peut ici que songer à Swedenborg écrivant les *Arcanes Célestes*, ouvrage qui est le fruit d'une incontestable érudition même s'il s'agit d'une érudition délirante, et qui ne cesse de prôner une conception « initiatique » du religieux, sorte d'herméneutique ésotérique réservée à quelques initiés, antithèse de la publicité et de l'universalité kantiennes. Ici encore, les aires sont bien délimitées entre Kant et l'*Aufklärung* d'une part et Swedenborg et la *Schwärmerei* de l'autre. À propos de ce dernier d'ailleurs, une parenthèse mérite d'être ouverte, dans une sorte de perspective comparatiste entre la nécessité kantienne de distanciation et de négation et le point de vue d'un Swedenborg tout à fait conscient des refus qui vont lui être opposés et les devançant même. Jusque dans le détail, concernant cette nuance infranchissable évoquée précédemment entre communauté avec Dieu et communication avec les esprits, Swedenborg s'attend aux réactions de Kant et d'autres partisans de la raison, dont lui aussi par conséquent se démarque. Si Kant se démarque de Swedenborg, Swedenborg s'était déjà - de façon moins « personnelle » mais ici seule l'idée compte - démarqué de Kant ! « Ceux qui ne nient pas l'existence des esprits ne veulent néanmoins point concevoir qu'on puisse parler avec les esprits. »[184]. Anticipation et réfutation tacite qui ne sont pas encore trop violentes mais qui le deviennent davantage quand il évoque l'erreur des « Erudits » quant à l'Immatériel - passage à mettre en perspective avec tout le début des *Rêves d'un visionnaire...* dans lequel Kant discute la notion d'« esprit » - : pour Swedenborg, telle est « l'idée fantastique que les Erudits se sont forgée sur l'Immatériel » : « l'Esprit, étant l'Immatériel (est) ou quelque chose de tellement obscur qu'il ne peut être saisi par aucune idée [conception plusieurs fois défendue par Kant] ou (est) quelque chose de nul, car voilà ce que renferme cet Immatériel, lorsque cependant c'est absolument le contraire.

---

[183] AK VI, 155 ; OP III, 185.

[184] *Arcanes Célestes...* Chapitre quatrième § 448.

En effet si les Esprits n'avaient pas des organes et si les Anges n'étaient pas des substances organisées, ils n'auraient pu ni parler, ni voir, ni penser. »[185]. Or, si ici Swedenborg ne prouve rien de ses allégations, il ressent de toute façon le besoin de polémiquer avec ses raisonnables adversaires, en se plaçant dans une position conceptuelle radicalement contradictoire. Enfin, lucide sur lui-même et sur les autres, il annonce aussi sa propre condamnation, celle qui le rejette dans un domaine inexplorable et le met au ban de la raison kantienne, en citant la réaction probable des vivants à qui on transmettrait des informations venues de l'autre monde : « ils auraient dit que j'extravaguais, ou auraient pensé que c'était un délire de l'imagination. »[186]. Cette instructive parenthèse refermée, il reste une remarque à faire, qui s'inscrit en faux par rapport à l' analyse de J.L Bruch selon laquelle le vocabulaire de Kant est « d'autant moins rigoureux que ses définitions sont plus marquées d'une intention péjorative et injurieuse. »[187]. Il ne faut pas confondre : Bruch parle ici du flottement kantien entre les termes *Aberglaube* (superstition) et *Schwärmerei* : mais ces deux termes appartiennent au même champ sémantique et il est donc normal que de petites confusions, sans importance et ne portant pas à conséquence, puissent s'installer. En revanche, lorsque Kant décide de jouer sur les mots pour poser des limites entre deux domaines à ne pas confondre, il est d'une remarquable régularité .

De *l'Essai sur les maladies de la tête* au *Conflit des facultés*, il ne variera pas quant à ce qui constitue sa seule planche de salut : la nette distinction entre l'enthousiasme (*Enthusiasmus*), connoté positivement, et l'exaltation (*Schwärmerei*) connotée négativement, jeu sur les mots, subtilité qui est un moyen de se « libérer » - d'exprimer son propre caractère - sans crainte de sombrer dans la démence . Dès 1764 dans *l'Essai sur les maladies de la tête* l'opposition est très nette car, déjà, il s'agit d'une nécessité absolue : il faut

---

185 *Arcanes Célestes*...Chapitre treizième § 1533.

186 *Arcanes Célestes*... Chapitre quinzième § 1880.

187 *La philosophie religieuse de Kant.*

sauver l'enthousiasme (*Enthusiasmus*) pour mieux perdre la *Schwärmerei.* Sauvons ces « hommes qu'un sentiment moral échauffe plus qu'un principe », ces « phantastes » - tels Aristide, Epictète ou Jean-Jacques Rousseau peint en butte aux sarcasmes des docteurs de la Sorbonne - car le « mal » dont ils souffrent : « cette apparence ambiguë de délire phantastique, présente dans les sentiments moraux bons en eux-mêmes est l'enthousiasme [*ist der Enthusiasmus*] et rien de grand au monde n'a jamais vu le jour sans lui. »[188]. On peut remarquer que la fin du passage annonce, dans sa formulation, un thème hégélien. Car il s'agit bien ici d'une sorte de « ruse » de l'enthousiasme positif, qui s'empare de certains êtres comme Jean-Jacques Rousseau ou, bien sûr comme Kant, les rend incompréhensibles aux yeux du monde et donc malheureux, mais leur fait accomplir de grandes oeuvres. Or, il en va tout autrement du fanatique qu'il faut perdre, de l'exalté (*Schwärmer*) qui est un halluciné et que son « exaltation [*Schwärmerei*, traduit par extravagance par M. David-Ménard] mène jusqu'aux extrêmes. » Le pendant de la formule aux allures hégéliennes « rien de grand... » est cette condamnation lapidaire déjà citée : « La nature humaine ne connaît pas d'illusion plus dangereuse. »[189]. On peut difficilement différencier davantage le *Schwärmer* de l'enthousiaste : le combat est inévitable entre Swedenborg d'une part, J.J Rousseau et Kant de l'autre. Et ce, parce que l'enthousiaste a de bonnes raisons, est mû par de dignes idéaux, alors que l'exalté ne l'est que par un orgueil démesuré. Kant l'explique dans une note très importante - on sait que les notes de Kant qui appartiennent au paratexte, contiennent souvent des remarques fondamentales, le philosophe faisant du marginal quelque chose de capital - des *Observations sur le sentiment du beau et du sublime,* qui illustre parfaitement la démonstration tentée jusqu'ici : « Il faut toujours distinguer le fanatisme de l'enthousiasme. Celui-là croit se sentir en communion directe et extraordinaire avec une nature plus haute, celui-ci désigne l'état

188 AK II, 266-267.

189 AK II, 266-267.

d'esprit où le sentiment, en vertu de quelque principe, s'enflamme au-delà du degré qui convient, que ce soit en vertu des maximes du patriotisme, de l'amitié ou de la religion, sans que, dans ce sentiment, la chimère d'une communion surnaturelle ait rien à faire. »[190]. L'enthousiaste va donc trop loin mais à partir de bons principes, il s'emporte pour la bonne cause, illustrant en quelque sorte le proverbe : « le mieux est l'ennemi du bien », tandis que l'exalté vit dans son monde chimérique, sans rapport avec celui des autres et se soucie fort peu de s'échauffer pour autre chose que pour lui et pour Dieu. La réitération valant comme volonté de conviction et comme procédé pédagogique, force est de constater que Kant ne cesse de rendre plus éclatante la preuve qu'il ne doit pas être confondu avec le *Schwärmer*. En effet, il revient à sa classification fétiche, à sa taxinomie savante dans la *Critique de la faculté de juger*, et avec encore plus de force probatoire, car il y traite de l'enthousiasme en tant qu'affect, à confronter avec la *Schwärmerei* Il commence par définir l'enthousiasme et par répéter ce qu'il en avait déjà dit - avec une nuance péjorative, dans la mesure où il est jugé en tant qu'affect et qu'il faut toujours se méfier des affects - : « L'idée du bien accompagnée d'affect est l'enthousiasme [*Enthusiasm*] Cet état d'âme semble sublime au point qu'on prétend généralement que sans lui rien de grand ne pourrait être entrepris. »[191]. Puis, après avoir rapproché l' *Enthusiasm* du *Wahnsinn* (délire) et la *Schwärmerei* du *Wahnwitz* (absurdité), il les met en parallèle dans une confrontation qui ressemble à s'y méprendre à celle qu'il établit entre l'émotion et la passion dans l'*Anthropologie...*, et on peut même aller jusqu'à dire, en comparant les deux passages que la *Schwärmerei* est une passion, alors que l'enthousiasme n'est - heureusement - qu'une émotion. Heureusement parce que l'émotion se définit surtout par son caractère temporaire, éphémère : elle est comparable à « une eau qui rompt la digue », à une « attaque d'apoplexie », à

---

190 AK II, 251 ; OP I, 503.

191 *Critique de la faculté de juger* § 29. AK V, 272 ; OP II, 1044-1045.

une « ivresse qui s'évanouit dans le sommeil »[192] : autant de désagréments passagers suivis d'un retour au calme. Tandis que la passion, elle, se renforce jour après jour, entre dans le cœur à la manière d'une vrille , et est comparable : « à un cours (d'eau) qui se terre toujours davantage dans l'excavation de son lit », à une « phtisie ou une consomption », à un « délire remâchant une représentation qui se niche toujours plus profond. »[193]. Bref : elle prend son temps, s'installe et devient donc très rapidement envahissante et inextirpable. Or, ce sont exactement les symptômes qui sont décrits dans ce passage de la *Critique de la faculté de juger* : « Dans l'enthousiasme en tant qu'affect, l'imagination est effrénée ; elle ne connaît plus de règle dans l'extravagance [*Schwärmerei*] lorsque celle-ci est une passion dévorante et profondément enracinée. Dans le premier cas, il s'agit d'un accident passager dont l'entendement le plus sain peut parfois être victime ; dans le second cas , il s'agit d'une maladie qui le détraque. »[194]. Pour le dire brièvement : Kant (« entendement sain ») s'autorise de temps à autre une petite attaque d'apoplexie mais il refuse absolument qu'une phtisie durablement gênante fasse de lui un malade. Finalement, et pour clore sur ce thème sans cesse développé et capital pour le sujet qui nous intéresse, reste à examiner le célèbre passage du *Conflit des facultés* portant sur la révolution française qui démontre que, face aux événements historiques et sociologiques, l'enthousiasme n'est toujours pas l'exaltation, différence intrinsèque que J.F Lyotard souligne dans son essai *L'enthousiasme, la critique kantienne de l'histoire*, qui a pour sujet l'*Enthusiasmus* et non la *Schwärmerei* (ici la traduction française prête à confusion). D'ailleurs, dans ce texte, Kant n'emploie pas une seule fois le terme *Schwärmerei* , bien qu'il soit sous-entendu notamment quand il définit « le véritable enthousiasme » (à distinguer du faux). Une dernière fois, Kant revendique sa nature enthousiaste et non exaltée en évoquant cette prise de position du spectateur de la révolution française,

---

192 *Anthropologie...* AK VII, 252-253 ; OP III, 1068-1069.
193 AK VII, 252-253 ; OP III, 1068-1069.
194 AK V, 275 ; OP II, 1049.

« qui confine à l'enthousiasme »[195] mais qui a une cause morale (Kant ne rougit pas, nous l'avons vu, de s'enflammer si c'est pour une noble cause). L'enthousiasme est qualifié de « participation passionnée au Bien » qui, même si elle ne mérite pas une entière approbation, révèle cependant la vraie nature de ce sentiment : « le véritable enthousiasme ne porte toujours que sur l'idéal, à savoir sur l'élément purement moral, par exemple le concept du droit... »[196].Or, on voit mal un Swedenborg ou un Jacobi s'échauffant à propos d'un concept du droit, eux qui confondent idéal et idole et sont incapables de ressentir le manque, le défaut de la raison humaine par rapport à l'idéal de la raison pure, eux qui ne savent pas se limiter...

195 AK VII, 85 ; OP III, 895.
196 AK VII, 86 ; OP III, 896.

2-Le danger d'une proximité entre le visionnaire et le métaphysicien et d'un rapprochement entre la **Schwärmerei** *et la dialectique de la raison*

a-Le combat de la raison kantienne contre la raison divagante et contre l'association visionnaire/métaphysicien

Logiquement, si l'on admet comme *Kritik der schwärmerischen Vernunft*, nombre de développements kantiens sur la *Schwärmerei*, force est d'admettre l'existence, impensable donc difficilement représentable, d'une raison délirante, véritable ver dans le fruit sans tache de l'œuvre kantienne. Et cette raison, suivant le même schéma que les débordements précédents, devient exaltée parce qu'elle aussi veut dépasser les limites mais toujours dans un cadre rationnel : elle cherche à se transcender en allant toujours plus loin, toujours plus haut, toujours plus vite, et transforme ainsi sa quête hyperbolique en un délire du « trop » rationnel. Comme le signale M. Crampe-Casnabet dans son article[197], c'est l' « hyperactivité » non contrôlée de la raison qui engendre la *Schwärmerei*, et cette anarchie, canalisée, est donc susceptible de proposer, comme on l'a vu, un autre modèle que celui de la raison « raisonnable », un exemple tout aussi positif mais contraire. Pour l'instant, cette sorte d'euphorie omnipotente ne fait « que » miner de l'intérieur la raison elle-même, en lui ouvrant des perspectives qu'elle ne peut pas atteindre, en lui offrant un rôle qu'elle est incapable de jouer et en ruinant ainsi toute l'entreprise kantienne de modération. Dans cette catégorie d'adversaires, et ce à l'instar des combats précédemment menés, on relève aussi plusieurs personnages, emblématiques de la *Schwärmerei* rationnelle, alliance de mots presque ineffable. Tout d'abord, critiqué à titre d'empiriste emporté par sa propre tendance, Locke est cloué au pilori par la raison kantienne dans la *Critique de la raison pure*. Il lui est

---

197 *Op. cit.*

(sévèrement) reproché d'avoir ouvert « toutes les portes à l'exaltation [*Schwärmerei*, traduit par « extravagance » dans la traduction Tremesaygues-Pacaud et par « exaltation de l'esprit » dans la traduction d'A. Renaut], parce que la raison , si jamais les droits sont de son côté, ne se laisse pas maintenir dans des bornes, par de vagues recommandations de modération... »[198]. Locke, partant de l'expérience, a finalement outrepassé ses limites et ce parce qu'il a voulu aller trop loin dans sa recherche rationnelle : la raison n'étant pas au-dessus des lois, il le paye de son assimilation au *Schwärmer* ainsi que d'une accusation infamante aux yeux de Kant : celle d'avoir (tout comme Platon) ouvert la voie à la raison divagante, d'avoir été la vivante condition de possibilité de la « *schwärmerischen Vernunft* »... Cependant, Locke n'est pas le seul à avoir œuvré contre son propre camp en voulant faire mieux que les autres : Mendelssohn est aussi dans ce cas et dans *Qu'est-ce que s'orienter dans la pensée ?,* Kant lui fait pratiquement la part aussi belle qu'à Jacobi. Et ce, en enfourchant un nouveau cheval de bataille, qui se résume en un seul terme, et qui va peu à peu, on va le voir, devenir presque le synonyme de *Schwärmerei* : le dogmatisme. Ce qui permet de justifier l'attaque contre un des représentants les plus célèbres de l'*Aufklärung*, qui, sans cela , paraîtrait illégitime. Comment en effet, faire d'un des *Aufklärer* les plus connus - et revendiquant de surcroît ce prestigieux statut - un *Schwärmer* ou tout du moins, l'un des pères spirituels de la *Schwärmerei* ? Justement, en l'accusant d'aller trop loin ou pas assez dans ce qu'il considère comme sa mission, en dénonçant son zèle excessif, toujours l'excès, l'*hubris*, mais qui ici est rationnelle. En premier lieu, Kant fait porter la critique - sans évoquer encore le dogmatisme - sur la « boussole » qui permet à Mendelssohn de s'orienter dans la pensée : la « saine raison », à laquelle il revient comme à un expédient commode, après l'avoir rejetée. C'est cette ambiguïté dans laquelle la laisse l'*Aufklärer*, « en regard de la spéculation » qui lui fait courir le danger « de servir de principe à l'extravagance [*Schwärmerei*]

198 AK III, 106 ; OP I, 850.

et au total detrônement de la raison. »[199]. Nous sommes ici d'ailleurs en présence d'un des cas les plus probants de destruction interne de la raison par elle-même : une raison atteinte d'une sorte de maladie auto-immune, qui la pousse à s'autodétruire. Or ce mal, radical car inhérent au remède lui-même - le remède n'est pas ici dans le mal mais le mal dans le remède - peut se décliner et trouve une de ses formes les plus achevées dans le dogmatisme de la raison. Dogmatisme qui conditionne en effet une conséquence, certes involontaire mais bien réelle, à savoir un nouvel avatar de la *Schwärmerei*, fruit de la fuite insensée dans le suprasensible. Ainsi, comme l'écrit Kant toujours dans une note, en forme de perfide tentative de disculpation de l'adversaire : « Mendelssohn n'avait sans doute pas dans l'esprit que dogmatiser au moyen de la raison pure dans le champ du suprasensible menait tout droit à l'extravagance philosophique [*philosophischen Schwärmerei*, que Philonenko traduit par « enthousiasme en philosophie »] et que seule la critique de cette même faculté rationnelle pouvait être un remède radical à ce mal. »[200] Malgré tout, l'excessive pureté de l'*Aufklärer* qui ne doute pas des pouvoirs de la raison annonce bien la perte de cette même raison, par l'apparition indue de l'extravagance philosophique, de la folie rationnelle. Puis, par extension - pour élargir le champ de bataille et dépasser les dénonciations particulières - toute la rancune kantienne va se cristalliser sur le mot dogmatisme. Ainsi, toujours dans *Qu'est-ce que s'orienter dans la pensée ?*, et dans une autre note, Kant réaffirme l'utilité de son combat en termes généraux : « La Critique [de la raison pure] rogne entièrement les ailes du dogmatisme quant à la connaissance des objets suprasensibles »...[201] D'ailleurs, l'une des manières détournées de Kant pour prendre parti dans la querelle du panthéisme est d'affirmer, après la mise en garde précédente, que la critique se doit de restreindre le spinozisme car - lui aussi - « mène à

---

199 *Qu'est-ce que s'orienter dans la pensée ?* AK VIII, 134 ; OP II, 530.
200 AK VIII, 138 ; OP II, 535.
201 AK VIII, 144 ; OP II, 541.

l'extravagance [*Schwärmerei*] »[202]. Biester, dans sa lettre à Kant du 11 juin 1786, reprend à cet égard les mêmes armes en matière de vocabulaire lorsqu'il évoque les « insensées divagations spinozistes » ou le « grossier athéisme dogmatique »[203] contre la philosophie des Lumières. Par conséquent, il devient clair que, pour Kant, la savante construction spinoziste équivaut à la folle entreprise swedenborgienne, et même si l'on voulait mettre en place une hiérarchie dans le délire la première, plus communicable et plus accessible à un large public, serait sans aucun doute considérée comme beaucoup plus périlleuse. Cela amène à opérer une distinction, remarquée par M. David-Ménard dans *La folie dans la raison pure...* entre « la folie proprement dite et la folie de la raison » et à considérer la *Schwärmerei* comme « le rêve délirant et extravagant des dogmatiques ». Le rêve d'une omniscience inaccessible, le rêve d'une raison qui divague... Car le dogmatisme a pour corollaire indispensable une raison « déboussolée », qui justement ne sait plus où sont ses limites. Elle pourrait être symbolisée par cette boutade des *Rêves d'un visionnaire ...* , lorsque Kant compare les contes de Swedenborg au « conte du pays de Cocagne de la métaphysique »[204], ce dogmatisme métaphysicien inspiré de Leibniz. Or c'est bien ici que se cache l'adversaire le plus redoutable, au sein d'une rationalité déraisonnable, dans cette logique de l'insensé inacceptable mais inévitable, trop proche de la raison pour ne pas en connaître tous les défauts et donc frapper là où elle est le plus vulnérable. Que dire et surtout que faire quand le « garde-fou » se révèle encore plus atteint que les patients qu'il avait à surveiller ? Il suffira pour preuve de reprendre la définition du fanatisme dans la *Critique de la raison pratique*, précédemment analysée : « le fanatisme, dans le sens le plus général du mot consiste à entreprendre, suivant des principes de dépasser les limites de la raison humaine »[205]... Evidemment, dans cette

---

202 AK VIII, 144 ; OP II, 542.
203 AK X, 454.
204 AK II, 356 ; OP I, 572.
205 AK V, 85 ; OP II, 712.

définition la notion de dépassement des limites est essentielle et fondamentale mais la courte expression « suivant des principes » ne l'est pas moins car elle tend à prouver l'existence d'un délire balisé (on y reviendra). Et ici encore, si cette forme particulière de *Schwärmerei* venait à se pérenniser, ce serait la mort de l'entreprise critique, car, s'il est possible de régulariser un flux excessif en le canalisant, comment donner des limites à ce qui est déjà régulier ? Entreprendre, de façon sensée et méthodique, un projet insensé tel est un des avatars de la *Schwärmerei*. Mais, avant même d'en arriver là, les prodromes d'une telle catastrophe sont contenus dans la raison divagante, décrite par Kant dans ses différentes déterminations dans un petit écrit de 1794 : *La fin de toutes choses*. Reprenant ici le thème de la raison cherchant l'illimité, il associe, dans un raccourci saisissant, Lao-Tseu à Spinoza, l'un n'étant pas plus à sauver que l'autre. La raison qui s'interroge sans cesse sur la fin de toutes choses, verse dans le mysticisme et « ignore ce qu'elle est et ce qu'elle veut » (étonnante description d'une raison totalement aliénée), elle préfère dès lors « divaguer [*schwärmen*] plutôt que de se confiner, ainsi qu'il sied à un intellect qui habite le monde sensible, dans les limites de ce monde. De là provient le système monstrueux de Lao-Tseu, selon lequel le souverain bien est le néant [du fait, il est intéressant de le noter au passage de la « fusion » avec la divinité] [...] D'où le panthéisme (des Tibétains et d'autres peuples orientaux) ainsi que, plus tard, le spinozisme, issu de la sublimation métaphysique du panthéisme... »[206]. Telles peuvent être les directions diverses, aussi folles l'une que l'autre, qu'une raison perdue dans son propre labyrinthe est susceptible d'emprunter et il faut ici avouer que la multiplicité des visages possibles de la « *schwärmerischen Vernunft* » est tout à fait étonnante, apparaissant davantage dans certaines occasions comme un amas informe, un fourre-tout où l'on tenterait d'enfermer tout ce qui dépasse de différentes limites que comme une notion cohérente, suivie et précise. Malgré tout, la *Schwärmerei* unifie ce joyeux capharnaüm, en le transformant

---

206 *La fin de toutes choses*. AK VIII, 335 ; OP III, 319-320.

en une chimère polycéphale, mais à corps unique. Et l'une des têtes de l'hydre que le philosophe ne cesse de trancher pour la voir repousser avec horreur deux fois plus vite est précisément la raison tentée par la métaphysique dogmatique ; car dans ce cas, comme le note M. Crampe-Casnabet dans son article, la rationalité « peut sombrer dans un enthousiasme spécifique, en ce qu'elle s'embarque sur l'aérien vaisseau de la métaphysique »[207]. Pour résumer, en annonçant aussi la dialectique inévitable de la raison, la raison a des limites mais il est de sa nature même de vouloir les dépasser. Or Kant, en débutant la *Critique de la raison pure* reconnaît ce caractère ambivalent et contradictoire : « La raison humaine a cette destinée particulière dans un genre de ses connaissances d'être accablée de questions qu'elle ne peut écarter ; car elles lui sont proposées par la nature de la raison elle-même, mais elle ne peut pas non plus y répondre, car elles dépassent tout pouvoir de la raison humaine. »[208]. Mais le *Schwärmer* s'associe au métaphysicien dogmatique pour l' « illimiter » et l'émanciper, fondant et institutionnalisant ainsi une alliance contre-nature...

De cette ineffable association, de cette parenté indicible va naître une possibilité qui ne devrait pas être : celle d'expliquer les rêves d'un visionnaire par les rêves de la métaphysique. On mesure ici le cheminement intellectuel tortueux qui a poussé Kant à écrire son pensum infamant et l'inquiétude initiale qui a dû être la sienne quand il s'est aperçu pour la première fois que la métaphysique et la *Schwärmerei* tenaient le même discours, parlaient d'une même voix. Le dogmatisme de type leibnizien et la divagation du visionnaire s'avèrent donc explicables l'un par l'autre, car ils appartiennent à une même « région » de l'espace rationnel : l'insaisissable éther qui flotte au-dessus de toutes les « couches » stratifiées de la raison. Ainsi, entre la prétention d'une philosophie dogmatique qui veut atteindre les réalités spirituelles et disserter sur l'esprit immatériel et un Swedenborg prétendant communiquer avec des substances immatérielles, la légitimité

---

207 *Rêves d'un visionnaire*... AK II, 360. Trad. F. Courtès.

208 *Critique de la raison pure*. AK IV, 7 ; OP I, 725.

d'un rapprochement est telle qu'il faudrait être aveugle aux desseins des deux positions pour y résister. Dès que l'on décolle du monde sensible et que l'on s'intéresse au monde intelligible, le trop rationnel rejoint la *Schwärmerei* et se confond presque avec elle, provoquant ainsi une réaction nocive dans le public qui procède à d'abusives et hâtives assimilations entre métaphysique et illuminisme. Heureusement, la collusion n'est pas systématique et c'est ce que la critique tentera de prouver mais malheureusement la métaphysique scolaire, telle qu'elle se répand dans les universités et telle qu'elle est enseignée est un exemple pour Kant de cette union contre-nature précédemment évoquée. L'ouvrage dans lequel il dénonce le plus explicitement et le plus souvent cette optique, hélas, convergente est bien sûr les *Rêves d'un visionnaire...* F. Courtès explique très clairement dans sa présentation de cette œuvre l'impossibilité de considérer Swedenborg comme une sorte de miracle contre-rationnel, comme une mauvaise étoile filante solitaire qui traverserait le ciel de l'entendement. Bien au contraire, il ne faut pas l'envisager comme une particularité se maintenant de sa seule bizarrerie en-dehors de tout contexte et de tout environnement culturel. Dans l'établissement de la « généalogie » swedenborgienne, force est donc d'intégrer les éléments de civilisation communs à toute une génération (ainsi que ceux hérités des époques précédentes bien sûr). Comme l'écrit Courtès : « la possibilité qu'un Swedenborg existe [...] est un résultat, un aboutissement ; elle dépend d'une histoire qui n'a rien de personnel et que nous pouvons reproduire à partir de ses conditions. Elle nous concerne tous en tant que nous avons part au langage qui la fait naître. » Ce jugement est bien sûr à nuancer dans la mesure où Swedenborg est aussi la cristallisation d'un caractère, d'une conception particulière de la religion, d'une science et d'un savoir très importants doublés d'une perte totale de la notion du réel, bref Swedenborg est quand même une idiosyncrasie. Mais il reste tentant malgré tout de se représenter - car c'est en grande partie vrai - la *Schwärmerei* comme un « fait culturel », comme une construction à laquelle toute une civilisation aurait participé. Le visionnaire s'inscrit ainsi « parmi les conséquences de la culture métaphysique » - nous voilà en présence du nerf de la guerre -

et comme le conclut Courtès : « chacun de nous, s'il venait à commettre les mêmes erreurs de parcours, deviendrait Swedenborg. ». Or, et c'est ce qui est susceptible de l'embarrasser fortement, Kant a lui-même commis ces erreurs, il s'est inspiré, il s'est nourri de la philosophie de Leibniz, qui lui a servi pour écrire nombre de ses ouvrages précritiques. Mais ce n'est pas ici ce qui est le plus important - ce point ayant déjà été démontré - : ce qui est fondamental ici est d'imaginer que n'importe quel adepte de la métaphysique scolaire, des derniers souffles de la scolastique au nouveau canon leibnizo-wolffien, est capable, s'il ne se surveille pas assez et s'il ne modère pas ses légitimes ardeurs, de se retrouver un beau matin à délirer comme Swedenborg. Or le dogmatique par définition n'est pas un modéré et par conséquent, n'étant pas poussé par la nécessité du moyen terme à une auto-surveillance efficace, il est pratiquement condamné à se laisser entraîner sur sa propre pente négative et à communier ainsi avec le *Schwärmer* tout à fait logiquement. C'est donc à bon droit, si pour chercher « des secrets dans le cerveau fiévreux des enthousiastes abusés », on se fait « aider par la métaphysique »[209]. Dans le second chapitre de la partie historique de l'œuvre, intitulé : « Voyage extatique d'un enthousiaste *[eines Schwärmers]* à travers le monde des esprits », Kant se fait encore plus précis sur ce qui a été la condition de possibilité de cette œuvre, ce qui a motivé son écriture : l'étonnante parenté entre les « rêveurs de la raison » et les « rêveurs de la sensation » qui ont « affaire aux esprits ». Il signale lui-même, en termes humoristiques, qu'il n'aurait pas remarqué cet accord s'il n'y avait songé « d'avance » ; nous sommes en 1766, en 1787 il exprimera la même idée en disant que « nous ne connaissons *a priori* des choses que ce que nous y mettons nous-mêmes »[210]. Il explique donc qu'il règne dans l'ouvrage de Swedenborg - et ce malgré tous ses défauts - « un accord si prodigieux avec les plus fines performances de la subtilité raisonnable [à entendre ici bien sûr dans un sens péjoratif] sur l'équivalent de son sujet, que le lecteur [lui]

209 *Rêves d'un visionnaire...* AK II, 348 . Trad. F. Courtès.

210 *Critique de la raison pure.* AK III, 13 ; OP I, 741.

pardonnera de trouver dans ces jeux de l'imagination la même rareté que tant d'amateurs d'un autre genre ont rencontrée parmi les jeux de la nature quand par exemple ils découvraient dans les veines d'un marbre une Sainte Famille [...] chose que nul ne voit à moins d'en avoir eu la tête remplie d'avance »[211]. Seulement, et ici Kant accorde un avantage inattendu au *Schwärmer*, les visions de Swedenborg sont probes intellectuellement parlant, elles ne cherchent pas à tromper comme certains partisans de la métaphysique dogmatique ; sur ce point donc, le rêveur éveillé est plus intéressant que les rêveurs de la raison, primauté qui n'est pas si paradoxale que cela car on peut trouver de très nombreux exaltés dogmatiques pour un seul Swedenborg : en effet selon Kant « d'une façon générale une illusion bien liée des sens est un phénomène beaucoup plus remarquable que les sophismes de la raison »[212]. Au point de vue pédagogique, les divagations du *Schwärmer* ont davantage de valeur intrinsèque que « les fantaisies des raisonneurs sans cervelle qui gonflent nos journaux », et les « expériences trompeuses sont (donc) plus riches d'enseignements que les principes trompeurs de la raison »[213]. Non content d'assimiler le visionnaire au métaphysicien dogmatique Kant admet donc de surcroît une hiérarchie entre eux - sur un point précis mais important - qui n'est pas celle à laquelle on pourrait s'attendre. Et ce d'ailleurs pour une raison simple qui est celle de la radicalité du mal qu'est la *Schwärmerei* : car, si on peut « par une direction volontaire des facultés de l'âme » et un peu « d'empire sur la vaine curiosité » éviter les sophismes de la raison, le mal du *Schwärmer* est une illusion dans laquelle, « le fondement premier de nos jugements est atteint, et s'il est incorrect, les règles de la logique ne peuvent pas grand-chose »[214]. C'est donc du fait qu'elle est incurable que la *Schwärmerei* est plus « intéressante »... En quelque sorte, l'élément qui différencie le plus nettement le

---

211 *Rêves d'un visionnaire...* AK II, 360. Trad. F. Courtès.

212 *Rêves d'un visionnaire...* AK II, 360. Trad. F. Courtès.

213 AK II, 361. Trad. F. Courtès.

214 AK II, 361. Trad. F. Courtès.

visionnaire du métaphysicien dogmatique est le « degré » de l'atteinte de leur raison. Le second est guérissable, quand le premier est incurable mais tous deux sont cependant atteints. Là est le point le plus important : que la *Schwärmerei* et la raison dogmatique puissent être réunies sous un terme commun ; leur ressemblance étant bien entendu le phénomène extraordinaire. Par conséquent, ce prodigieux accord a donné matière à de nombreux commentaires qui se rejoignent sur ce point. Tout d'abord, et pour commencer par les plus récents, M. David-Ménard dans *La folie dans la raison pure...* rappelle dès l'introduction de son ouvrage, que dans les *Rêves d'un visionnaire...* Kant « affirme que la différence entre la métaphysique leibnizienne et un délire visionnaire est rationnellement inassignable ». Puis elle évoque la « très troublante ressemblance entre les constructions métaphysiques et l'intuition fanatique d'un délire », ainsi que la thèse de Kant selon laquelle « il n'y a pas de différence philosophiquement assignable entre les croyances occultistes et l'idéalisme métaphysique d'inspiration leibnizienne ». Formule moins contestable que la première qui parlait de différence « rationnellement assignable » car, comme nous l'avons vu, il existe une différence - certes très peu importante mais - assignable entre le *Schwärmer* définitivement atteint et l'idéaliste qui ne l'est que temporairement, tandis qu'effectivement, philosophiquement on ne peut les distinguer. D'ailleurs selon M . David-Ménard, le thème du livre se résume à cette question : « comment peut-il se faire qu'un développement métaphysique aboutisse au même point qu'une révélation hallucinée ? » Enfin elle signale, en commentant un passage de la *Critique de la raison pure*, l'invention kantienne d'un terme hybride, monstrueuse alliance de mots, qui résume à lui seul la quasi-identification opérée par Kant entre la *Schwärmerei* et le dogmatisme. Kant explique ainsi, dans la préface de la première édition que la réponse qu'il a proposée aux questions de la raison quant aux erreurs qui la divisaient avec elle-même « n'a pas été celle que pouvait attendre le désir délirant de savoir des dogmatiques [*dogmatischschwärmende Wissbegierde*] »[215]. Par conséquent, quinze ans après le rapprochement opéré et développé dans les *Rêves d'un visionnaire...*, la proximité des deux termes a trouvé sa légitimité et elle est passée dans l'institution que représente le langage philosophique : de deux personnages, Kant a réussi le tour de force de faire une personnalité composée et composite, réunissant l'ennemi pluriel en une entité adverse et n'ayant ainsi plus qu'une tête à trancher. Pour en revenir aux commentateurs, une analyse très précise du même rapprochement se trouve dans l'article de H. Delacroix de 1904 - *Op.cit.* - intitulé *Kant et Swedenborg*. Il y relève la découverte fascinante de Kant d'une « parenté singulière entre la doctrine de Swedenborg et la classique métaphysique de Wolff », l'une et l'autre reposant sur le même principe, celui d'esprit (même si bien sûr Swedenborg envisage le terme dans sa réalité nécessaire alors que la métaphysique leibnizienne ne croit qu'en sa possibilité, mais seule la modalité varie). Ainsi, Swedenborg à qui l'on conserve ses égarements pathologiques mais à qui l'on concède une production rationnelle bâtie sur le même modèle que la métaphysique dogmatique rentre « de par ses visions dans une classe bien peuplée et bien connue, celle des hallucinés, et par sa doctrine dans celle des métaphysiciens. » Enfin, l'article insiste aussi sur ce que l'on a pu appeler la « généalogie » swedenborgienne, soulignant la volonté kantienne de rabattre la métaphysique sur Swedenborg afin de le « départiculariser » et d'éviter par là même une attaque frontale et personnelle. Il suffit ici de se souvenir du plan des *Rêves d'un visionnaire* ...: Kant traite d'abord, dans la première partie de la « *geheime Philosophie* qui établit la possibilité d'un commerce avec les esprits et de la *gemeine Philosophie* qui explique par les illusions des sens et de la raison la croyance à ce commerce ». Puis il examine le cas Swedenborg dans la seconde partie en en faisant un « cas particulier de la *geheime Philosophie* ». Son objectif est clair : il veut précipiter ensemble dans la divagation Swedenborg et la métaphysique leibnizienne : il remet donc en

---

215 AK IV, 10 ; OP I, 728.

jeu, à travers le cas du visionnaire - qui reste et demeure quand même singulier et particulier - l'existence même de la métaphysique. Toutefois cette remise en cause ne porte que sur un certain type de métaphysique, celle qui ne se surveille pas et se retrouve par conséquent à la fois garante et complice de la *Schwärmerei*, qui profite quant à elle de cette aide inespérée. Or il va falloir lui ôter cette occasion de s'exprimer et cela, seule la critique sera en mesure de le faire. Un passage des *Prolégomènes...* résume à merveille tout le problème : « la divagation [*Schwärmerei*] qui ne peut se répandre à une époque de lumières, qu'en se dissimulant derrière une métaphysique scolaire, à l'abri de laquelle elle peut se risquer à délirer en quelque sorte avec raison, est expulsée par la philosophie critique de ce dernier refuge »[216].

b-La *Schwärmerei* et la rationalité kantienne : deux termes relatifs et inséparables, unis par l'existence d'une logique délirante et d'une dialectique inévitable de la raison

Niant une œuvre telle que l'entreprise critique, niant un caractère philosophique tel que celui de Kant, l'on pourrait admettre tout naturellement que la *Schwärmerei* n'est qu'une immense négation de la raison, un irrationalisme brut et entier. Seulement, si avec le problème du statut de la rationalité, nous sommes au cœur même de celui de la *Schwärmerei*, les dichotomies brutales de l'entendement sont à éviter au profit d'une souplesse dialectique de la raison . Car tout n'est pas si simple : on ne peut résumer le combat de la raison (représentée par Kant) avec la *Schwärmerei* comme l'opposition frontale et directe de deux ennemis mortels, et c'est d'ailleurs cela qui a gêné Kant durant toutes ses années de polémique avec les exaltés. Si l'on pouvait se débarrasser d'eux purement et simplement en les déclarant totalement insensés et continuer son chemin sans plus se retourner sur eux, la *Schwärmerei* sombrerait définitivement dans le néant et il n'y aurait pas à y

---

216 AK IV, 383 ; OP II, 172.

revenir sans cesse dans des oeuvres différentes, une seule suffirait, radicale et destructrice. Cependant, même l'insensé a sa logique, il y a aussi une raison dans l'absurde, et si l'on voue la divagation à l'anathème, l'on y entraîne avec elle toute sa composante rationnelle, ce que le défenseur des libertés de la raison ne peut évidemment pas se permettre. D'où l'ambivalence permanente de Kant par rapport à une pulsion qui semble à première vue irrationnelle, mais qui n'est en fait qu'un fac-similé presque parfait de la dialectique inévitable de la raison humaine, théorisée dans la *Critique de la raison pure*. Ainsi, si Kant enferme les *Schwärmer*, il doit leur offrir la compagnie de tous ceux qui tombent dans le piège de la dialectique de la raison, et ils sont fort nombreux puisqu'elle est inévitable. Par conséquent, toutes les personnes qui réfléchissent, qui sont doués de raison et qui l'utilisent, celle-ci les poussant à dépasser constamment leurs limites et à voir l'invisible, se retrouvent catalogués « *Schwärmer* » dans la taxinomie kantienne. À l'exception de Kant lui-même, parce qu'il est le seul à avoir dénoncé et résolu les antinomies provoquées par le désaccord de la raison avec elle-même, tous les hommes raisonnables et particulièrement tous les *Aufklärer* passeraient du côté de la *Schwärmerei*, l'*Aufklärung* induisant donc directement son propre effet pervers. C'est la raison pour laquelle on peut parler d'une relativité au sens aristotélicien entre *l'Aufklärung* et la *Schwärmerei*, entre les Lumières et l'illuminisme au sens où l'un des deux éléments ne peut se séparer de l'autre car il se définit à la fois par lui, avec lui et contre lui.

Si l'on utilisait une métaphore d'exégète biblique, à la manière de Swedenborg, l'on pourrait dire que Kant face à la *Schwärmerei* se trouve dans le même cas que Dieu face aux villes corrompues de Sodome et Gomorrhe ; à cette différence près que l'affrontement entre Abraham - qui veut les sauver - et YHWH - qui veut les perdre - est ici transposé en un combat interne de deux volontés. En effet, Kant veut détruire la *Schwärmerei* mais, doit-il le faire si elle contient ne serait-ce qu'une once de raison ? Doit-il détruire la totalité nuisible sans sauver l'unité bénéfique ? La raison doit-elle payer pour les fautes de la *Schwärmerei* en profitant sans le vouloir de son annihilation ? Là est tout le problème, et le nerf de la guerre conceptuelle, qui passe par le statut ambigu de la rationalité. Dans l'épisode biblique, le juste est sauvé mais les villes sont détruites et la solution kantienne est proche du choix divin : critiquer l'illuminisme en sauvant les Lumières, garder la modération de l'éclairé pour éviter la divagation de l'illuminé. Ainsi, la confusion entre les deux domaines - proches quant à leur traduction métaphorique, comme quant à leur contenu - est évitée, et on évolue de la folle congruence initiale à l'inévitable relativité. Or, si cette relativité apparaît aussi malheureusement nécessaire, cela est dû aux déterminations kantiennes mêmes et notamment à sa définition de la limite. On peut rappeler ici que Kant dans les *Prolégomènes...* définit la limite comme « quelque chose de positif, qui appartient autant à ce qui est à l'intérieur d'elle qu'à l'espace situé à l'extérieur d'un tout donné », comme « une connaissance positive effective à laquelle la raison ne prend part qu'en s'étendant jusqu'à cette limite, sans chercher cependant à la dépasser »[217]. Il est alors absolument inévitable de reconnaître l'Illuminisme comme la limite, à la fois interne et externe du domaine des Lumières. Interne tout d'abord car il détermine négativement les bornes qui sont à imposer à la raison ; puis externe parce qu'il se propose justement de les dépasser. La *Schwärmerei* est donc sur le fil du rasoir et trouve son *topos*, son lieu propre sur la ligne fatidique qui sépare deux avatars de la rationalité. Elle est en effet condamnée à errer sur une étroite surface, quasi non-être, qui sépare l'infra-rationnel du supra-rationnel. Mais, qu'elle se situe en-deçà ou au-delà, dans l'excès ou dans le défaut, elle se définit toujours par rapport à la raison, qu'elle cerne littéralement en lui imposant des bornes à la fois négatives et positives. Comme nous l'avions vu, les frontières qui séparent la folie de l'entendement se distinguent justement selon Kant par leur indistinction : on ne peut emprunter l'une des deux voies sans traverser à un moment ou à un autre, même un court instant, l'autre. La raison se doit donc de se pencher sur son propre problème , sur la nature même de la rationalité, sur son

---

217 AK IV, 361 ; OP II, 146.

statut et elle se retrouve alors face à son autre, autre qui tient davantage de l'*alter ego* que de l'irréductible altérité. C'est ainsi que M. Crampe-Casnabet (*Op.cit.*) définit la *Schwärmerei* comme « l'autre de la rationalité .Une altérité qui n'en a pas moins un rapport très étroit [...] avec la rationalité qui la situe et la condamne ». Lien très étroit qui est même rapport indissociable, on le verra. Précisément d'ailleurs dans la mesure où , comme l'article le remarque, « l'autre de la raison qui s'exprime dans l'exaltation est une forme détournée-fourvoyée de la rationalité, la raison peut en rendre compte et , par cette voie, s'éclairer soi-même ». On peut ici reprendre l'image topographique du cercle : la raison s'interrogeant sur son côté négatif, revient à elle-même et tente par ce fait d'approfondir sa face positive. Ainsi le philosophe critique a un véritable besoin du *Schwärmer* qui lui fournit l'obstacle qui lui permettra d'aller plus loin dans l'exploration du domaine rationnel. Par conséquent, la collusion dans les *Rêves d'un visionnaire...* entre les songes du visionnaire et ceux du métaphysicien dogmatique acquiert une évidence qu'elle n'avait pas à première vue : et ce parce que sans aucun doute « les rêves de la raison détiennent la clef des visions de l'enthousiaste ».(M. Crampe-Casnabet. *Op.cit.*). En effet la folle espérance de l'atteinte de l'inconditionné est autant le fait de Swedenborg que celui des dogmatiques leibniziens. Tous deux aspirent à l'au-delà de la limite, et ils sont donc, pourrait-on dire, aussi fous l'un que l'autre ; d'où cet immense danger qui menace la métaphysique à savoir être prise pour de l'exaltation. Et ce rapprochement est en quelque sorte inévitable car la raison - par l'intermédiaire des métaphysiciens puis par sa tendance dialectique inévitable - devient la « complice » (M. Crampe-Casnabet) de l'exaltation. Annonçant son destin d'être l'image « au miroir » de la raison - identité parfaite mais à l'envers - la *Schwärmerei* utilise son double positif pour le détruire et se sert de la raison comme d'un instrument contre elle-même, un meurtre du père où le père tendrait au fils l'arme qui va lui être fatale. À cet égard, il ne faut jamais oublier - et J.L Bruch le rappelle - le dédoublement de personnalité qui caractérisait Swedenborg. On a dit sur lui beaucoup de choses, d'autant plus fausses que ses détracteurs n'avaient la plupart du temps jamais ouvert un de ses livres, mais il faut au moins lui rendre ce qui lui revient de droit. Sa doctrine est plus construite et plus complexe que certaines simplifications ou schématisations hâtives ont bien voulu le faire croire. Ingénieur des mines, savant et visionnaire, Swedenborg fut l'homme de nombreux possibles : il fut à la fois *Aufklärer* et *Schwärmer*. Comme l'écrit J.L Bruch : « Swedenborg, qui fut un savant avant de devenir un illuminé, est demeuré un homme double : c'est un *Aufklärer* que recouvre un *Schwärmer* »[218]. Tout dépend donc en fait de la strate qui prédomine chez le savant qui a des velléités d'illimité : sera-ce l'*Aufklärung* ou la *Schwärmerei* ? Laquelle surmontera l'autre ? Plus sérieusement, et cela Bruch le décrit fort bien, à la lecture de Swedenborg l'on s'aperçoit de cette double détermination : sa religion est à la fois mystique - avec ces visions délirantes qui encadrent les chapitres d'exégèse biblique non moins exaltés - et profondément morale, presque, par moments, à l'image de la religion naturelle de Kant. Comme le résume Bruch : « il a l'imagination d'un *Schwärmer* mais l'éthique religieuse d'un kantien » et métaphoriquement « son inspiration s'apparente à celle de *l'Apocalypse* qui dépouillée de son habillage de visions est un des textes les plus rigoureusement éthiques du Nouveau Testament ». Seulement, et pour cause, Kant n'évoque jamais cet aspect de la pensée de Swedenborg qui trahirait trop une ressemblance qu'il faut absolument masquer et qui révélerait ostensiblement la proximité de la raison et de la *Schwärmerei*, pire même, leur relativité. Cette proximité est soulignée aussi par M. David-Ménard quand elle confronte la folie proprement dite et la folie de la raison et qu'elle élargit cette parenté aux domaines esthétique et pratique - en sus du domaine purement théorique. Toujours dans un vocabulaire psychanalytique elle évoque des formes « pathologiques » de la folie mélancolique au premier rang desquelles la *Schwärmerei*, et des formes « sublimées » de cette même folie, que sont plusieurs notions-clefs de la philosophie kantienne. Ainsi, du point de vue esthétique, la *Schwärmerei* pathologique a « le plus grand rapport » avec le sublime qui

---

[218] *La philosophie religieuse de Kant. Op.cit.*

n'en est qu'une sublimation ; du point de vue pratique la moralité sublime la *Schwärmerei* - nous l'avions vu avec l'exemple du formalisme qui défend la morale kantienne contre la communauté trop « concrète » des esprits -, et du point de vue théorique la *Schwärmerei* est sublimée par « le goût pour la pensée philosophique qui construit des mondes théoriques ». Il faut avouer que cette notion de sublimation concorde parfaitement avec toutes les tentatives de lutte intellectuelle entreprises par Kant contre la *Schwärmerei* : voulant s'en détacher tout en conservant au fond de lui-même une pulsion (*Trieb*) de *Schwärmer*, il préfère la transformer en autant de concepts rationnels car ces derniers la lui rappellent tout en étant « expurgés », tout en ayant été purifiés de l'élément négatif, trop visible pour le goût modéré de Kant. Le philosophe, qui sait très bien qu'il est en passe de sombrer dans la *Schwärmerei* s'il ne conceptualise pas ses pulsions entérine donc, par ses propres créations, le caractère inséparable des Lumières et de l'Illuminisme. De même, dans sa lettre à Jacobi du 30 août 1789 (AK X Lettre 375) Kant a une expression significative et étonnante : il évoque un complément de la raison, qui lui serait inhérent, tout en dépassant la spéculation. Il écrit ainsi : « Quelque chose qui dépasse la spéculation mais qui ne se trouve pourtant que dans la raison [...] c'est là le nécessaire complément de la raison elle-même » (il pense ici à la liberté, pouvoir suprasensible mais la formule utilisée s'applique tout à fait à la raison dans son cumul avec l'exaltation). Comment ce qui « dépasse la spéculation » peut-il se trouver dans la raison ? On entre ici dans le vaste domaine de l'impensable, de l'incroyable, de tout ce qui dépasse l'entendement, comme par exemple l'existence d'une logique de l'insensé, d'une logique délirante.

En effet, que le délire puisse rester logique, que le désordre suive un ordre propre qui n'est pas celui que l'on utilise communément mais qui en est une adaptation particulière, est toujours très difficile à penser. Pour le philosophe, pour l'homme raisonnable en général, la divagation est chaotique et se définit justement par cette absence d'ordre. Seulement, lorsque l'on s'aperçoit qu'il y a une véritable logique de l'illusion rationnelle, tous les points de repère disparaissent, le philosophe est désorienté face à cette contradiction flagrante et insupportable. Nous l'avions vu, la *Schwärmerei* est définie dans la *Critique de la raison pratique* comme ce qui entreprend de « dépasser les limites de la raison humaine » mais « suivant des principes » et là est tout le scandale. Or, dans la *Critique de la faculté de juger* l'exemple est encore plus probant car la *Schwärmerei* consiste ici à « rêver d'après des principes (se déchaîner sans abandonner la raison) »[219]. Formulations plus qu'étonnantes, ces deux définitions sont l'exemple même de la position kantienne ambiguë par rapport à l'épine qu'est la *Schwärmerei* dans la chair du philosophe. Car comment « rêver d'après des principes » ? : en écrivant cela, Kant ne se contente pas de stigmatiser une attitude qu'il réprouve : il inscrit textuellement, devant ses propres yeux ébahis, une contradiction qu'il ne peut ni résoudre ni accepter. Divaguer mais selon des principes : être à la fois philosophe et insensé, telle est la définition de l'exalté, or c'est insupportable quand on est philosophe. De même, dans la formulation « se déchaîner sans abandonner la raison » : la raison est toujours présente, même si elle ne sert que de fragile fondation, et surtout elle n'est pas abandonnée, elle n'est jamais abandonnée : nous avons ici la preuve textuelle que la *Schwärmerei* n'est pas un irrationalisme brut, une simple négation de la raison. Kant, dans son propre texte, expose donc le fait qui n'a cessé de le gêner : la *Schwärmerei* ne s'oppose pas purement et simplement à la raison, plus subtilement, elle conserve son ennemie potentielle sous sa protection compromettante en lui laissant une place dans sa définition. En offrant à l'adversaire une place qu'il aurait dû conquérir par la force, la *Schwärmerei* se montre plus fin stratège que les rationalistes dogmatiques car, si elle accepte la raison c'est pour mieux la détourner et la dévoyer à son profit. Elle a donc bien sa logique propre mais une « logique délirante » comme l'écrit Kant dans *Le conflit des facultés*. Il y évoque dans une note : « la mystique visionnaire de Postel [Guillaume Postel, un illuminé ayant vécu au seizième siècle et auteur d'un ouvrage

---

[219] AK V, 275 ; OP II, 1048.

au titre prometteur et digne des intitulés swedenborgiens : les *Très Merveilleuses Victoires des femmes du Nouveau Monde et comment elles doivent à tout le monde par raison commander et même à ceux qui auront la monarchie du monde vieil*] (*die Schwärmerei des Postellus*) » pour montrer « dans quelles errances, et cela selon une logique délirante, on peut s'égarer, si l'on transforme la figuration sensible d'une pure Idée de la Raison en représentation d'un objet des sens »[220]. L'insensé est donc logique, par conséquent il devient très difficile de le battre ou même de le combattre : forte de son substrat rationnel, la divagation oblige la raison ou à s'autodétruire ou à se renier. D'ailleurs la déraison de l'*Anthropologie...*, que l'on pourrait écrire dé-raison pour plus de netteté encore, est qualifiée par Kant de « déraison positive », agissant selon une autre règle, un autre point de vue, une autre logique mais toujours systématiquement. La forme d'aliénation que caractérise la déraison est ainsi qualifiée non de désordonnée mais de systématique précisément : aussi Kant précise-t-il que, même quand l'esprit est « disloqué », la nature introduit un système « jusque dans le déraison »[221]. Une *Schwärmerei* systématiquement déraisonnable, délirant avec raison et selon des principes : à l'impossible lutte nul n'est tenu. Car, comme l'écrit M. David-Ménard, « il y a une logique de l'illusion rationnelle », ainsi, on va le voir, la dialectique entraîne la raison dans son combat contre elle-même. On constate donc une véritable folie de la raison, qui la fait se jeter contre sa propre image, qui la dresse contre elle-même, et qui la transforme en une sorte de schizophrène qui tendrait à détruire l'une de ses deux personnalités. En conséquence, Swedenborg, et tous ceux qui sont atteints par la *Schwärmerei*, souffrent d'une folie qui est « d'autant plus inquiétante qu'elle est rationnelle »[222]. La déraison, effectuant un retour subreptice dans la raison ou la raison revenant subrepticement dans la déraison : tout ne cesse

---

220 AK VII, 39 ; OP III, 841.
221 AK VII, 216 ; OP III, 1034.
222 *Kant. Une révolution philosophique.* M. Crampe-Casnabet.

de pivoter autour de cette faculté capitale, dont Kant fut le « juge » durant toute son œuvre.

Or cette raison, dont Kant n'a cessé de faire la critique, porte en son propre sein son pire ennemi. L'on pourrait même la qualifier, en se référant à la première préface de la *Critique de la raison pure* et à la dialectique transcendantale, de véritable « condition de possibilité » de la *Schwärmerei.* Plus qu'un lien relatif, elles entretiennent presque un rapport de cause à effet dans la mesure où l'existence de l'une permet de poser celle de l'autre. En effet, si la raison apparaît comme la source de tous les rêves du métaphysicien dogmatique, elle devient inévitablement une condition de possibilité d'une utilisation illégitime et dangereuse de ses propres possibilités, de ses propres potentialités divagantes. C'est la raison pour laquelle, comme M. David-Ménard le rappelle, la position de l'autonomie de l'apparence transcendantale par rapport à la *Schwärmerei* devient la nécessité absolue. Car, établir cette indépendance, c'est « s'assurer rationnellement » de la différence susceptible d'exister entre les croyances occultistes et l'idéalisme métaphysique, c'est empêcher la pénétration subreptice du *Schwärmer* dans le domaine de la raison pure critiquée c'est-à-dire épurée de ses illusions. Or cette nécessité est impérative en raison d'un fait insupportable et incompréhensible : la raison suscite la *Schwärmerei* ; non seulement elle la rend possible, mais aussi elle lui insuffle la vie, elle l'anime au sens propre - par l'intermédiaire de sa tendance dialectique - ce qui les rend absolument indissociables l'une de l'autre. Comme l'écrit M. Crampe-Casnabet : « M de Schwedenberg est pour Kant le symbole peut-être privilégié, la figure typique que la raison rencontre et plus gravement, suscite ». Les Lumières comme conditions de possibilité de l'Illuminisme et Kant rendant possible Swedenborg : toute la gravité du problème de la *Schwärmerei* apparaît nettement : elle est aussi inévitable que l'existence de la raison qui est faillible car elle est finie, tout en voulant être infinie ; la rencontre avec le cercle vicieux raison/déraison/raison/déraison est donc un véritable point de passage obligé pour le philosophe qui s'interroge sur la raison et en établit la limite. Ceci pour dire qu'obligatoirement, Kant devait rencontrer la *Schwärmerei*, et devait donc, comme on l'a vu, s'en démarquer : et tout cela, en raison du sujet même de sa réflexion, en raison de la construction même de son œuvre critique. Par conséquent, la *Schwärmerei* était, au propre comme au figuré, un élément « incontournable » pour la raison kantienne, comme pour celui ou celle qui analyse cette réflexion. Fille indigne de cette même raison, tel est le statut de la divagation, de l'enthousiasme. Car il est effectivement « de la nature de la rationalité d'engendrer l'enthousiasme » (M. Crampe-Casnabet), la raison pure nourrissant, en tant que faculté de désirer, « une apparence transcendantale toujours renaissante ». Une réitération infinie et inévitable de l'illusion, tel est le lot de la raison humaine, car elle est toujours tentée - on l'a vu avec la préface de la *Critique de la raison pure*, symbole de l'œuvre kantienne tout entière - de dépasser ses propres limites et tombe par conséquent dans le piège des antinomies, ces ferments de *Schwärmerei*. Entraînée par sa tendance naturelle sur la pente qui mène à sa propre destruction, ainsi pourrait être définie la raison de la dialectique transcendantale, et Swedenborg qui cherche à savoir ce qu'il ne doit pas savoir, ne diffère en rien, sur ce point, du philosophe - non critique - ou de l'homme raisonnable décrit dans le début de la première préface à la *Critique de la raison pure*. C'est ainsi que « la volonté rationnelle se laisse [...] séduire par l'illusion d'un autre monde » et en conséquence « Swedenborg ne rêve pas tant parce qu'il est fou que parce qu'il est, comme tout homme raisonnable, habité, fourvoyé par le désir spéculatif et l'intérêt pratique de la raison. (...) L'usage dialectique de la raison consiste à produire de l'apparence : la raison dépasse les limites de la phénoménalité et prétend pouvoir user de ses fonctions hyperphysiquement. La dialectique est naturelle à la raison et l'apparence transcendantale est inévitable. [...] L'illusion est naturelle dans la mesure où elle correspond à un besoin, à un intérêt de la raison. » (M. Crampe-Casnabet). On peut même déceler ici une véritable pulsion de la raison - une pulsion rationnelle, concept de *Schwärmer* - qui tend à réaliser et concrétiser un double objectif. D'une part son intérêt spéculatif qui est « exigence d'unité, de totalité, d'homogénéité spécifiée, exigence du système » et d'autre part son intérêt pratique qui vise l'inconditionné, la liberté : deux volontés illustrant la nature profonde de la raison, qui est fondamentalement faculté de désirer. Or, à l'instar de la *Schwärmerei* trop pressée, refusant d'attendre et voulant l'impossible, la raison dans son usage dialectique est atteinte par une sorte de « folie des grandeurs ». « Alors que l'objet du désir spéculatif est inassignable puisqu'il ne peut être donné dans l'expérience une totalité achevée, alors que l'objet du désir pratique - la liberté réalisée - n'est que le terme jamais complètement atteint d'un progrès indéfini, la raison prétend pouvoir posséder ce double objet ».Il n'y a donc pas de différence assignable entre l'exercice dialectique de la rationalité qui est inhérent à la raison même, et la *Schwärmerei*. Cette dernière trouve donc sa cause dans une raison devenue folle par impatience de savoir, une raison narcissique, leurrée par sa propre image et instaurant une « pseudo-logie » (théorie générale du *pseudos*) qu'elle prend pour une ontologie. Et cette inévitable maladie de la rationalité illustre la métaphore de l'éternel retour : elle ne cesse de renaître - seule la critique pourra l'arrêter et faire stopper le cycle infernal - , conditionnant tout naturellement son involontaire phase terminale : la *Schwärmerei*.

3-La nécessaire « Critique de la raison exaltée »

a-La « *Kritik der schwärmerischen Vernunft* » et ses moyens d'action

Mutuellement déterminées et pourtant farouches ennemies, inséparables mais ne tendant qu'à s'entre-détruire, la Critique et la *Schwärmerei* comptent dans leur rapport toute une « portée de contradictions ». C'est la raison pour laquelle on a pu évoquer à leur propos l'image du cercle fou de l'éternel retour car elles se nourrissent l'une de l'autre pour mieux s'anéantir l'une l'autre. Sans la *Schwärmerei*, l'entreprise critique n'aurait sans doute jamais vu le jour, et sans la critique, la *Schwärmerei* demeurerait un chaos informe et indéterminé. Car le « sursaut » qui a extirpé le philosophe de son « sommeil dogmatique » peut être tout aussi légitimement le fait de Locke ou de Swedenborg que de Hume, et surtout la fondation même de l'entreprise critique, sa définition comme une position de limites se déterminent de façon évidente par rapport à la tentative la plus odieuse aux yeux de Kant, celle justement de dépasser ces limites. Ainsi l'existence même de la *Schwärmerei* a pour conséquence immédiate et indissociable celle de la *Kritik der schwärmerischen Vernunft* et cette dernière offre à sa condition de possibilité un lieu propre, offrant à son tour à son ennemie mortelle la possibilité d'exister etc... Ce qui nous intéresse maintenant est l'illustration par la démarche kantienne d'une phrase de Spinoza : « Toute détermination est négation ». En effet, il s'agit bien ici de la détermination de l'invention conceptuelle la plus importante de Kant - la notion de critique et la nouvelle définition de la métaphysique - qui est elle-même négation d'une autre « trouvaille » intellectuelle : l'idée du *Schwärmer* de dépasser les limites. On peut donc bien dire que Kant définit son œuvre à la fois contre et avec la *Schwärmerei*, détermination-négation posée et construite par l'intermédiaire de moyens appropriés qui tendent tous à limiter l'illimité, à freiner la quête insensée et incessante, à réduire à des dimensions humaines une pensée folle et surtout inaccessible. Avant toute chose, et puisque la critique va se définir comme la position de limites et la métaphysique comme science des limites de la raison humaine, une brève définition de la limite n'est pas inutile. Non exclusive d'autres approches possibles du terme, la description définissant la limite dans les *Prolégomènes...* est assez précise et suffisamment riche pour être utilisée ensuite pour les définitions des concepts de métaphysique et de philosophie critique. Ainsi, reprenant l'idée d'une utilité à la fois positive et négative de la critique (qu'il avait thématisée dans la *Critique de la raison pure*) Kant définit très clairement et très précisément la limite comme « quelque chose de positif qui appartient autant à ce qui est à l'intérieur d'elle qu'à l'espace situé à l'extérieur d'un tout donné », elle est donc pour lui « une connaissance positive effective à laquelle la raison ne prend part qu'en s'étendant jusqu'à cette limite, sans chercher cependant à la dépasser parce qu'elle trouverait en ce point devant elle un espace vide où elle peut assurément penser des formes pour les choses mais non les choses elles-mêmes »[223]. Elément tout à fait positif donc, qui participe à la fois de l'extériorité et de l'intériorité, elle est une frontière effective entre deux territoires que l'on peut longer à loisir d'un côté ou de l'autre mais que l'on ne doit pas dépasser ; un terme positif en quelque sorte, notion très féconde par conséquent pour la critique et la métaphysique qui pourront explorer entièrement leur territoire mais non en sortir. Il est à remarquer ici, et c'est une différence courante dans le kantisme mais qu'il faut rappeler une fois pour ne plus y revenir, que la limite (*Grenze*) se distingue chez Kant de la borne (*Schranke*). Il les différencie dans les *Prolégomènes à toute métaphysique future qui pourra se présenter comme science* (1783) en ces termes : « Des limites (*Grenzen*) (pour des êtres étendus) supposent toujours un espace qui se trouve hors d'un lieu déterminé et l'entoure ; des bornes (*Schranken*) n'en ont nul besoin, car elles sont de simples négations qui affectent une quantité dans la mesure où elle n'a pas la complétude absolue ».[224] La borne concerne donc négativement ce que l'on détermine, ce que l'on

---

223 AK IV, 361 ; OP II, 146.
224 AK IV, 352 ; OP II, 136.

spécifie en le fermant sur lui-même et elle connote la clôture d'un domaine alors que la limite est définie comme un élément qui, certes, ferme un lieu mais laisse subsister l'espace extérieur à cette détermination. Comme le notent les commentateurs de l'édition de la Pléiade : « Le fait ou la perception ne donne à connaître que des bornes (*Schranken*) . Seule la raison vient à bout d'accomplir la *Grenzbestimmung*, la détermination des limites (*Grenzen*) de la raison, qui parvient ainsi à la science de son ignorance (*Wissenschaft der Unwissenheit*) » . L'on pressent ici l'opposition irréductible entre le non-savoir (*Nichtwissen*) de Jacobi et la raison kantienne devant parvenir à la science de son ignorance (*Wissenschaft der Unwissenheit*). Il est presque inutile de préciser qu'ici, malgré le sous-entendu « restrictif » de la critique kantienne, c'est le concept de limite, plus complet et plus proche des ambiguïtés kantiennes qui va être utilisé. En conséquence, c'est bien en limitant la *Schwärmerei* que Kant va s'autodéfinir, en définissant son œuvre philosophique comme science des limites de la raison humaine, or, c'est sur cette thèse qu'est bâti l'ouvrage de M. David-Ménard, *La folie dans la raison pure*. Selon sa thèse, l'un des thèmes essentiels de la *Critique de la raison pure* est le débat avec la pensée divagante et ainsi, l'ouvrage emblématique de la philosophie kantienne serait le résultat d'une discussion avec Swedenborg. À mon sens, il faut élargir la problématique - qui, sinon, devient difficilement démontrable dans le détail - en montrant que non seulement la *Kritik der schwärmerischen Vernunft* est la condition de possibilité de l'ouvrage particulier *Kritik der reinen Vernunft* mais plus largement encore, est la condition de possibilité de l'idée critique elle-même (qui sera déclinée dans les trois *Critiques* et qui est un des fils directeurs de l'œuvre kantienne tout entière). Seulement, comme l'ouvrage de M. David-Ménard n'envisage que la première *Critique*, ses remarques précises doivent être entendues dans une large perspective et demeurent justes de toute façon. Ainsi l'affirmation - fondée sur la première préface de la *Critique de la raison pure* mais valable à plus large échelle - selon laquelle « l'idée même de redéfinir la philosophie comme science des limites de la raison humaine c'est-à-dire comme philosophie critique, prend sens par rapport au refus conjoint du dogmatisme et de l'extravagance ». Cela rejoint un élément presque structural de la pensée kantienne à savoir la détermination-négation de son œuvre par rapport à l'union divagante du *Schwärmer* et du dogmatique. Et c'est au sein même de cette position/opposition que le concept de limite est inventé et reçoit un maximum de sens. Ainsi, l'ambiguïté du rapport de Kant à la *Schwärmerei*, étudiée précédemment, est bien ce « qui importe philosophiquement en tant que tel pour la définition même de la philosophie critique », car la critique se donne pour objectif de limiter la divagation dans ses prétentions et, sans l'affirmation préalable d'une telle prétention elle ne serait rien. On peut donc considérer - et l'on revient ici au texte kantien lui-même - cette *Kritik der schwärmerischen Vernunft* comme l'emblème de l'originalité kantienne, comme le symbole de ce qui fait de Kant une « révolution philosophique », et on en voudra d'ailleurs pour preuve la thématisation du sujet, répartie dans les oeuvres « annonciatrices » du projet critique et dans les grandes oeuvres, développant explicitement ce projet. Tout d'abord, bien avant l'invention de la philosophie critique, dans les *Rêves d'un visionnaire...*, Kant développe ce qui en est le contenu même et il propose déjà une nouvelle définition, révolutionnaire tant elle est innovante, de la métaphysique. En premier lieu, considérant la conception philosophique des natures spirituelles (que la théorie swedenborgienne des esprits rejoindra), il pose avec force la nécessité de limites, annonçant dans les termes mêmes ce que sera l'utilité « négative » de la *Critique de la raison pure* : « Elle [la conception philosophique des natures spirituelles] peut être achevée mais dans le sens négatif, en tant qu'elle pose avec certitude les limites de notre connaissance »[225]. Et c'est en ce sens qu'il n'hésite pas à reconnaître le caractère fini du champ d'investigation de la raison humaine, appelant la pneumatologie des hommes une « théorie de leur nécessaire ignorance concernant une espèce conjecturale d'êtres »[226]. Ainsi, suivant un même schéma,

---

225 *Rêves d'un visionnaire...*AK II, 351. Trad. F. Courtès.

226 AK II, 352. Trad. F. Courtès.

lorsque la volonté d'illimité rend nécessaire la position de limites, l'omniscience prétendue du *Schwärmer* rend nécessaire l'ignorance : décidément la raison kantienne et la *Schwärmerei* ne peuvent se passer l'une de l'autre tout en ne pouvant pas se supporter... Mais c'est dans un passage de la seconde partie des *Rêves d'un visionnaire...* que le fait est le plus probant et que l'on découvre la définition de la *Kritik der schwärmerischen Vernunft* qui annonce, quinze ans auparavant celle, identique, de la *Critique de la raison pure* et qui utilise déjà la métaphore du pays, de la frontière, bref la métaphore si importante de la géographie de la raison, pour qualifier la métaphysique. Tout part d'ailleurs d'une analyse du double avantage de cette dernière - dont Kant se dit déjà l'amoureux transi - premièrement, répondre éventuellement aux questions quant aux « propriétés cachées des choses » mais rien n'est moins sûr, et la métaphysique scolaire en est un décevant exemple. Le second avantage « plus approprié à la nature de l'entendement humain » consiste à voir « si le problème soulevé est également déterminé à partir de ce qu'on peut savoir, et quel est le rapport de la question aux concepts expérimentaux sur lesquels tous nos jugements doivent constamment s'appuyer »[227]. Bref, la faveur la plus importante que la métaphysique est susceptible d'accorder est celle de la réduction des velléités des dogmatiques-*Schwärmer*, de la restriction de leur « volonté de savoir » à une science adaptée à une raison normale. Suit donc cette définition très importante de la métaphysique - qui a motivé l'écriture de l'ouvrage et lui sert de justification indirecte - : « En ce sens, la métaphysique est une science des limites de la raison humaine ; et du fait qu'un petit pays a toujours besoin de frontières et qu'en règle générale il compte plus pour lui de bien connaître et de maintenir ses possessions que de partir aveuglément à la conquête, cet avantage de notre science est le plus méconnu et le plus important à la fois »[228]... On ne reconnaîtra sans doute jamais assez - par méconnaissance du texte ou par volonté d'effacer l'échafaudage précritique au

---

227 AK II, 367. Trad. F. Courtès.
228 AK II, 367. Trad. F. Courtès.

profit de l'œuvre critique achevée - l'importance fondamentale de ce pressentiment kantien, dans une œuvre anonyme et souvent considérée comme mineure. Car, comme Kant l'écrit lui-même, là est son apport philosophique le plus innovant pour la simple raison qu'on ignore généralement cet aspect de la métaphysique alors qu'il s'agit en fait de sa vraie nature, et cette vraie nature se détermine - là encore on ne le dira jamais assez - par rapport à la conception de la *Schwärmerei* et du dogmatisme. D'ailleurs les commentateurs ne s'y sont pas trompés, qui reviennent et insistent tout particulièrement sur cette extraordinaire fondation de toute l'aventure critique à venir. Ainsi H. Delacroix l'évoque dans son article (*Op.cit.*) en ces termes : « On voit se dessiner dès cette année 1766 la pensée maîtresse et le plan de l'idéalisme critique. [...] Dès 1766, Kant réfute et abandonne à tout jamais la métaphysique de l'école leibnizienne, extension dogmatique de la connaissance, œuvre d'une raison irréfléchie et curieuse, à la recherche des propriétés cachées des choses : la Vraie métaphysique est la science des limites de la raison ; elle ne donne pas de nouvelles connaissances, mais elle dissipe des illusions et des erreurs ». On ne peut résumer plus clairement le passage d'une métaphysique des « hypothèses sans fondement » à la science des limites de la raison, l'évolution de l'usage dogmatique et divagant de l'intelligence à son usage proprement critique. Michèle Crampe-Casnabet insiste aussi sur ce point qu'elle considère comme « capital dans l'histoire de la pensée kantienne » dans son article (*Op.cit.*), en montrant que la métaphysique « n'a plus qu'un sens » et que son statut est donc mis en place « bien avant la *Critique de la raison pure* ». Car, effectivement, la célèbre analyse de la double utilité de la critique dans la préface de la seconde édition à la *Critique de la raison pure* - ainsi que les variations postérieures sur le même thème - ne font que reprendre la détermination primitive de la métaphysique par rapport à la raison divagante et illimitée. Ainsi, une métaphysique « épurée par la critique » a tout d'abord une utilité « toute négative : ne jamais se risquer avec la raison spéculative au-delà des limites de l'expérience » mais elle a aussi une utilité positive dès que l'on s'aperçoit que « les principes avec lesquels la raison spéculative se risque hors de ses limites »[229] ont pour conséquence non l'élargissement mais le rétrécissement de l'usage de notre raison, car elle maintient ainsi une place pour un usage pur pratique de la raison. Par conséquent, c'est parce qu'elle limite négativement une raison folle que la critique peut être celle de la raison pure et c'est parce qu'elle peut aussi limiter positivement que la *Critique de la raison pure* ouvre à la raison pratique. En toute logique donc, c'est bien de la *Kritik der schwärmerischen Vernunft* qu'est sortie toute l'œuvre critique de Kant, la troisième *Critique* étant conditionnée par les deux précédentes. Donc sans la *Schwärmerei*, l'œuvre critique de Kant ne serait pas légitimée et dans un raccourci audacieux l'on pourrait presque dire que la *Schwärmerei* fut pour l'écriture de l'œuvre kantienne ce que la madeleine fut pour l'écriture de l'œuvre proustienne : la rencontre d'un élément inattendu, provoquant une forte émotion, et poussant à réagir pour l'un philosophiquement, pour l'autre littérairement. Pour en terminer avec ce thème - et pour en souligner la continuité dans l'œuvre - il reste à convoquer son application dans le domaine pratique et religieux, car, comme le rappelle la *Critique de la faculté de juger*, c'est aussi grâce à la limitation de la raison, eu égard à nos « Idées du suprasensible » qu'il est empêché « que la religion devienne théurgie (une illusion extravagante [*schwärmerischer Wahn*] de pouvoir avoir le sentiment d'autres êtres suprasensibles et de pouvoir en retour avoir une influence sur eux) » [230]... Dans tous les domaines donc, la nécessité de la critique se fait sentir, car elle est sans doute la seule parade possible contre la *Schwärmerei*, qui autrement la détruirait et parce qu'elle permet de mettre en place, par l'intermédiaire de toute sa « batterie » conceptuelle, une thérapie contre ce mal radical....

Dans la mesure où l'on considère la *Schwärmerei* comme une sorte de géniteur de la pensée critique kantienne, il est alors possible de parler, à propos de Kant, d'une volonté de « tuer le père » pour s'émanciper d'une tutelle trop encombrante et affirmer seul sa personnalité après l'avoir

---

229 AK III, 16 ; OP I, 744.

230 AK V, 459 ; OP II, 1267.

affirmée par rapport à autrui. En effet, et l'on retombe ici dans le cercle de l'éternel retour, si la raison folle rend possible - différentiellement et par antithèse - la critique de la raison pure ou impure, le destin de ces deux avatars d'une même faculté va se trouver indissolublement lié, ce qui représente une menace évidente pour la rationalité kantienne. En revanche, si la critique éradique totalement la *Schwärmerei* et la détruit, elle n'aura plus d'adversaire valable et perdra sa raison d'être. Mais malgré tout, mieux vaut quand même s'affirmer, (et c'est l'option choisie par Kant) comme négation radicale - en trouvant ensuite d'autres justifications pour exister - que d'accepter une destinée commune, compromettante à la longue. C'est la raison pour laquelle Kant va fonder la critique comme un « meurtre du père » symbolique, en la donnant comme la seule parade possible à la *Schwärmerei* qu'elle nie, voire qu'elle détruit totalement. Dès la préface, la *Critique de la raison pure* (seconde édition) assène sa légitimité, se justifie comme moyen de défense radical par rapport à tous les maux qui peuvent lui nuire ou porter atteinte à son intégrité : « Par la critique seulement peuvent être coupés à la racine même le matérialisme, le fatalisme, l'athéisme, l'incrédulité des esprits forts, l'exaltation [*der Schwärmerei*] et la superstition, qui peuvent être universellement nuisibles »[231]. Contre toutes ces nuisances intellectuelles une seule réponse donc : la critique, action défensive plus particulièrement dirigée contre la seule *Schwärmerei.* Dans *Qu'est-ce que s'orienter dans la pensée ?* Kant est en effet très net et après avoir remarqué - comme on l'a déjà vu - que le « spinozisme mène à l'extravagance [*Schwärmerei*] », il ajoute : « À l'opposé, il n'est de sûr moyen d'extirper toute extravagance [*Schwärmerei*], hormis la détermination des limites de la raison pure »[232]. « Coupés à la racine », « extirper » : le vocabulaire kantien dans la lutte frontale contre l'ennemi est remarquablement radical, à la mesure de l'attaque adverse et ce ton polémique, voire virulent, est à signaler car il n'est pas réputé pour être très fréquent dans

---

231 AK III, 21 ; OP I, 750-751.
232 AK VIII, 144 ; OP II, 542.

la prose kantienne, même s'il est quand même plus présent qu'on ne le croit ou qu'on ne veut bien l'avouer. Dans un autre registre, mettant en cause l'adversaire moins directement mais néanmoins réellement, la *Critique de la raison pure* envisage le rapport de la métaphysique à la religion et ses excès : la métaphysique y est montrée comme le « rempart » de la religion, une science dont la raison humaine ne pourra jamais se passer car elle lui « met un frein » et ainsi « par une connaissance scientifique et pleinement lumineuse de soi-même, prévient les dévastations qu'une raison spéculative privée de lois ne manquerait pas de produire dans la morale aussi bien que dans la religion »[233]. Ici, par un vocabulaire de la prévention : « rempart », « frein », « prévient », Kant n'est pas moins radical mais envisage plutôt une thérapie prudente pour plus d'efficacité : il faut en quelque sorte autant prévenir que guérir même si l'un n'est absolument pas exclusif de l'autre. De même, toujours en matière de parade à la *Schwärmerei*, M. David-Ménard montre dans *La folie dans la raison pure ...* ainsi que dans son article (*Op. cit.*) que dans les *Fondements de la métaphysique des moeurs* et dans la *Critique de la raison pratique* le formalisme est une manière de combattre l'extravagance. En effet, Kant accepte, de par notre commun rapport à l'impératif moral notamment, l'idée d'une communion spirituelle dont il avoue - nous l'avons vu - en 1766 qu'il prend le modèle dans Swedenborg. Mais, s'étant aperçu du danger d'une telle reconnaissance, il va prendre ses précautions ensuite « pour faire de ce fondement commun une pure forme ». C'est la raison pour laquelle l'idée pure du règne des fins et le « formalisme » kantien sont des armes contre l'identification hâtive entre la communion des visionnaires avec les esprits et la communauté humaine et rationnelle que constitue le règne des fins. Et M. David-Ménard en conclut même que « l'élaboration du formalisme en morale n'a sans doute de sens que comme victoire remportée sur l'extravagance ». Seulement, une nuance est ici à apporter, dans le domaine de la lutte frontale et de la réfutation directe, nuance apportée par Kant lui-même dans

---

233 AK III, 548-549 ; OP I, 1397.

Qu'est-ce que s'orienter dans la pensée ? et qu'il est nécessaire d'invoquer avant l'analyse des moyens d'action de la critique en eux-mêmes. En effet , quoi que la critique tente, quelles que soient les armes conceptuelles dont elle dispose et le potentiel de nuisance qui est le sien, une petite restriction, due à la nature même de l'adversaire, la limite dans son objectif de destruction totale. Et ce léger défaut dans la cuirasse dressée contre la *Schwärmerei* est justement la brèche dans laquelle elle va sans arrêt s'engouffrer, car il n'est autre que l'impossibilité d'une réfutation objective de cette dernière. Cela se comprend tout à fait : comme la *Schwärmerei* entraîne la raison dans un domaine qui la dépasse et où toutes les règles de son jeu sont inconnues, elle ne peut plus se mouvoir sur son terrain propre, et d'autres lois que les siennes lui sont imposées, lois qui lui enlèvent toute possibilité d'objectivité. Comment en effet réfuter objectivement, avec démonstration et raisonnement serré, l'existence d'une communication avec les esprits ? À moins d'être soi-même un *Schwärmer*, on ne peut que manquer d'éléments pour élaborer un tel discours. Ainsi l'*Aufklärung*, « la maxime de penser par soi-même » peut servir à tout homme pour effectuer un retour sur soi et examiner s'il est « praticable d'ériger en principe général de l'usage personnel de la raison le fondement en vertu duquel on admet quelque chose »... S'il le fait, il verra d'ailleurs disparaître sans tarder « à cet examen superstition et extravagance [*Schwärmerei*] » mais cependant « tout en ne disposant pas des connaissances nécessaires pour les réfuter l'une et l'autre à partir de raisons objectives »[234]. En conséquence, les différents moyens thérapeutiques qui vont être évoqués pourront peut-être soigner le mal qu'est la *Schwärmerei* mais ne pourront jamais la guérir, ils pourront la faire reculer mais jamais l'éradiquer. Seule garantie contre la *Schwärmerei* religieuse et premier « frein » à apporter au délire : le concept de « foi rationnelle » analysé dans *Qu'est-ce que s'orienter dans la pensée ?* « Une foi rationnelle est celle qui ne se fonde sur d'autres données que celles qui sont

---

[234] *Qu'est-ce que s'orienter dans la pensée ?* AK VIII, 147 ; OP II, 545.

contenues dans la raison pure »[235] : à partir de cette définition qui garantit tout de suite l'absence de divagation, Kant reprend la métaphore fétiche de la navigation et de la carte de la raison, donnant cette foi rationnelle pour un moyen précis et efficace de lutter contre une raison désorientée. Il écrit : « Une pure foi rationnelle est [...] le panneau indicateur ou le compas grâce auquel le penseur spéculatif peut s'orienter lors de ses incursions rationnelles dans le champ des objets suprasensibles »[236] : elle est donc une garantie presque objectivement valable, une prévention pratiquement efficace contre la *Schwärmerei* car elle utilise de surcroît le « concept de Dieu » comme fil directeur, moyen préventif contre les égarements des inspirés. Ainsi donc, si « dans les questions relatives aux objets suprasensibles », la foi rationnelle précède tel un étalon raisonnable, tout va bien, mais si on évite de passer par elle et qu'on lui dénie sa préséance : « une porte est grande ouverte à toute forme d'extravagance [*Schwärmerei*] » [237]. Or, on peut difficilement imposer une telle domination de la raison : donc on ne peut, par cet intermédiaire, pourtant très puissant, annihiler totalement la *Schwärmerei*. De même les idées transcendantales et l'idéal transcendantal de la *Critique de la raison pure* luttent contre elle mais ne la détruisent pas totalement. Tout d'abord, les idées transcendantales que sont l'âme, le monde et Dieu, si elles portent sur le même sujet que la divagation, ne la chassent pas pour autant de son domaine car elles ne sont utilisées qu'à titre régulateur. Elles servent en effet de « canon » à l'entendement, canon qui lui permet « d'étendre son usage et de le rendre homogène » ; il est ainsi, comme précédemment, « mieux dirigé » mais malgré tout « il ne peut connaître aucun objet en plus de ceux qu'il connaîtrait au moyen de ses propres concepts »[238]. Quant à l'idéal transcendantal, qui figure « l'idée non seulement *in concreto*

235 AK VIII, 141 ; OP II, 538.
236 AK VIII, 142 ; OP II, 539.
237 AK VIII, 143 ; OP II, 541.
238 AK III, 255 ; OP I, 1037.

mais *in individuo* »[239] et qui est « au fondement de la détermination complète nécessairement inhérente à tout ce qui existe »[240], il serait fort tentant de l'hypostasier et d'en faire une entité pouvant se battre à armes égales avec les esprits swedenborgiens. Seulement, Kant se bat dans les règles de l'art, et pour perdre la *Schwärmerei*, il se contente de restreindre l'objet de cet idéal : « l'être originaire (*ens originarium*) [...] l'être suprême (*ens summum*), l'être de tous les êtres (*ens entium*) » à n'être, légitimement qu'une fonction et non une substance. Il conclut en effet sur cette remarque : « toutes ces expressions ne désignent point le rapport objectif d'un objet effectivement réel à d'autres choses ; elles ne désignent que le rapport de *l'idée à des concepts* et nous laissent dans une complète ignorance touchant l'existence d'un être d'une supériorité si éminente »[241]. La critique ne pourra donc jamais réduire à néant la *Schwärmerei* car - comme dans l'antinomie - elles ne se battent pas sur le même terrain. Malgré tout, cela n'empêche pas la première de lutter de toutes ses forces contre la seconde et notamment de lui imposer une discipline à l'instar de cette psychologie rationnelle, « discipline fixant [...] des limites infranchissables à la raison spéculative » et l'empêchant ainsi de « se perdre dans l'exaltation [*schwärmend*] »[242] d'un spiritualisme sans fondement.

b-Les limites nécessaires à « l'insondable champ » de la *Schwärmerei* : l'incompréhensible, l'inconcevable, l'inexprimable, l'impensable

Après l'affrontement avec Swedenborg, si l'on s'intéresse au conflit opposant Kant à Jacobi le terme *unbegreiflich* (inconcevable, incompréhensible) peut apparaître comme central car non seulement, il se situe au cœur de leur confrontation mais surtout parce qu'il appartient au champ

239 AK III, 383 ; OP I, 1193.
240 AK III, 388 ; OP I, 1199.
241 AK III, 389 ; OP I, 1200-1201.
242 *Critique de la raison pure*. AK III, 275 ; OP I, 1061-1062.

lexical des deux auteurs. Il s'agit en effet d'un problème majeur et commun aux deux hommes que celui de l'inconcevable, l'inconnaissable, ce que l'on ne peut atteindre etc., véritable point nodal étant donné que c'est à partir de ce concept et de ses dérivés que les chemins des deux auteurs se séparent. Pour commencer l'on peut se contenter de relever deux occurrences de la notion dans les œuvres respectives de Kant et Jacobi, preuve d'une interrogation commune sur un même thème. Tout d'abord, Kant évoque dans les *Fondements de la métaphysique des mœurs* (1785) la quête sans fin de la raison : elle cherche « sans relâche le nécessaire inconditionné (*das unbedingt Nothwendige*) » et « se voit forcée de l'admettre, sans aucun moyen de le rendre compréhensible (*begreiflich*), trop heureuse si elle peut seulement découvrir le concept qui s'accorde avec cette supposition. »[243] L'on remarque donc ici que l'inconditionné est bien incompréhensible. Quant à Jacobi, toujours radical, il affirme dans sa lettre à Kant du 16 novembre 1789 : « une liaison du sensible avec le suprasensible, du naturel avec le surnaturel, qui est pour l'homme aussi évidente qu'incompréhensible (*unbegreifliche*)... »[244] De même dans les *Lettres à Mendelssohn*, Jacobi a une formule qui pourrait tout à fait être kantienne, tant elle reprend les termes mêmes, le vocabulaire de Kant. Il explique en effet tout d'abord à Lessing qu'il aime Spinoza parce que ce dernier, plus qu'aucun autre philosophe, l'a « parfaitement convaincu que certaines choses ne peuvent s'expliquer ; devant elles il ne faut point fermer les yeux, il faut les prendre comme on les trouve. » Puis il définit sa conception quant à cet « inconcevable » [la traduction de *unbegreiflich* est ordinairement, avec une même proportion, soit incompréhensible, soit inconcevable : l'on suivra à chaque fois les choix des traducteurs] : « Celui qui ne veut pas expliquer l'inconcevable (*unbegreiflich*), mais veut seulement savoir les bornes (*Grenze*) où il commence et reconnaître qu'il existe, je crois qu'il fait en lui la place la plus vaste à une solide vérité humaine » L'on remarquera ici l'emploi du terme *Grenze*,

---

243 *Fondements de la métaphysique des mœurs*. AK IV, 463 ; OP II, 336.
244 AK XI, 104.

kantien par excellence, la *Critique de la raison pure* ayant pour but d'établir justement les limites (*Grenze*) de la raison humaine, comme nous l'avons vu, c'est-à-dire en fait les limites de l'inconcevable. Les deux penseurs ont par conséquent un horizon commun, même si Jacobi est beaucoup plus radical que Kant et moins nuancé. Ainsi selon lui : « ... le plus grand mérite du penseur est de dévoiler ce qui existe et de le révéler. L'explication est pour lui un moyen; une voie menant au but, une fin toute proche, jamais sa fin dernière. La fin dernière est ce qui ne peut être expliqué, ce qui est insoluble, immédiat, simple (*Sein leßter Zweck ist was sich nicht erklären laßt : das Unauflösliche, Unmittelbare, Einsache*). » Dans sa lettre à Mendelssohn du 26 avril 1785, il définit même « l'esprit de sa religion » en ces termes : « l'homme apprend à connaître Dieu par une vie divine ; et il y a une paix de Dieu qui dépasse toute intelligence ; en elle résident la jouissance et l'intuition d'un amour *incompréhensible.* » [C'est moi qui souligne.] Or, il est absolument étonnant de retrouver dans l'analyse kantienne le même terme mais marquant justement une *limite* infranchissable alors que pour Jacobi l'inconnaissable doit être le milieu dans lequel baigne le croyant : il représente un au-delà proche de nous. Dans *La religion dans les limites de la simple raison* (1793) en effet, Kant évoque dans la note qui clôt la première remarque générale au sein de « l'insondable (*unerforschlichen*) champ du surnaturel », les effets de la Grâce (*Gnadenwirkungen*) et ce passage mérite d'être cité car il illustre précisément le point de rupture entre deux théories, l'une se réfugiant dans un incompréhensible accepté comme tel, l'autre envisageant ce même incompréhensible comme une limite ultime. Selon Kant donc : « ... le recours *aux effets de la Grâce* (...) ne peut être admis dans les *maximes* de la raison si celle-ci se tient à l'intérieur de ses propres limites, comme d'ailleurs rien de ce qui est en général du surnaturel, car c'est là précisément que cesse tout usage de la raison. C'est qu'il est impossible *théoriquement* de préciser ce qu'ils sont (que ce sont des effets de la Grâce et non des effets internes de la nature). En effet, notre usage du concept de la cause et de l'effet s'applique aux objets de l'expérience et ne saurait donc être élargi au-delà de la nature... (...) Nous pouvons bien par conséquent accepter ces effets comme quelque chose d'incompréhensible (*etwas Unbegreifliches*) mais nous ne saurions y adhérer en nos maximes ni pour un usage théorique, ni pour un usage pratique. »[245] Ainsi, si Kant voit en cet *unbegreiflich* la limite qui marque le « territoire » de la raison, Jacobi l'envisage d'une manière plus « positive » en considérant la nécessité de la *croyance* en une telle notion. Il écrit ainsi dans sa *Lettre à Fichte* : « ma raison [Jacobi entend ici par raison - comme nous le verrons ultérieurement - le sens du suprasensible, ce qui procure le pressentiment du vrai] m'enseigne instinctivement Dieu. Avec une puissance irrésistible, ce qu'il y a de plus haut en moi m'indique ce qui est très haut, tout au-dessus et hors de moi ; je suis par là *contraint de croire* (c'est moi qui souligne) ce qui est inconcevable (*Unbegreiflich*), même ce qui est impossible en idée, de le croire en moi, hors de moi, par amour, au moyen de l'amour. » Mais plus encore qu'une croyance nécessaire, l'incompréhensible représente pour Jacobi le fondement premier, le *Grund*, de notre connaissance : tout repose sur ce mystère et tout en dépend. Il l'explique dans l'Appendice A de son ouvrage *Des choses divines et de leur révélation* : « Le commencement de notre connaissance est mystique, entièrement mystérieux, comme l'est le présupposé incompréhensible d'un être premier, contenant en soi et produisant hors de soi tout le vrai, le bien et le beau. ». Or, pour Kant une telle présupposition, une telle assise de la connaissance est une aberration, un danger mortel pour la philosophie : Jacobi proposant un « saut (*salto mortale*) des concepts à l'impensable (*undenkbaren*) »[246] non seulement ouvre toute grande la porte à l'enthousiasme, à l'exaltation mais aussi, et de ce fait même, marque le début de l'agonie de la philosophie. Cependant, et nous le voyons avec l'objection majeure de Jacobi à la philosophie kantienne, le « point aveugle » de cette dernière, le problème capital de la chose en soi est tout entier axé sur le fait de son caractère inconnaissable

---

245 AK IV, 53 ; OP III, 70-71. Trad. A. Philonenko.

246 *Sur un ton supérieur nouvellement pris en philosophie.* AK VIII, 398 ; OP III, 406.

justement. Ce qui a posé problème à toute la postérité philosophique de Kant, ce qui fragilise la rigoureuse construction qu'est le système kantien est entièrement lié à cette notion qu'est l'incompréhensible. Comme l'explique V. Delbos : « avant tout la chose en soi est admise par Kant comme fondement de l'apparition des phénomènes - cette apparition étant d'ailleurs régie pour nous par les formes *a priori* de notre sensibilité - et la chose en soi reste inconnaissable puisque les formes *a priori* de la sensibilité ne peuvent saisir qu'une réalité en rapport avec elles, c'est-à-dire une réalité phénoménale. (...) Kant a admis une faculté supérieure au moyen de laquelle la vérité dans les phénomènes et par-dessus les phénomènes se révèle à nous par un procédé qui échappe au sens et à l'entendement, c'est sur une faculté de ce genre que s'appuie réellement la philosophie kantienne, et cela non pas seulement à la fin pour donner au système le couronnement faute duquel il semblerait chancelant, mais dès le début pour lui fournir les bases sur lesquelles il s'édifiera : tel est donc le rôle que joue l'absolue supposition des choses en soi. »[247] Or, si la chose en soi chez Kant a cristallisé toutes les objections, tous les malentendus, c'est qu'elle est fondamentalement *contradictoire* : Kant, en refusant la radicalité d'une position philosophique exclusive, a, sur ce point précis, préféré une approche plus neutre qui, en ne poussant pas sa logique jusqu'au bout, fait naître inévitablement des ambiguïtés voire des inconséquences. Lévy-Bruhl analyse très précisément ce processus : « ... l'idée même d'un inconnaissable, conçu comme existant, est logiquement insoutenable. Rien n'est inconnaissable, à la rigueur, que ce qui, en fait, est parfaitement inconnu, ce dont l'existence (quoique réelle) ne nous est en aucune façon révélée, ce qui, enfin, pour nous n'existe absolument pas. Mais alors ce n'est même plus une « idée négative. » C'est un mot vide de sens, un pur rien. Si, au contraire, tout en déclarant une réalité inconnaissable, nous en affirmons l'existence, nous la pensons. Dès que nous la pensons, nous la comparons (ne fût-ce qu'au connaissable, par

---

247 V. Delbos. *De Kant aux postkantiens. Op. cit.*

opposition); tout se passe enfin comme si nous en avions quelque idée. Ce n'est donc plus vraiment l'inconnaissable et la contradiction apparaît. Jamais inconnaissable n'a été plus scrupuleusement rejeté au-delà des frontières de l'esprit que « la chose en soi » de Kant : c'est un *x* impensable, et dont l'existence est problématique. Pourtant Kant n'a-t-il pas risqué, ici et là, quelque détermination de la chose en soi ? Dès que l'inconnaissable est nommé, il a commencé déjà à être connu. »[248] En distinguant penser et connaître, en faisant de la chose en soi un élément pensable (c'est-à-dire que l'on peut envisager sans contradiction) mais non connaissable, Kant refuse d'opérer le saut qu'accomplit Jacobi : il refuse de pousser sa logique jusqu'à son terme, car les conséquences qu'elle induirait sont inacceptables pour lui philosophiquement. Mais l'exalté, quant à lui, n'ayant ni une doctrine fixe, ni un cheminement qui se doit d'avoir une logique interne, accepte et revendique les conséquences inévitables de ses présupposés. Un autre de ses termes favoris est l'inexprimable (*unaussprechlich*), qui s'applique par exemple très souvent à l'individu. Ainsi, *in fine*, quant à cette notion si délicate qu'est l'incompréhensible, c'est Kant qui apparaît le plus illogique car il n'accepte pas de se contenter de la croyance de Jacobi, mais n'évacue cependant pas la notion elle-même. À cet égard deux passages sont très intéressants à rapprocher car ils montrent parfaitement et la gêne de Kant et les inconséquences que cela engendre. Tout d'abord, Kant dans les *Fondements de la métaphysique des mœurs*, évoque le fait surprenant de comprendre l'incompréhensible : « … nous ne comprenons sans doute pas la nécessité pratique inconditionnée, mais nous comprenons du moins son *incompréhensibilité* (*Unbegreiflichkeit*), et c'est tout ce qu'on peut exiger raisonnablement d'une philosophie qui s'efforce d'atteindre dans les principes aux limites de la raison humaine. »[249] Kant, d'ordinaire si attentif aux distinctions nuancées de son vocabulaire, envisage ici de faire rentrer l'incompréhensible

---

[248] Lévy-Bruhl. *La philosophie de Jacobi. Op. cit.*
[249] AK IV, 463 ; OP II, 337.

dans un processus de compréhension, ce qui souligne le refus caractérisé de tout type de croyance certes aveugle mais plus logique. Et cette phrase est d'autant plus frappante lorsque l'on envisage la définition que Kant propose de la déraison : « La déraison [*Aberwiß*] (*vesania*) est le mal d'une raison perturbée. Le malade mental survole toute l'échelle de l'expérience, en chasse de principes susceptibles de se passer entièrement de la pierre de touche de la raison, et il s'imagine concevoir l'inconcevable (*das Unbegreifliche zu begreifen*). »[250] Fort heureusement, Kant n'oublie jamais la « pierre de touche de la raison », mais sans cela, à vouloir comprendre l'incompréhensible, il rejoindrait le *Schwärmer* dans son délire...

Or, justement, Kant ne cesse dans sa lutte contre Jacobi, de se démarquer de la *Schwärmerei* dont l'auteur des *Lettres à Mendelssohn* est l'incarnation. En effet toute l'entreprise jacobienne, du saut périlleux au sens du suprasensible, est une vaste tentative de légitimer la *Schwärmerei*, d'en faire un argument aussi valable - et même plus - que les arguments rationnels. À ce propos, - c'est-à-dire la détermination des limites de la raison pure - il dénonce Jacobi à travers la *Schwärmerei* dans la lettre à Johann Bering du 7 avril 1786. Bering était depuis 1775 professeur de logique et de métaphysique à Marbourg et Kant l'encourage dans ces termes : « Continuez, très cher monsieur, à consacrer vos forces neuves et le grand talent qui vous a été donné à modérer les prétentions de la raison spéculative qui outrepasse si volontiers ses limites, et par là à abattre l'enthousiasme (*Schwärmerey*) sans cesse renaissant qui tire avantage de ces prétentions ; et cela sans porter pour autant atteinte à cet usage, aussi bien théorique que pratique, de la raison qui élève l'âme, ni faire le lit d'un scepticisme paresseux. »[251] Il est à remarquer ici que Kant met à nu la stratégie du génie : se servir du dogmatisme de la raison spéculative et de ses excès pour mieux se proposer comme solution de substitution, tout aussi excessive. De même il définit

---

250 *Anthropologie du point de vue pragmatique*. AK VII, 215 ; OP III, 1033.
251 AK X, 441.

a contrario l'orientation de sa propre philosophie qui garde toujours comme pierre de touche la raison mais une raison dont les prétentions excessives ont été réduites. Dans ce passage très significatif à ce point de vue, il réussit le tour de force d'opposer radicalement sa doctrine à celle de Jacobi sans évoquer ce dernier ni parler de sa propre théorie : il se « contente » en effet, et c'est cela qui est emblématique d'une confrontation indirecte et tacite mais présente, d'opposer à la *Schwärmerei* la raison qui a été jugée par le tribunal qu'est la *Critique de la raison pure*. Pour Kant, comme le résume fort bien A. Philonenko, le *Wahrsinn* (sens du vrai) de Jacobi n'est que *Wahnsinn* (illusion) et seule la raison peut orienter correctement dans la pensée : « ... je montrerai qu'en réalité c'est par la raison qu'il convient de s'orienter et non par un soi-disant et mystérieux « sens de la vérité » (*Warheitsinn*) ou une intuition transcendante qualifiée de « croyance » (*überschwengliche Anschauung unter das Namen des Glaubens*) sur lesquels il serait loisible, sans le consentement de la raison, de greffer la révélation et la tradition. »[252] Alors que Jacobi défend dans la *Lettre à Erhar d'O.*, appendice à *Allwill*, le caractère *naturel* de la croyance (... « de façon générale, la croyance à un Dieu est naturelle à l'homme ; et celle qui lui est au plus haut point naturelle, c'est la croyance à un Dieu vivant »[253]), et de l'intuition suprasensible, Kant estime que : « Vouloir percevoir en soi des influences célestes est une forme d'illusion (*eine Art Wahnsinn*). »[254] Seule la raison, en tant que raison spéculative mais en fait seulement pour assurer son usage *pratique* peut écarter les obstacles nuisibles à cet usage à savoir : l'anthropomorphisme et le fanatisme, deux idées fortement défendues par Jacobi : la raison va donc utiliser les idées régulatrices que sont la liberté, l'immortalité et l'idée de Dieu « pour écarter, d'un côté l'anthropomorphisme comme source de la superstition, ou comme extension apparente de ces concepts par une prétendue expérience et, d'un autre côté, le

252 *Qu'est-ce que s'orienter dans la pensée ?* AK VIII, 134. Trad. A. Philonenko.
253 *F.H Jacobi's Werke*, T. I, p. 251.
254 *La religion dans les limites de la simple raison.* AK VI, 174 ; OP III, 209.

fanatisme, qui promet cette extension par une intuition suprasensible (*übersinnliche Anschauung*) ou par des sentiments de ce genre ; ce ne sont là que des obstacles à l'usage pratique de la raison pure, dont l'élimination fait donc assurément partie de l'extension de notre connaissance au point de vue pratique, sans qu'il y ait contradiction à avouer en même temps qu'au point de vue spéculatif la raison n'en a pas tiré le moindre avantage. »[255] De même, quant au point de vue moral, en séparant dans les jugements moraux, l'élément empirique de l'élément rationnel, l'on préviendra les « extravagances géniales qui, comme le font d'ordinaire les adeptes de la pierre philosophale, promettent sans la moindre recherche méthodique ni connaissance de la nature, des trésors imaginaires et gaspillent des trésors véritables. »[256]

c-La modestie kantienne et la constitution d'une pharmacopée pour lutter contre la *Schwärmerei* : le travail, l'effort, la médiation

Dans la détermination de la modestie comme modèle de la meilleure appréhension intellectuelle de la réalité physique et métaphysique qui nous entoure, Kant ne cite plus la *Schwärmerei*, et pour cause, puisqu'il définit son opinion personnelle. Malgré cette absence dans le texte, et à cause de cette absence, tout se concentre sur le terme manquant dans la mesure où Kant ne parle que par rapport à l'absente. Donc, si on ne retrouve plus systématiquement le terme cité dans la réponse de Kant au mal qu'il constitue, c'est justement parce que l'on va ici étudier la stratégie offensive de Kant contre la *Schwärmerei*. Le but n'est donc plus ici de la définir, de la critiquer, de la dénoncer, d'ironiser sur elle ; le but est de convoquer les différents moyens thérapeutiques qui permettront de l'éradiquer, comme la nécessaire modestie du philosophe au travail. Une fois encore, l'expression kantienne se détermine par rapport à un élément refoulé et la reconstruction est

---

255 *Critique de la raison pratique*. AK V, 135-136 ; OP II, 773-774.
256 AK V, 163 ; OP II, 804.

nécessaire pour faire varier le clair/obscur de la relation de Kant à la *Schwärmerei* ; mais en tentant d'édifier une personnalité philosophique à partir de ce qu'elle combat, de ce qu'elle refuse, le gain conceptuel est tout aussi important - voire plus important - qu'en analysant la sérénité qui peut être la sienne face à ce qui lui plaît et ce qu'elle accepte facilement. Or, ce que la philosophie kantienne combat le plus fermement, nous l'avons vu , c'est la *Schwärmerei* en tant qu'elle est orgueilleuse, prétentieuse. Rien d'étonnant donc à ce que le philosophe fasse l'apologie de cette vertu essentielle qu'est la modestie. L'on peut citer ici la définition qu'il en donne dans la *Métaphysique des moeurs*, qui est un modèle du genre anti*Schwärmerei* : « On appelle modestie la modération de ses prétentions en général, c'est-à-dire la limitation volontaire, chez un homme, de l'amour de soi »[257]. Modération des prétentions, limitation de l'amour de soi : on ne peut plus nettement s'opposer à ce qui constitue le cœur même de la *Schwärmerei*. Or c'est cette attitude que Kant va défendre dans tous ses textes polémiques ainsi que dans tous ses grands textes, faisant ainsi d'elle un exemple à suivre, un modèle à imiter. Fait significatif de la tactique kantienne : il y insiste tout particulièrement dans les *Rêves d'un visionnaire...* D'ailleurs ce procédé par antithèse, sans attaque directe est sans aucun doute - c'est la raison pour laquelle Kant l'utilise, cumulant l'utile à l'agréable - tout aussi offensif qu'une critique brutale, mais de surcroît il a l'avantage d'être moins dangereux, et plus agréable à manier. Le philosophe peut donc s'autolimiter à loisir, tout acte de modération volontaire valant tacitement contre la *Schwärmerei*. D'où la conclusion de la première partie des *Rêves d'un visionnaire...*, qui est une véritable mise en scène de la modestie kantienne, précédant immédiatement l'exposé de la seconde partie, qu'elle déconsidère par avance (comme on l'avait déjà vu). Kant commence par écrire qu'il abandonne désormais (nous sommes à la fin du quatrième chapitre de la première partie) tout ce « qui touche aux esprits » puis il enchaîne : « En réduisant de cette façon (comme cela est préférable) le

257 *Métaphysique des mœurs. Doctrine de la vertu.* AK VI, 462 ; OP III, 758.

programme de mes recherches, en faisant l'économie de certaines enquêtes parfaitement désespérées, je compte pouvoir employer avec plus de profit pour les objets restants le peu de facultés intellectuelles que j'ai ». En abandonnant ainsi tout un pan de la recherche philosophique qui ne vaut pas la peine que l'on perde son temps pour lui, Kant détruit par antithèse les différentes tentatives des *Schwärmer*, souvent conséquentes en terme de volumes - ne serait-ce que les *Arcanes Célestes...* - qui sont donc rendues parfaitement inutiles et même gâchant un temps précieux qui pourrait être employé à l'étude de sujets intéressants. De plus, par l'aveu - qui peut apparaître légèrement teinté de fausse modestie - d'une intelligence limitée à ne pas disperser illégitimement, Kant trouve ici l'équivalent tout en nuances d'une attaque explicite contre la stupidité des *Schwärmer*. L'étau se resserre donc dans l'expression autour d'un adversaire absent mais sous-entendu, et d'ailleurs les allusions suivantes se font plus précises : « C'est en pure perte pour la plupart du temps que l'on veut étendre à mille projets aventureux la faible mesure de ses forces. Aussi dans ce cas comme dans les autres, la sagesse commande-t-elle de couper les projets à la dimension des forces qu'on a et de se borner au médiocre si l'on ne peut parvenir correctement au grand »[258]. Cela se passe presque de commentaires tant l'affrontement est explicite entre deux positions : d'une part celle du *Schwärmer*, présomptueux et qui croit pouvoir s'atteler à une multiplicité de tâches infaisables, et d'autre part celle du vrai sage, qui connaît ses propres limites, qui sait se contenter en toute modestie du pouvoir fini et limité de sa raison et qui préfère accomplir correctement un ouvrage modeste plutôt qu'échouer dans l'accomplissement impossible d'un objectif inatteignable. Par conséquent comme il l'expose au début de sa seconde partie : « la prudence a pour règle d'opposer une barrière aux questions que la témérité et la vaine curiosité soulèvent sans discernement »[259]. Trop pressé, le *Schwärmer* est aussi trop curieux : il veut savoir ce que les

---

[258] AK II, 352. Trad. F. Courtès.
[259] AK II, 353. Trad. F. Courtès.

autres ignorent et refuse de se donner à lui-même les obstacles nécessaires au progrès. Raison pour laquelle Kant va prôner l'humilité, la connaissance limitée et le choix stratégique des bons problèmes : toute une thérapie adaptée au cas de l'exalté. Toujours dans un mouvement conclusif, celui qui clôt le second chapitre de la seconde partie, il administre sous forme poétique, une prescription efficace contre l'orgueil débordant, composée d'une bonne dose de connaissance de soi-même et de ses limites, d'une dose raisonnable de modestie et d'une pincée de discernement sain quant à la hiérarchie des différents problèmes de la raison. Il conclut donc ainsi le chapitre intitulé « Voyage extatique d'un enthousiaste [*Schwärmers*] à travers le monde des esprits » : « Tout à l'heure nous cheminions dans l'espace vide de Démocrite où la métaphysique nous avait élevés sur ses ailes de papillon et nous nous y entretenions avec des natures spirituelles. Voici que la vertu styptique de la connaissance de soi-même ayant replié les ailes de soie, nous nous retrouvons sur l'humble sol de l'expérience et de l'entendement commun »... Outre la poésie de la métaphore utilisée, la structure de l'argumentation qui suit une phase ascendante - critique de la *Schwärmerei* - puis descendante - proposition d'un procédé curatif - est remarquable. Dans un premier temps en effet, Kant critique l'envolée des *Schwärmer* et emploie des termes adéquats : « cheminer », « espace vide », « élever », « ailes de papillon », « figures spirituelles » puis comme l'*hubris* se paie immanquablement d'un rappel à l'ordre et d'une humiliation nécessaire - la retombée de l'élan mystique - Kant replie les ailes de soie, fait retour sur un « humble sol » et fait appel à l'entendement commun. Mais il propose aussi un remède : la connaissance de soi-même - sous-entendu de nos pouvoirs et de nos limites - qui a une vertu « styptique ». Adjectif synonyme d'astringent et appartenant au vocabulaire médical, ce terme mérite sa place dans le vocabulaire kantien, car il signifie « ce qui exerce sur les tissus vivants un resserrement » : ici donc Kant se propose bien de soigner la *Schwärmerei*, en la limitant et en restreignant ses excès. Puis il conclut sa remarque à propos de l'humble sol de l'expérience et de l'entendement commun : « heureux si nous le regardons comme notre place assignée, dont nous ne sortirons jamais impunément et qui d'ailleurs contient tout pour nous satisfaire tant que nous nous tiendrons à l'utile »[260]. Il faut nous satisfaire de notre sort et ne pas tenter de le dépasser vers autre chose, volonté qui contient en elle-même son propre danger. Surtout, l'une des méthodes les plus efficaces pour éviter de se perdre dans l'infinité des problèmes que la raison se pose, est de bien choisir ceux qui méritent l'étude : ainsi, si le zèle scientifique est louable et si « faire droit à toute curiosité et n'accepter de limites pour la rage de connaître que celles de notre pouvoir »[261] n'est pas négligeable, « dans l'infinité des problèmes qui se posent spontanément, choisir ceux qu'il importe à l'homme de résoudre, voilà le mérite de la sagesse »[262]. Car la science peut aller de « que de choses que je ne comprends pas » (remarque de *Schwärmer*) à la remarque socratique : « Que de choses dont je n'ai nul besoin ». De ces deux aspirations, l'une est dite « vaine et insatiable », l'autre « grave et modérée », l'alternative ayant ici le mérite d'une clarté absolue. Et si la « sage simplicité » du philosophe critique est qualifiée de « sotte simplicité » par les *Schwärmer* qui l'accusent de « contrarier l'enrichissement de notre nature », alors que cette modération est « voulue et réfléchie »[263], cela est dû à l'aveuglement des exaltés, avides de savoir et lâchant les bonnes proies si peu nombreuses pour une infinité d'ombres sans intérêt. C'est ainsi que les « projets immenses [...] disparaissent dans les limbes de la vanité »[264]. Or cette modestie du sage, acquise à force de maturité et d'expérience, ne se construit pas instantanément : elle peut, bien sûr, avoir pour fondement un caractère particulièrement modéré et en dehors de tout excès mais elle n'est alors qu'en puissance : la modestie en acte est une lente élaboration, faite de réflexions sur la finitude de l'homme mais aussi d'espoirs déçus, bâtie d'illusions perdues et de dure clairvoyance. Seulement, le *Schwärmer* est

---

[260] AK II, 368. Trad. F. Courtès.

[261] AK II, 369. Trad. F. Courtès.

[262] AK II, 369. Trad. F. Courtès.

[263] AK II, 369. Trad. F. Courtès.

[264] AK II, 369. Trad. F. Courtès.

trop impatient pour accepter d'attendre, aussi pour les envies trop pressées, Kant prodigue-t-il un petit conseil, à la fois sérieux et humoristique, toujours teinté de cette indéfectible et indispensable modestie : « La raison humaine n'a pas reçu les ailes qu'il lui faudrait pour fendre les nuages si hauts qui dérobent à nos yeux les secrets de l'autre monde ,et à ces gens curieux, si pressés d'en être informés, on peut faire cette réponse, simpliste mais très naturelle, que la chose la plus sensée est de bien vouloir prendre patience jusqu'à ce qu'ils y soient arrivés »[265]. Réponse absolument confondante et très amusante que ce conseil de « prendre patience » au *Schwärmer* qui délire sur le monde des esprits. Très tranquillement, Kant lui dit en quelque sorte : attendez et vous verrez bien, mais avant de savoir, ne racontez pas n'importe quoi. *In fine*, pour clore cette véritable apologie de la modestie que sont les *Rêves d'un visionnaire...*, Kant se fait voltairien et oppose ces derniers mots « comme conclusion à tant d'inutiles controverses » : « occupons nous de notre lot, allons au jardin et travaillons »[266]. On ne pouvait mieux faire pour renvoyer le *Schwärmer* à ses chères et illusoires études... La raison kantienne se contente donc de ce qu'elle peut explorer, aussi l'usage régulateur du fondement premier des objets d'expérience lui suffit-il car elle ne cherche pas à savoir ce que ce dernier est en soi : « c'est là tout le projet que l'on peut [...] raisonnablement souhaiter sur ce point et dont on a sujet de se contenter »[267]. Or cette citation définit tout à fait ce que Philonenko nomme la « métaphysique de la modestie », fondée sur la finitude de la raison humaine, qui nécessite sans cesse des médiations et qui ne se sent complète que par ce qu'il lui manque. Dans la partie qui traite de l'orientation kantienne, Philonenko développe donc cette idée que la raison est besoin, elle est tension vers et non possession immédiate : « Être un être raisonnable, c'est nécessairement éprouver une nostalgie de l'Être et tous nos efforts pour nier par un soi-disant Savoir Absolu ce « besoin »,

---

265 AK II, 373. Trad. F. Courtès.
266 AK II, 373. Trad. F. Courtès.
267 *Prolégomènes...* AK IV, 362 ; OP II, 147.

cette nostalgie qui anime notre conscience, ne peuvent qu'aboutir à nous enfermer en une prison de lumière, dans le calme absolu d'un esprit sachant toutes choses et figé pour l'éternité dans sa propre affirmation. Il faut reconnaître modestement que notre raison est besoin [...] Le « besoin de la raison » dont nous entretient Kant est la plus haute manifestation de cette métaphysique de la modestie qui définit le criticisme ». En quelques phrases, Philonenko explique le mystère de la création de cette contradictoire « foi rationnelle » et il reconnaît à Kant le double avantage d'avoir été à la fois humble et lucide, en posant la raison comme « l'être d'un manque », un manque de savoir qui ne devient pas foi aveugle justement mais, invention géniale, « foi rationnelle » (nous aurons l'occasion d'y revenir de façon approfondie dans la dernière partie). Seulement, l'apport essentiel de cette analyse pour le sujet qui nous intéresse est bien cette assimilation du criticisme à une « métaphysique de la modestie ». La formule est bien choisie car elle reflète l'ambiguïté kantienne fondamentale : comment peut-on être à la fois métaphysicien et modeste ? Comment peut-on modestement avoir des prétentions métaphysiques ? Ambivalence que Kant décrit à maintes reprises notamment quand il se dépeint en amoureux perpétuellement insatisfait de la Dame Métaphysique. Il aspire sans cesse à l'obtention de ses faveurs - et en ce sens il prétend la conquérir - mais reconnaît modestement qu'elle ne s'offre pas facilement, quand elle s'offre... Ainsi, selon l'optique kantienne, nous devons savoir gré à toutes les tentatives, en matière de religion, qui, reconnaissant la finitude de l'homme, le borne dans ses prétentions. L'hommage rendu dans la *Critique de la raison pratique* à la morale de l'Evangile va donc dans ce sens, et ici l'humilité est explicitement opposée à la *Schwärmerei* : « l'on peut [...] louer la morale de l'Evangile d'avoir la première, en posant le principe moral dans sa pureté tout en l'appropriant en même temps à la nature bornée des êtres finis, soumis toute bonne conduite de l'homme à la discipline d'un devoir qui, placé devant ses yeux, ne lui permet pas de s'égarer [*schwärmen*] dans une perfection morale chimérique et d'avoir ainsi imposé les bornes de l'humilité (c'est-à-dire de la connaissance de soi-même) à la présomption et à l'amour-propre, qui tous deux méconnaissent volontiers leurs limites »[268]. Finalement, cette autolimitation kantienne, cette modestie, cette lucidité qui sait que l'homme n'est pas parfait font de Kant l'antithèse du *Schwärmer* . Le philosophe apparaît ainsi comme l'anti-Swedenborg par excellence et telle était bien son intention, se servir de sa conception de la philosophie pour repousser l'exalté et s'en différencier. Comme l'écrit M. Crampe-Casnabet, la « sereine modestie », la « sagesse mesurée repoussent l'extravagance » [269] et sont de toute façon beaucoup plus fortes que cette dernière, qui se disperse en vains efforts. Ainsi, c'est avec la sérénité du sage conscient et lucide que Kant va proposer différents remèdes à la *Schwärmerei...*

Se battre à armes égales, engager un duel équilibré avec l'extravagance conditionne l'emploi de moyens appropriés pour lutter contre un adversaire des plus difficiles. Kant va donc mettre en place une stratégie qui va se révéler un instrument curatif. Le remède principal envisagé est le travail, l'effort, l'application ; suivent ses avatars à savoir la médiation et l'avancée prudente. Tout d'abord, et il y aurait beaucoup à dire sur ce choix insistant, Kant oppose le travail et l'effort à la *Schwärmerei.* On pourrait gloser longuement sur l'inégalité flagrante entre les deux lutteurs, sur l'aspect rébarbatif de la raison kantienne face au gai savoir de l'exalté... Mais on ne peut s'empêcher de remarquer dans cet éloge que fait Kant de l'effort, dans les évocations de la pénibilité de la tâche philosophique, une certaine autocomplaisance qui est en fait une défense contre la tentation, tentation d'un autre ordre que celle que nous avions analysée dans un premier temps de l'étude. En effet, et l'on ne peut ici se fonder que sur des intuitions de lecture, sur un « ton » caractéristique, ce qui relativise fortement de telles allégations, on ressent parfois chez Kant une sorte d'envie d'utiliser la *Schwärmerei* ; lui aussi est tenté par cette belle facilité et donc préfère s'en distancier en faisant l'éloge de l'ascétisme intellectuel. Même si ces dérives

---

[268] AK V, 86 ; OP II, 712-713.

[269] *Kant. Une révolution philosophique.*

sont négligeables et immédiatement rattrapées, même si la réaction de recul intervient presque simultanément à l'attirance, on peut difficilement nier une telle admiration - certes de courte durée - envers un mode d'accès à la connaissance antithétique au sien mais si agréable...Malgré tout, il ne s'agit bien évidemment pas de faire dire à Kant ce qu'il ne dit jamais explicitement, et sa tâche première et principale reste de lutter contre son ennemie de toujours, en faisant ostensiblement montre de la nécessité non plus seulement de la lenteur mais de l'effort, du travail et du travail pénible. En effet , pour parvenir à un résultat véritable, au fruit sain d'une spéculation intellectuelle bien menée, le pas à pas est nécessaire et la progression, par l'intermédiaire d'un long travail, se fait toujours dans la douleur. C'est la thèse que Kant développe dans sa lettre *Sur l'illuminisme*, dans sa dénonciation initiale de la *Schwärmerei* puis dans le « moyen d'y remédier » qu'il indique. Tout d'abord, la *Schwärmerei* a pris naissance selon Kant parmi cette frange de la population qui prétend à une intelligence supérieure, et même à une intelligence identique à celle de « ceux qui sont obligés de peiner sur le chemin épineux d'études approfondies ». Velléité absolument insupportable pour celui qui, comme Kant, a justement peiné sur ce même chemin et éprouve tant de difficultés à se battre courageusement avec les concepts et avec son propre style, auquel il reproche souvent sa sécheresse et sa difficulté à progresser de façon fluide. Donc, ceux qui veulent se dispenser de cet ascétisme rigoureux, ceux qui veulent contourner les difficultés, manquent de courage intellectuel et cette probité intellectuelle qui caractérise Kant leur fait aussi cruellement défaut : ils se haussent, sans s'appuyer sur leurs propres douleurs et s'avouent plus savants encore que ceux qui ont la dignité de faire des efforts très importants pour ne récolter quelquefois qu'un résultat disproportionné - dans le sens négatif - par rapport aux moyens mis en œuvre. Donc, à ces fous qui croient que tout est facile, un seul remède est à conseiller : à savoir le moyen de remédier à la *Schwärmerei* : se mettre au travail intelligemment. Pour ce faire, il est nécessaire d'opérer tout d'abord des restrictions numériques : « Contre ce mal [la *Schwärmerei*] je ne vois aucun autre remède que de ramener la multiplicité des études scolaires à l'étude approfondie d'un petit nombre de choses » ; puis des réorientations stratégiques, pour ne pas gâcher une bonne intention (celle de s'instruire) et cependant détruire son effet pervers : « loin de déraciner le désir de lecture, bien plutôt de l'orienter pour qu'il réponde à une intention, afin que celui qui a une bonne instruction ne se plaise qu'aux lectures qui enrichissent son intelligence d'un réel profit et que tout le reste le dégoûte »[270]. La prescription du professeur Kant est donc tout à fait claire et il recommande en conclusion, au niveau individuel de « continuer à suivre l'unique chemin de la science de la nature par l'expérimentation et l'observation », programme qui n'est certes ni joyeux ni facile mais qui est efficace face à la maladie (à condition toutefois de l'appliquer, mais là n'est pas le problème de celui qui conseille et qui tente de trouver des remèdes : lui propose, le public dispose). On retrouve cette nécessité de la difficulté dans *Sur un ton supérieur...*, qui met véritablement en scène une lutte entre deux philosophies. Car, si dans sa lettre *Sur l'illuminisme* Kant conseillait au public une certaine thérapie intellectuelle, ici il lutte contre le mépris de collègues à lui qui se sont fourvoyés et ne reconnaissent plus la tâche qui est la leur en tant que philosophes : l'effort de la réflexion, du retour incessant sur la pensée qui est la seule manière d'approfondir mais qui est longue et pénible. Il ne fait ici que défendre la philosophie contre la philosophie - et non plus le peuple contre la maladie - mais l'une des deux acceptions du terme est atteinte du mal tandis que l'autre cherche à le guérir. Or, pour guérir, il faut souffrir et se battre : et l'intuition intellectuelle refuse le combat, tandis que l'entendement discursif, lui, offre la solution à savoir « consacrer beaucoup de travail à l'analyse et à la synthèse (des) concepts selon (des) principes et escalader péniblement beaucoup de degrés pour faire des progrès dans la connaissance »[271]. Le comble de l'ironie est atteint quand le philosophe s'aperçoit que, non seulement, le modèle de l'entendement discursif est dédaigneusement refusé par les

---

270 AK XI, 411.

271 AK VIII, 389 ; OP III, 396.

Schwärmer mais encore qu'ils refusent d'être mis au même rang, avec leur « façon géniale » de procéder que les philosophes qui procèdent de « façon scolaire », eux qui sont dans la bonne voie selon Kant et qui « se tiennent pour obligés de progresser lentement et avec prudence de la critique de leur faculté de connaître à la connaissance dogmatique »[272]. Schlosser et ses épigones méprisant et prenant de haut Kant le travailleur provoquent un retour ironique de l'histoire, faisant revenir le mépris de Platon l'exalté pour Aristote le « besogneux ». Or c'est justement par une note portant sur la comparaison entre Platon et Aristote que se clôt l'essai et que Kant définit la philosophie comme « prosaïque ». On ne s'amuse pas à philosopher, on ne communie pas dans le partage d'un saint mystère : la philosophie est travail, elle est effort, si elle veut rester sérieuse et si elle ne veut pas s'autodétruire. Pour Kant, on ne philosophe pas en se prenant pour un poète et la philosophie ne doit pas se moquer d'elle-même, sous peine de se dénaturer totalement : on peut remarquer à ce sujet par parenthèse le fossé qui sépare Kant de Nietzsche sur ce point crucial qu'est la façon d'envisager la nature de la philosophie. Ainsi donc, comme il l'indique avec toujours beaucoup d'humour : « Au fond, toute philosophie est sans doute prosaïque et la proposition de philosopher aujourd'hui, de nouveau, de manière poétique, pourrait bien être perçue comme si l'on proposait au commerçant d'écrire désormais ses livres de compte non pas en prose, mais en vers »[273]. Il serait sans doute amusant de tenter un jour de mettre la *Critique de la raison pure* en vers, d'en faire un gigantesque poème, une longue coulée signifiante et non plus signifiée : seulement, en aérant son texte, on dénaturerait Kant et la prose reste donc la seule mise en forme possible. Pour revenir aux choses sérieuses, il est notable que dans la description qu'il fait dans l'*Anthropologie...* de l'homme déraisonnable, Kant précise qu'il souffre du même mal que les philosophes de l'intuition : « avec une pleine suffisance, il néglige toutes les difficultés de la quête

---

272 AK VIII, 390 ; OP III, 397.

273 AK VIII, 406 ; OP III, 416.

intellectuelle »[274]. De même, comme remède aux charlatans que sont les hommes de génie, Kant invoque une double solution : en « rire » d'une part et d'autre part parallèlement à une ostensible ignorance quant à leur existence, « poursuivre patiemment sa marche dans l'application, l'ordre et la clarté »...

---

274 AK VII, 216 ; OP III, 1033.

Chapitre III

L' « explosion » du **Pantheismusstreit** *et l'affrontement entre Kant le philosophe et Jacobi le génie* **Schwärmer** *: de la confrontation de deux « idiosyncrasies philosophiques » à l'antagonisme conceptuel*

Pourquoi s'intéresser maintenant à cette querelle du panthéisme dont on peine à imaginer aujourd'hui l'importance et la portée ? Tout simplement parce que pour la première fois Kant va conférer à son combat contre la *Schwärmerei* la publicité qui lui manquait jusqu'alors. En effet il ne faut pas oublier que les *Rêves d'un visionnaire...*est un ouvrage anonyme, de même la correspondance de Kant n'avait pas vocation à devenir publique. Pour la première fois donc, non sans réticences, non sans « répugnance », non sans difficultés, Kant va publiquement s'opposer à la *Schwärmerei* et aux *Schwärmer*, qui vont être résumés dans la personne de Jacobi avec lequel – contrairement à Swedenborg – Kant va pouvoir échanger, dialoguer et batailler philosophiquement. Le cœur du problème, l'*Urgrund*, le fondement originaire et premier du lien conflictuel entre les deux hommes va être la confrontation de deux « idiosyncrasies philosophiques »[275] qui sont arrivées au même point crucial à savoir : les limites de la raison théorique et qui apportent à ce problème des réponses très différentes, réponses qui sont emblématiques à chaque fois d'une « personnalité philosophique ». Hegel dans *Foi et savoir* (1802) pose très clairement le problème : « La philosophie de Jacobi possède en commun avec la philosophie kantienne la finitude absolue, sous la forme idéelle en tant que savoir formel et sous la forme réelle comme empirisme absolu, ainsi que leur

---

[275] Jacobi : *David Hume et la croyance ou Idéalisme et réalisme. Dialogue. F.H Jacobi's Werke T. II* et traduction Louis Guillermit : *Le réalisme de Jacobi.* 1981. Publication de l'université de Provence.

intégration au moyen d'une foi qui pose un au-delà absolu. De cette sphère commune, elle forme toutefois le pôle opposé à la philosophie de Kant en laquelle la finitude et la subjectivité possèdent une forme objective, celle du concept. En revanche, la philosophie jacobienne fait, d'une manière très subjective, de la subjectivité l'individualité. Le subjectif du subjectif regagne comme tel une vie intérieure et semble apte à éprouver la beauté de la sensation. »[276] En effet, du point de départ que constitue le constat commun du caractère limité de la raison connaissante, les deux hommes vont se séparer : l'un suivant sa personnalité, son individualité, sa subjectivité et étant attentif aux appels du cœur et du sentiment, l'autre devenant l'auteur de la *Critique de la raison pure*, gigantesque entreprise de limitation des prétentions de la raison théorique, laissant la place à une foi qui ne saurait être que rationnelle. Or, ce qui pourrait paraître anecdotique ou tendant vers l'explication psychologique est ici absolument capital du point de vue philosophique : car c'est Jacobi en tant qu'homme, en tant qu'idiosyncrasie qui est la condition de possibilité de toute tentative d'appréhender le rapport de ce dernier à Kant. Connu bien avant le philosophe de Kœnigsberg, reconnu par les plus grands de ses contemporains (Hegel, Schelling, Fichte, Hemsterhuis, Gœthe, Hamann), Jacobi apparaît sur la scène intellectuelle allemande en publiant deux « romans philosophiques » (genre très apprécié à cette époque grâce à l'influence de Rousseau) *Allwill* en 1775 et *Woldemar* en 1777 qui sont de véritables apologies de l'individualité, du cœur sensible face à la raison logique et au « système » toujours opposé à la vie. Par parenthèse, Jacobi n'est pas sans annoncer Kirkegaard de ce point de vue. Il faut donc bien noter que ses premières publications défendent déjà les droits du sentiment et de la subjectivité, précocité d'une thématique (Jacobi a 32 ans quand il publie *Allwill*) qui s'explique à son tour - on le verra plus en détail - par la formation de sa personnalité intellectuelle durant l'enfance, l'adolescence et le début de l'âge adulte. De même, les écrits de Jacobi qualifiés de « philosophiques » - car même si leur auteur

---

276 G.W.F Hegel. *Foi et savoir. Kant – Jacobi – Fichte.* Vrin, 1988.

revendique son « non-savoir » et se défend d'être philosophe, comme l'a bien remarqué Schelling, il tend quand même à constituer non véritablement une théorie mais du moins une doctrine utilisant des concepts qui appartiennent au domaine philosophique - sont pour l'essentiel issus de polémiques intersubjectives, ou de prises de position personnelles. Ainsi la plus célèbre de ses œuvres - parce qu'elle fut à l'origine du « coup de tonnerre »[277] du *Pantheismusstreit* - les *Lettres à Monsieur Moses Mendelssohn sur la doctrine de Spinoza* (1785) [que l'on notera par la suite : *Lettres à Mendelssohn*] a pour origine une rencontre avec Lessing, une conversation, des confidences, elles-mêmes rapportées à Mendelssohn par l'intermédiaire d'une amie commune. Le « style » de Jacobi, sa « marque » va donc être la polémique, le conflit, l'*agôn* dans la mesure où son corps de doctrine ne suit qu'une méthode : celle de son cœur, de son sentiment, de son intuition. C'est la raison pour laquelle - comme la querelle du panthéisme est la première occasion pour Kant et Jacobi de se confronter - les « attaques » de Jacobi, ses manœuvres manipulatrices, ses tentatives de se servir de Kant puis de s'assimiler à lui, bref toute sa stratégie vont se révéler extrêmement importantes dans le déclenchement et l'évolution du conflit et vont peu à peu amener Kant, qui demeurait en retrait, à prendre position. Car, si le philosophe ne veut pas être pris pour le « génie », il doit se démarquer de ce penseur intelligent qui a compris avant tous la portée et les conséquences possibles du kantisme tel qu'il se présentait en 1785. Jacobi peut se servir de Kant pour les besoins de sa propre cause parce qu'ils défendent communément une position critique envers les possibilités de la raison théorique : seulement, Jacobi veut effectuer de ce fait un « saut périlleux » (*salto mortale*), retournement complet de perspective (à l'instar de la révolution copernicienne) en faveur du sentiment et de la foi tandis que Kant ouvre à la raison pure pratique le champ qui limitait la raison pure théorique. Comme l'explique Pierre-Henri Tavoillot : « Le coup de génie de Jacobi fut de produire la première véritable critique interne du rationalisme et d'en

[277] G.W.F Hegel. *Leçons sur l'histoire de la philosophie. Werke* T. XX, 316-317.

assurer la diffusion polémique : le rationalisme, s'il est cohérent, conduit à l'athéisme, c'est-à-dire à l'absurde et au nihilisme. Plus qu'un créateur, Jacobi fut donc un révélateur qui sut prendre toute la mesure du bouleversement introduit par Kant »[278] Plus profondément mais plus insidieusement, à travers ces querelles, se révèlent des divergences profondes quant aux notions-clefs de foi, de savoir et de raison : le caractère profondément instable et variable du vocabulaire « philosophique » de Jacobi fait de sa doctrine - malgré la continuité remarquable des thèmes abordés - une structure souple et adaptable (comparativement à la « rigueur » du vocabulaire kantien) qu'il utilisera, après la mort même de Kant, pour tenter un ultime rapprochement de façade - en utilisant le mot raison, *Vernunft* - masquant comme toujours un gouffre théorique...

---

278 P.H Tavoillot. *Le crépuscule des Lumières. Les documents de la « querelle du panthéisme »* (1780-1789) . Passages. Editions du Cerf. 1995.

1-Friedrich-Heinrich Jacobi : une doctrine inséparable d'une personnalité : « l'idiosyncrasie philosophique de l'apologiste du « non-savoir » »

S'il est une caractéristique essentielle - remarquée par les plus grands commentateurs - de la doctrine de Jacobi, c'est sans aucun doute son ancrage profond dans une personnalité. Il est frappant de constater, à la lecture de ses œuvres et à l'examen de son parcours biographique (tel que l'expose par exemple Lévy-Bruhl dans *La philosophie de Jacobi,* Félix Alcan, 1894) à quel point la trame de sa subjectivité s'unit à la chaîne de l'écriture pour aboutir à ses ouvrages. Hegel dans *Foi et savoir* évoque à juste titre la « subjectivité protestante » de Jacobi : en effet sa personnalité va se construire sur ce double fondement : à la fois la conscience d'une singularité à défendre (Guillermit qualifie la doctrine de Jacobi de « prise de position » et désigne l'homme comme la « singularité d'une voix » *op.cit.* Avant-propos) et un piétisme exalté. Quelques éléments biographiques aident à appréhender le personnage... Friedrich-Heinrich Jacobi naît à Düsseldorf le 25 janvier 1743, six ans avant Goethe. Dans cette ville très catholique, son père, riche commerçant « compte parmi les principaux membres de la petite communauté luthérienne. »[279] Mal aimé et méprisé par un père qui le croit inintelligent, le jeune Friedrich-Heinrich subit cette situation sans révolte, s'enfonçant dans un mutisme qui ne fait qu'aggraver les malentendus. Or, ce manque d'affection paternelle va se révéler absolument primordial pour l'évolution future de l'enfant Jacobi. En effet, comme le décrit Lévy-Bruhl : « docile à la suggestion, Jacobi se croyait tel qu'on lui reprochait d'être, et il demandait une consolation à de pieuses pratiques. Il se plongeait dans les livres d'édification. Il refusait de jouer avec les enfants de son âge, pour prier pendant des heures avec une vieille servante dévote. » L'on s'aperçoit ainsi que la quête d'absolu de l'enfant émane d'un besoin de compensation, compensation qui apparaît sous une forme

[279] Lévy-Bruhl. *La philosophie de Jacobi. Op. cit.*

« sublimée », Jacobi cherchant dans l'amour de Dieu l'amour d'un père à la sensibilité nettement moins fiévreuse et doté d'un fort penchant au prosaïsme bon teint. Sans chercher forcément à faire de la quête du père un paradigme psychologique ou psychanalytique, force est de constater que dans le cas particulier qui nous occupe, il est presque impossible - malgré le poncif que cela peut représenter si cela est employé de manière systématique - de l'omettre, tant il apparaît comme un évident moyen explicatif. Ainsi, à peine confirmé, le jeune Jacobi s'affilie à une « congrégation de piétistes » (Lévy-Bruhl), le piétisme étant cette branche radicale du luthéranisme qui prône, entre autres, un contact sans intermédiaire avec Dieu et dans lequel Kant fut lui aussi élevé. Il devint donc dès son enfance, comme il l'écrit à Merck, « un enthousiaste et un mystique ». En effet, comme l'écrit J.J Anstett dans son introduction à la traduction des *Oeuvres philosophiques de F.H Jacobi :* « dans les conventicules piétistes, il n'est rien qui s'interpose entre l'âme du croyant et son Dieu : ni formalisme liturgique et ritualiste, ni profession de foi aux articles dûment pesés qui interdisent tout épanchement du cœur, tout jaillissement spontané... Le piétiste lui, sait et sent que Dieu n'est pas qu'un superlatif ; il a conscience de la distance et de l'incommensurabilité de Dieu ; pour lui d'un mot, les choses divines ont gardé leur caractère spécifique. Mais il sait et sent aussi par expérience personnelle que, s'il s'en remet à son cœur, si, au lieu d'avoir confiance en son entendement et en sa raison, il cède à l'appel entendu tout au fond de son être le plus intime, il accède directement, malgré son péché, à son Dieu ». À cette forte influence qu'exerce le mysticisme sur le jeune homme vient s'ajouter une expérience singulière que Jacobi décrit dans l'Appendice III des *Lettres à Mendelssohn :* celle de la « vision » (*Vorstellung*) qu'il eut à l'âge de huit ou neuf ans. Comme le résume Anstett dans sa présentation : « C'est une double expérience que fait très tôt F.H Jacobi : c'est, d'une part, l'expérience quotidienne, diffuse du piétisme et, d'autre part, l'expérience solennelle, tragique de l'infini abyssal de la seule spéculation. » Epouvanté par une vision uniquement conceptuelle et spéculative et baignant parallèlement dans une spiritualité constante faite d'une union immédiate avec Dieu et d'une écoute de ses sentiments, Jacobi ne pouvait qu'être partisan d'une lutte contre la raison « logique » au profit du cœur. Il décrit ainsi sa « vision » : « Enfant, vers huit ou neuf ans, j'étais enclin par ma nature méditative, à certaines vues étranges (je ne puis m'exprimer autrement) qui me sont restées jusqu'à cette heure. (...) Cette chose étrange fut une vision (*Vorstellung*), indépendante de toute idée religieuse, d'une durée sans fin ; j'avais alors l'âge dit et je réfléchissais à l'éternité *a parte ante* ; cette vision s'empara inopinément de moi avec une clarté et me saisit avec une violence telles que je sursautai en poussant un grand cri et retombai comme sans connaissance. (...) Depuis, [après un intermède entre 17 et 23 ans] cette vision m'a encore souvent surpris malgré mon soin constant pour l'éviter. J'ai lieu de supposer que je pourrais en tout temps la susciter à mon gré et je crois qu'il serait en mon pouvoir de mettre fin à ma vie en quelques minutes en la répétant quelques fois de suite. Quoique l'on veuille en déduire, il demeurera cependant toujours remarquable qu'une vision uniquement spéculative, produite en lui par l'homme même, puisse agir sur lui de manière si terrible qu'il redoute plus que tout autre danger le danger de l'éveiller. »[280] Ce passage est remarquablement significatif quant au regard que Jacobi porte sur ses souvenirs, commentaire « rétroactif » qui révèle, mieux que tout autre fait, sa personnalité. En effet, Jacobi commence par insister sur sa précocité - élément valorisant - puis il remarque que cette vision est étrangère à toute idée religieuse : excellent moyen de disculper le piétisme avant d'attaquer la spéculation qui, elle, devient par là même le coupable idéal. Outre le caractère exagéré, outré, des émotions ressenties - perte de connaissance, possibilité de mourir par excès de vision - il est absolument remarquable que Jacobi note la nocivité extraordinaire contenue dans « une vision uniquement spéculative ». Il dévoile enfin ici ce qu'il pensait c'est-à-dire qu'une construction uniquement rationnelle peut être mortelle, ou tout du moins perturber gravement un individu, ce qui constitue, en creux, un vibrant apologue des sentiments, qu'ils

---

280 *Lettres à Mendelssohn* - Appendice III. *Op. cit.*

soient religieux ou non. Lévy-Bruhl commente lui aussi ce passage en évoquant « l'hallucination » de Jacobi et la met en parallèle avec la célèbre phrase de Pascal : « Le silence éternel de ces espaces infinis m'effraie. »[281] Il qualifie ce genre d'excès sensible et rationnel à la fois de « vertige mental » et émet une hypothèse selon laquelle « ces visions extraordinaires provenaient chez Jacobi d'une prédisposition à être profondément ému à la pensée des objets métaphysiques : ce qui ne serait pas une mauvaise définition d'une âme mystique. »[282] Or, il est très intéressant de remarquer que Kant décrit les mêmes « symptômes » dans les *Observations sur le sentiment du beau et du sublime* (1764) concernant le sentiment du sublime dit de « terreur », et ce sur un même thème à savoir celui de l'éternité. Il commence par caractériser le sentiment du sublime comme supposant « pour ainsi dire une excitabilité de l'âme qui la rend en même temps apte à des mouvements vertueux »[283] puis il fait des distinguos entre les différentes formes possibles de sublime : « Le sublime est (...) de nature diverse. Le sentiment que l'on en a s'accompagne parfois de quelque effroi ou même de tristesse, dans certains cas simplement d'une admiration silencieuse, et dans d'autres encore d'une beauté qui se déploie sur un plan sublime. J'appellerai le premier le sublime de *terreur*, le second le *noble*, et le troisième le sublime de *magnificence* ».[284] Concernant le sublime de *terreur*, il donne comme exemple « la description que fait Haller de l'éternité à venir » qui « inspire un doux effroi (*ein sanftes Grausen*) »[285] ce qui (anachroniquement bien sûr) adoucit beaucoup le sentiment de Jacobi : l'effroi est quand même « doux », mais il n'oublie pas de préciser cependant que « le caractère du sublime de terreur, quand il devient tout à fait contraire à la nature, est extravagant » et que « celui qui aime

---

281 *Pensées* - Section III De la nécessité du pari. Pensée 206. Le livre de poche 1972.

282 Lévy-Bruhl. *La philosophie de Jacobi. Op. cit.*

283 AK II, 208 ; OP I, 452.

284 AK II, 209 ; OP I, 453-454.

285 AK II, 210 ; OP I, 455.

l'extravagance (*Abenteuerliche*) et qui y croit est un visionnaire (*ein Phantast*) »[286] ce qui ravale ce genre de vision à une illumination d'exalté. Ainsi Kant, vingt ans avant le déclenchement de la querelle du panthéisme, souffle déjà le chaud et le froid par rapport aux thèmes et aux thèses qui seront ceux de Jacobi. Pour revenir à ce dernier, un événement capital va bouleverser le cours de son adolescence : à 17 ans, il part pour Genève, creuset des « grands courants d'idée du siècle. »[287] Il y découvre une nouvelle vie, prend confiance en lui-même et surtout il lit beaucoup notamment Pascal, Fénelon mais aussi Rousseau et les encyclopédistes, autant d'auteurs qui - à l'exception des encyclopédistes qu'il ne lit que pour mieux s'en éloigner - ne font que le conforter dans ses pensées. À son retour en Allemagne il se familiarise « avec les écrits de Spinoza » (*Idéalisme et réalisme*) et découvre parallèlement Kant dans l'enthousiasme : il lit en effet un compte rendu dans « la XVIIIème partie des *Lettres de Littérature* » de l'ouvrage de Kant : *L'unique fondement possible d'une démonstration de l'existence de Dieu* et il a, à cette occasion, une réaction disproportionnée, excessive, outrée, tout à fait caractéristique du personnage. La description de son état dans *Idéalisme et réalisme* est éloquente : « Mon désir de posséder l'ouvrage lui-même était si vif que, pour plus de sûreté, j'écrivis pour l'avoir à deux endroits différents. Je n'eus pas à regretter mon impatience. Déjà la première partie : *De l'existence en général* me parut révéler le même homme à qui j'étais fort obligé pour son mémoire honoré d'un accessit sur l'Evidence. Mon ravissement ne fit que croître à la lecture jusqu'à me donner de violents battements de cœur ; et avant d'être arrivé à mon but, la fin de la troisième partie, j'avais dû m'interrompre plusieurs fois pour attendre que je fusse de nouveau capable d'une calme attention. » Emporté et radical, Jacobi était aussi - et c'est une conséquence bien naturelle - absolument imperméable au *doute* : sans céder aux sirènes tentatrices de l'incrédulité, notamment à Genève, il demeura ferme sur ses certitudes. Et ce,

---

286 AK II, 213-214 ; OP I, 459.

287 Lévy-Bruhl. *Op. cit.*

parce que, comme l'explique Lévy-Bruhl : « ... le point de départ de Jacobi se trouve dans certaines « semences de vérité » qui sont naturellement en son cœur. Il est convaincu, sans en avoir la preuve, que Dieu existe et qu'il est bon... »[288] De même il est « autodidacte : ce qu'il a appris, il a voulu l'apprendre. »[289] Après son mariage, il s'établit à Pempelfort aux portes de Düsseldorf et y organise des « soirées » philosophico-littéraires très courues ; après sa rencontre avec Goethe en 1774, il croit en sa propre originalité et se lance dans l'écriture : une partie des *Lettres d'Allwill* paraît en 1775 dans le journal *Iris*, et la suite dans le *Mercure allemand* de 1776. Puis le premier fragment de *Woldemar* est publié dans le *Mercure* de 1777 sous le titre *Amitié et amour*. Des thèmes majeurs apparaissent comme le caractère « inexprimable » de l'individu, comme l'équivalence entre la croyance et la certitude (*Glaube und Gewissheit*)... Cependant ces romans ne participent pas du mouvement du *Sturm und Drang* car Jacobi, comme le note Lévy-Bruhl, « ne veut pas être confondu avec ceux qui disqualifient purement et simplement la raison et qui lui refusent la faculté de discerner le vrai. » Son refus d'être affilié à un quelconque mouvement protestataire ou revendicatif sera d'ailleurs ignoré par ses détracteurs qui, en 1786, l'accusent d'appartenir à une société secrète dirigée de façon occulte par les jésuites. Nous ne disons rien ici de la période de ses œuvres « philosophiques » dans la mesure où elles vont être examinées en détail, avec leur contexte. Il meurt le 10 mars 1819, reconnu par tous mais dépassé par la nouvelle génération qu'il ne comprend pas plus qu'il ne l'approuve. Pour terminer cette brève et partielle biographie - étant donné que l'on a retenu uniquement les éléments intéressants dans le cadre du sujet - l'on pourrait retenir la conclusion de Lévy-Bruhl : de nombreux écrivains portèrent des jugements contradictoires sur Jacobi car ils trouvaient ses idées originales et exprimées fortement mais sans qu'elles forment cependant un corps de doctrine méthodique. « Bref, on estimait fort Jacobi philosophe,

---

288 Lévy-Bruhl. *Op. cit.*

289 Lévy-Bruhl. *Op. cit.*

mais beaucoup moins la philosophie de Jacobi. » Ainsi, finalement tout dans la doctrine de Jacobi « paraît plus arbitraire [que dans d'autres doctrines] parce qu'elle est en effet ce qu'il a voulu qu'elle fût : « l'expression de son individualité. »

À cet égard, Jacobi se qualifie lui-même « d'idiosyncrasie philosophique »[290] en affirmant : « aussi loin qu'il me souvienne, il a toujours été dans ma nature de ne pouvoir m'accommoder d'une idée dont l'objet extérieur ou intérieur ne m'était pas intuitivement donné par sensation ou sentiment » Pour lui, son individualité *est* sa « philosophie », elle s'y assimile, elle en est inséparable. Pour preuve ce passage étonnant : « ... mes écrits naquirent de ma vie la plus intime (...) j'étais entraîné par une puissance supérieure, pour moi irrésistible. Si réfléchir et communiquer ainsi ses idées, c'est une réflexion personnelle, alors certes ma philosophie est une philosophie personnelle ; mais alors il en est de même pour tous ceux pour qui leur philosophie est religion, qui ne recherchent pas la vérité en général (...) chose inconcevable pour la pensée (...) mais une vérité déterminée satisfaisant la tête et le cœur. »[291] C'est la raison pour laquelle l'écrit kantien de 1763 qui introduit une rupture entre l'existence et le concept eut un tel retentissement sur Jacobi : en définissant l'existence (*das Dasein*) comme « la position absolue d'une chose »[292], comme « la chose posée en elle-même et pour elle-même »[293] Kant distingue l'aspect « logique » de l'être de son caractère réel, formidable découverte selon Jacobi car enfin l'on peut exister en tant qu'être raisonnant sans être pris dans la *logique* de la raison, qui fait de l'être une simple copule réductrice et qui nie la spécificité de la subjectivité. Comme l'explique A. Philonenko : « Ainsi se creuse entre le « *Dasein* » et le concept un fossé que rien ne saurait combler. (...) *Nécessité logique* et

---

290 *Idéalisme et réalisme.*

291 *F.H Jacobi's Werke*, T. IV 1, p. XVII.

292 *L'unique fondement possible d'une démonstration de l'existence de Dieu.* AK II, 73 ; OP I, 327.

293 AK II, 73 ; OP I, 327.

réalité effective se séparent »[294] Ainsi, c'est parce que sa « philosophie » est pour Jacobi une religion qu'il ne peut conserver aucune neutralité quant à ses ouvrages : d'où leur caractère polémique, déjà signalé. Cependant, une fois encore sans qu'il y ait de rapport frontal ou direct, Kant - avant même de connaître l'existence de Jacobi - à la fois reconnaît la nécessité d'un sentiment (*Gefühl*) en matière de morale et dénie à l'individualité son droit à parler la première. Il écrit ainsi dans les *Observations sur le sentiment du beau et du sublime* (1764) : « ... la vraie vertu ne peut s'appuyer que sur des principes : plus ils sont généraux, plus elle est noble et élevée. Ces principes ne sont pas des règles spéculatives, mais la conscience d'un sentiment qui vit dans tout cœur humain et s'étend bien plus loin que les causes particulières de la pitié et de la complaisance. Je crois tout englober si je dis que c'est le sentiment de la beauté et de la dignité de la nature humaine (*das Gefühl von den Schönheit und der Würde der menschlichen Natur*). (...) C'est seulement si l'on subordonne son inclination particulière à une inclination aussi élargie que nos bons instincts peuvent trouver une application proportionnée et aboutir à une noble bienséance qui est la beauté de la vertu. »[295] Plus critique dans les *Fondements de la métaphysique des mœurs* (1785) il vise Hutcheson et son « sentiment moral » (*moralischen Gefühl*) mais le reproche peut tout à fait s'appliquer à Jacobi : « des sentiments qui par nature se distinguent les uns des autres par une infinité de degrés ne favorisent guère une mesure égale du bien et du mal, sans compter que celui qui juge par son sentiment ne peut point du tout juger valablement pour les autres... »[296] Or, selon Jacobi, « c'est (...) le sentiment, le cœur seul qui nous meut, nous donne force et direction. »[297] Outre Pempelfort, « l'univers philosophique »[298] de Jacobi est le

---

294 A. Philonenko. *L'œuvre de Kant.* T. I Vrin 1989.

295 AK II, 217 ; OP I, 463. Trad. B. Lortholary.

296 AK IV, 442 ; OP II, 311.

297 F.H Jacobi *Allwill. Deutscher Merkur* décembre 1776, p. 236.

298 Jacques Rivelaygue. *Leçons de métaphysique allemande.* T. I. Le collège de philosophie. Grasset. 1990.

centre de Münster, « école littéraire et philosophique autour de la princesse Galitzine et dont les deux personnages importants sont Hamann et Hemsterhuis. » Jacobi, moins intéressé par la Kabbale, le néoplatonisme et la mystique (qui passionnent ses amis) s'attache à restaurer « un christianisme assez proche de celui de Pascal, anticartésien et non rationaliste » et veut revenir aux « données immédiates de la croyance. »[299] D'ailleurs dans les *Lettres à Mendelssohn* il cite l'*Aristée* du « génie sublime » c'est-à-dire Hemsterhuis qui a dit « Qu'un seul soupir de l'âme, qui se manifeste de temps en temps, vers le meilleur, le futur et le parfait est une démonstration plus que géométrique de la divinité. »[300] Selon Jacobi, le sentiment (*das Gefühl*) qui est à la base de cette conviction devrait « se trouver dans tous les hommes » et dans sa *Lettre à Fichte* (1799) il se veut encore plus radical quant à cet appel, cette aspiration à l'absolu qui est à la fois sa conviction la plus profonde et le cœur de sa doctrine : le monde des phénomènes n'est qu'un « fantôme répugnant » s'il n'a rien à révéler en dehors de lui-même : « l'homme ne s'élève vraiment au-dessus de soi que par son *cœur* qui est la faculté propre des idées, de celles qui ne sont pas vides. » Seul ce qui transcende l'homme à savoir le sentiment, peut nous permettre d'atteindre et le divin et l'absolu : Jacobi met d'ailleurs en exergue de son ouvrage *Des choses divines et de leur révélation* la réflexion de Pascal selon laquelle : « Les vérités divines sont infiniment au-dessus de la nature ; Dieu seul peut les mettre dans l'âme. Il a voulu qu'elles entrent du cœur dans l'esprit et non pas de l'esprit dans le cœur. Par cette raison, s'il faut connaître les choses humaines pour pouvoir les aimer, il faut aimer les choses divines pour pouvoir les connaître. ». Ces vérités font partie de ces convictions qui sont tellement ancrées et enracinées dans la nature même de l'esprit humain qu'elles en sont « inextirpables » (*unvertilgbar*)[301]. De même, encore un trait particulier, Jacobi professe - à une époque où cela était synonyme d'idolâtrie, de

---

299 J. Rivelaygue. *Op. cit.*

300 Lettre à Mendelssohn du 5 septembre 1784.

301 *Des choses divines.* F.H Jacobi's Werke T. III. p. 273 ; p. 354 ; p. 394.

superstition - « un anthropomorphisme qui est inséparable de la conviction que l'homme porte en soi l'image de Dieu » (...), il croit en Dieu « à cause du surnaturel en l'homme qui, seul, le révèle et le démontre. »[302] Une autre conviction inextirpable, matière même de la doctrine jacobienne et reflet direct de sa personnalité, concerne la mission, la tâche du penseur : il doit reconnaître que certaines choses ne peuvent s'expliquer et dévoiler ce qui existe. Il expose cette théorie dans les *Lettres à Mendelssohn :* « Celui qui ne veut pas expliquer l'inconcevable (*unbegreiflich*), mais veut seulement savoir les bornes (*die Grenze*) où il commence et reconnaître qu'il existe, je crois qu'il fait en lui la place la plus juste à une solide vérité humaine. (...) À mon avis le plus grand mérite du penseur est de dévoiler ce qui existe et de le révéler. » Jacobi s'engouffre dans la brèche que Kant a ouverte dans le dogmatisme de la raison pour défendre son opinion : comme le résume bien Lévy-Bruhl : « Dès que la relativité de la connaissance a fait brèche dans le dogmatisme naturel de la raison, le besoin d'une compensation apparaît et avec lui l'effort pour ressaisir par une autre voie ce que la raison théorique n'atteint plus. » Seulement le danger inhérent au fait de compenser par le sentiment subjectif est bien évidemment la contradiction interne qui fait imploser le principe à savoir le fait indéniable de la non universalité du sentiment par rapport à l'universalité souhaitée mais non prouvée de ces « vérités divines ». Ainsi le « romantisme de la conscience individuelle»[303] peut-il s'annihiler de lui-même quand il devient un credo, aussi dogmatique que ceux de la raison. À cet égard, *Allwill* et *Woldemar* ont la valeur de véritables manifestes : « c'est une revendication passionnée des droits du sentiment individuel contre l'insupportable tyrannie de la « saine raison » »[304]. Même dans sa « méthode », dans sa manière de se confronter à un adversaire intellectuel, Jacobi se refuse à sortir d'un rapport entre individualités, d'un lien humain non conceptuel :

302 *Des choses divines.*
303 Lévy-Bruhl. *Op. cit.*
304 Lévy-Bruhl. *Op. cit.*

« L'essentiel était pour moi non pas de rendre *absurde* la thèse adverse, mais de la rendre *raisonnable*. Il fallait que je découvre le fondement de l'erreur, que je montre sa possibilité chez un bon esprit et que je puisse me mettre dans la manière de penser de celui qui se trompe, au point d'être en état de me tromper avec lui et de sympathiser avec sa conviction. »[305] Il souligne lui-même un peu après la lenteur d'une telle méthode, appréciation fort subjective et très peu impartiale quand on connaît l'emportement du style jacobien et sa rapidité à saisir et à traiter les sujets polémiques. Ainsi, Jacobi dans ses thèmes principaux comme dans sa méthode s'est voulu une véritable « idiosyncrasie philosophique » et il est intéressant de remarquer que les plus grands de ses contemporains ne s'y sont pas trompés : ainsi Schelling - dont Jacobi était une des lectures de jeunesse favorites - après avoir raillé la valeur individuelle du sentiment et les « belles paroles » de Jacobi, (reste de rancœur après une querelle d'une rare violence), l'évoque en ces termes : « Par l'entendement il appartenait tout entier et sans partage au rationalisme, par le sentiment il s'efforçait mais en vain, de le dépasser. Dans cette mesure, Jacobi est peut-être la *personnalité* [c'est moi qui souligne] la plus riche d'enseignement de toute l'histoire de la philosophie moderne... »[306] De même Fichte - malgré les différends - le « regarde comme *un des premiers hommes* [c'est moi qui souligne] de son temps, comme un des rares chaînons de la vraie tradition philosophique »[307] ; lui qui, enthousiasmé à la lecture de *Woldemar* écrivait à Jacobi : « Oui cher et noble ami, nous sommes complètement d'accord et cet accord avec vous me persuade plus que tout le reste que je suis sur le bon chemin. Vous aussi vous cherchez toute la vérité là où je la cherche : dans le sanctuaire le plus intime de l'être... Seulement vous

305 *Idéalisme et réalisme.*

306 *Contribution à l'histoire de la philosophie moderne.* P.U.F 1983.

307 Fichte. S.W. T. VIII, p. 32.

procédez par intuition et moi par la forme du système philosophique... »[308]

Fichte souligne ici indirectement l'une des caractéristiques majeures de « l'antisystème » de Jacobi à savoir : revendiquer le non-savoir, la non-philosophie contre justement les philosophes et les systèmes philosophiques. Comme le remarque fort justement L. Guillermit : « l'œuvre de Jacobi confronte son interprète à une difficulté bien particulière lorsqu'il s'attache à en respecter scrupuleusement l'originalité : il doit lui accorder une signification philosophique, amplement attestée par l'importance que lui reconnurent sans conteste les plus éminents philosophes de son temps, mais il ne peut ignorer qu'elle ne cesse de se désigner elle-même comme « non-philosophie » »[309]. Un des traits marquants de la doctrine de Jacobi est ainsi de se déclarer contre tout système de philosophie : c'est ainsi qu'il combattra Spinoza, Mendelssohn, Kant, Fichte, Schelling... avec comme seul mais fondamental grief l'aspect systématique de leur philosophie respective. La « vraie philosophie » pour Jacobi, c'est la saisie du vrai (*Wahrnehmung*) consciente d'une révélation originaire et elle « se moque de la philosophie » « qui lâche cette proie pour l'ombre d'un discours démonstratif qui prétend mieux voir sans recourir aux yeux et s'égare dans le rêve de l'idéalisme ». Ce que Jacobi nomme son « obstination non-philosophique », c'est celle qu'il met à faire comparaître le « système de ses convictions » devant « l'entendement philosophant » et à affronter les doctrines philosophiques « non pas tant pour fonder la sienne, puisqu'elle s'exclut d'elle-même de toute prétention à être démontrée, mais pour justifier une autre prétention, celle que leur oppose la valeur irrécusable de cette révélation. »[310] Dans sa *Lettre à Fichte*, Jacobi évoque ainsi sa « non-philosophie (*Unphilosophie*) dont l'être réside dans le non-savoir (*Nichtwissen*) » ... De même dans une lettre à

---

308 Fichte à Jacobi. 26 IV. 1796. *F.H Jacobi's Auserlesener Briefwechsel. Roth T. II. p. 223.*

309 L. Guillermit. *Le réalisme de F.H Jacobi. Op. cit.*

310 L. Guillermit. *Le réalisme de F.H Jacobi. Op. cit.*

Ewald, il « répond » par avance à la remarque schellingienne selon laquelle son sentiment serait « appétit du savoir »[311] : « Tout compte fait, mon devoir d'écrivain fut d'exposer mon *non-savoir.* Je ne suis pas chargé de parler à des gens affamés, mais à ceux qui sont rassasiés ; pour leur expliquer comment est possible le phénomène naturel de la faim. »[312] Schelling, toujours lui, stigmatise cette attitude : « au lieu d'attaquer vraiment le savoir qui lui déplaît, il (Jacobi) préfère lui abandonner complètement le terrain et se retirer dans le non-savoir, en assurant que le salut est seulement dans le non-savoir. »[313] Schelling en conclut avec beaucoup de pertinence que Jacobi voit dans le savoir rationnel la seule forme de savoir, sans voir qu'il constitue précisément le non-savoir. Certes, mais le non-savoir que propose Jacobi n'est pas qu'une négation, c'est une véritable grandeur négative selon la définition de l'*Essai pour introduire en philosophie le concept de grandeurs négatives* (1763) à savoir, comme nous l'avons déjà vu, non une négation de grandeur positive « mais quelque chose de vraiment positif en soi, qui est seulement opposé à l'autre. »[314] Ainsi, le non-savoir jacobien est-il une force positive faite de sentiment, de croyance, de foi relative au savoir philosophique logique et raisonnant et ces deux éléments constituent deux pôles de forces qui s'équilibrent sans s'entre-détruire. Si donc « la philosophie de Jacobi s'achève sur un non-savoir généralisé »[315] elle ne conclut pas sur un vide théorique pour autant. Cependant, il faut aussi le constater, ce non-savoir est revendiqué assez souvent sous une forme virulente et agressive, sous la forme d'une attaque en bonne et due forme contre la philosophie contemporaine ce qui donne à cette doctrine une force destructrice qu'elle clame mais ne possède pas en son fond. Pourtant Jacobi se veut volontiers excessif - notamment pour qualifier ses romans de jeunesse - ainsi écrit-il à Hamann :

---

311 *Contribution à l'histoire de la philosophie moderne. Op. cit.*

312 Lettre à Ewald, 10 juin 1791, Roth II, p. 58.

313 *Contribution à l'histoire de la philosophie moderne. Op. cit.*

314 AK II, 169 ; OP I, 264.

315 Schelling, *Op. cit.*

« l'indignation contre le matérialisme plat et vulgaire, le besoin de crier son mépris à la « philosophie de la boue » qui empoisonne notre temps ; le désir de montrer que toute philosophie spéculative et démonstrative nous laisse au bord d'un abîme qu'elle est impuissante à franchir ; enfin pour conclure ; la conviction qu'il nous faut chercher ailleurs (c'est-à-dire dans la foi), l'espérance et le salut : voilà, pour peu qu'on y regarde, ce qu'on peut lire à chaque page d'*Allwill* et de *Woldemar.* »[316] Lévy-Bruhl complète ce descriptif : « Par la bouche d'Edouard Allwill, Jacobi crie ses griefs, ou pour mieux dire, son dégoût et sa haine à la philosophie de ses contemporains. Tour à tour il persifle et il maudit l'abus de la démonstration abstraite, et la méthode soi-disant scientifique qui, pour étudier la vie, commence par tuer le vivant. La vraie philosophie n'est pas un tissu d'abstractions vides : elle jaillit spontanément du cœur d'un homme en chair et en os. (...) Elle renonce à vouloir tout expliquer, prétention orgueilleuse et absurde, qui couvre les philosophes de ridicule. »[317] Dans *Woldemar* le système est opposé à la vie « par la peinture d'un personnage concret, Woldemar, que les motivations de l'existence font tout autre que les raisonnements philosophiques. On voit alors l'incapacité du système à penser la vie, l'existence concrète, de même que l'impuissance de l'existence concrète à vivre selon le système. »[318] Dans la même lettre à Hamann du 16 juin 1783, Jacobi attaque les fondements mêmes des philosophes de l'*Aufklärung* : si l'objet de la philosophie est de faire apparaître ce qui est et si nous n'atteignons jamais « ce qui est » que par le sentiment ou l'intuition immédiate alors « la philosophie populaire (*Aufklärung*) fait (...) précisément le contraire de ce qu'exigerait la bonne méthode. Elle s'imagine atteindre « ce qui est » par le mécanisme de la démonstration logique. (...) Ces philosophes si affranchis de préjugés ont eu la superstition de la preuve logique. » De même la religion rationnelle n'est pour Jacobi

---

316 *Lettre à Hamann* du 16 juin 1783. *F.H Jacobi's Werke.* T. I, 365.
317 Lévy-Bruhl. *Op. cit.*
318 J. Rivelaygue. *Leçons de métaphysique allemande. Op. cit.*

qu'une invention des philosophes : pour lui, la pure raison a des limites et ses convictions sont très imparfaites : « Partout où un enseignement plus haut n'est pas venu s'y ajouter, le pressentiment de Dieu et de l'immortalité de l'âme que la raison nous donne a dégénéré en idolâtrie et en superstition. C'est pourquoi nous sommes obligés de considérer votre soi-disant religion de la raison comme une rêverie philosophique, et de tenir pour certain (...) que quand vous vous réveillerez, vous vous trouverez en un endroit où vous ne vous attendriez pas à être. »[319] L'ennemi pour Jacobi est donc bien essentiellement la philosophie des Lumières, elle et son mépris orgueilleux pour les « fanatiques », les exaltés : les Lumières dédaignent l'illuminisme auquel elles se sentent supérieures et cela irrite profondément Jacobi. Il est bien entendu remarquable que ce sont ces mêmes reproches - orgueil, dédain, air supérieur - que fera Kant dans l'autre sens aux exaltés et au « génie » Jacobi. Or, à propos de Kant, Jacobi procède dans *Des choses divines et de leur révélation* (publiée en 1811 donc sept ans après la mort de Kant) à une analyse étonnante tant elle résume, justement à propos du philosophe défunt de Kœnigsberg, la doctrine de Jacobi en tant qu'elle s'oppose comme revendication d'une individualité à la « philosophie » : « Voilà où Kant est en désaccord avec soi-même, voilà où l'esprit de sa doctrine diffère de sa lettre : comme *homme*, il avait une confiance absolue dans les révélations positives immédiates de la raison, dans ses jugements fondamentaux, et cette confiance, il ne la perdit jamais tout au moins jamais entièrement et de manière décisive ; mais, comme philosophe, dans sa doctrine, il tint pour nécessaire de transformer ce savoir purement révélé et autonome en un savoir fait de démonstrations, cette connaissance immédiate en une connaissance médiate. » Enfin, l'une des plus remarquables attaques contre les « philosophes » est un passage métaphorique de la préface de 1815 à *David Hume et la croyance* ou *Idéalisme et réalisme*, passage aux consonances platoniciennes : Jacobi distingue deux organes de perception à savoir l'œil sensible et « l'œil spirituel pour des

---

319 Lettre à Schlosser du 8 décembre 1787. *F.H Jacobi's Werke.* T. II, 480.

objets spirituels » que l'on nomme « raison » : seuls quelques hommes « qui se nommaient *philosophes*, essayèrent de se passer de cet organe, second œil de l'âme, en se figurant qu'avec un seul œil, le vrai, qui n'est qu'un, se laisserait voir avec plus d'acuité et de sûreté qu'avec deux. En fait, ils se crevaient le seul œil de l'âme qui soit tourné vers le suprasensible. (...) Ces polyphèmes ne trouvèrent audience et crédit qu'auprès de trop de gens. (...) Il n'y eut que Socrate, et après lui son disciple Platon pour s'opposer à cette sagesse *borgne* montrant (...) que l'âme humaine, pour parvenir à la connaissance de l'unique vérité a besoin des deux yeux dont elle a été gratifiée (...) ; qu'elle vienne à fermer ou à supprimer celui qui regarde du côté du suprasensible, l'autre ne lui procure qu'une science dénuée de tout fondement, de pénétration et de fin ultime. » Il faut rendre ici à Jacobi l'honneur d'une métaphore inédite pour qualifier les philosophes des Lumières : imaginer Kant en figure de Polyphème : voilà une audace et un brio que seul un « génie » pouvait avoir. Onze ans après la mort de Kant, le *Schwärmer* Jacobi n'a pas modéré sa prétention de « favori du ciel ». Ce sont cet orgueil (doublé d'un sens très prononcé de la provocation) , cette volonté d'atteinte immédiate de l'inconditionné qui vont pousser Kant, trente ans auparavant, à assimiler son combat contre la *Schwärmerei* au combat contre la personne même de Jacobi. Seulement, une fois encore, des hésitations vont apparaître au moment crucial de prendre un parti public et assumé dans une querelle où un choix net et sans nuances est requis entre la raison et la *Schwärmerei*...

2-La querelle du panthéisme. Kant face au Schwärmer *Jacobi*

a-Le « coup de tonnerre » du *Pantheismusstreit* : de la stratégie de Jacobi utilisant le philosophe Kant à l'article *Qu'est-ce que s'orienter dans la pensée ?* défendant la raison contre le *salto mortale* du génie

C'est une audace d'un autre genre, une audace théorique, véritable charge explosive qui va déclencher la « querelle du panthéisme » (*Pantheismusstreit*) événement majeur, crise intellectuelle dont on a du mal à imaginer aujourd'hui la violence et les retentissements. Mendelssohn, dans sa lettre à Kant du 16 octobre 1785 expose les causes du déclenchement du conflit : il explique que Jacobi, sachant que Mendelssohn souhaitait écrire un livre sur son ami Lessing, a fait paraître un ouvrage (les *Lettres à Mendelssohn sur la doctrine de Spinoza*) dans lequel il publie une correspondance « entre lui, quelqu'un d'autre [à savoir, Elise Reimarus, amie de Lessing et appelée Emilie dans l'ouvrage] et moi-même, sur laquelle il s'appuie pour faire de notre ami Lessing un spinoziste déclaré. Jacobi prétend lui avoir exposé et démontré le spinozisme ; Lessing aurait trouvé que tout s'y accordait avec ses principes et se serait réjoui de rencontrer enfin, après l'avoir longtemps cherché, un compagnon de panthéisme qui sût répandre une si belle lumière sur le système du Tout-et-de-l'Un-en-toutes-choses (*des All-ein-oder-Einallerei*) ou de l'Un-en-toutes-choses. »[320] Lorsque l'on sait qu'au dix-huitième siècle le spinozisme était considéré comme un panthéisme c'est-à-dire un athéisme, que cette doctrine avait une réputation quasi diabolique et que Lessing était une des figures phares du rationalisme et de l'*Aufklärung*, qui prônait une conciliation entre la religion et la raison, l'on comprend déjà mieux l'impact qu'une telle révélation put produire. Parlant de Jacobi, Mendelssohn ajoute : « Quant à lui proprement, il se retranche à

---

[320] AK X, 413.

la fin derrière les canons de la foi et trouve son salut et se met à l'abri dans un bastion du sanctifiant Lavater. À la fin de l'ouvrage, il cite un passage consolant tombé des lèvres angéliques du même Lavater. (...) Pour tout dire, cet ouvrage de Jacobi est un étrange mélange, un enfantement presque monstrueux : la tête de Goethe, le corps de Spinoza et les pieds de Lavater. » Or Lavater, outre le fait d'avoir inventé la physiognomonie, était surtout connu pour son mysticisme fiévreux et radical ; Spinoza était le comble de l'horreur et Goethe s'affirmait - notamment dans son poème *Prométhée* que Jacobi fait lire à Lessing avant de s'entretenir avec lui - panthéiste : un tel mélange ne pouvait en effet produire qu'une monstruosité. Comme le remarque A. Philonenko le projet de Jacobi était de « détruire l'unité de la raison et de la religion, de la logique et de la foi propre au théisme de l'*Aufklärung* »[321] Ainsi, dès le début des *Lettres à Mendelssohn* Jacobi crée la surprise (et déstabilise de ce fait l'*Aufklärung* tout entière pour mieux proposer une alternative personnelle à ce rationalisme désormais souillé et déprécié) : il écrit à son amie « Emilie » : « et je m'informai de ce que Mendelssohn avait pu connaître des sentiments religieux de Lessing : savait-il que Lessing avait été spinoziste ? » Puis il cite en note le passage de sa lettre à Emilie : « Pempelfort, 21 juillet 1783. Vous savez peut-être - et si vous ne le savez, je vous le confie ici sous le sceau de l'amitié - que Lessing fut, en ses derniers jours, un spinoziste décidé. Il serait possible que Lessing ait exprimé ses sentiments à plusieurs personnes et alors il serait nécessaire que Mendelssohn évitât entièrement ou traitât du moins avec une prudence extrême certains sujets dans le monument qu'il veut lui élever. » On peut remarquer ici l'adresse et l'habileté avec lesquelles Jacobi amène son annonce : secret divulgué sous le sceau de l'amitié, jusqu'ici bien caché mais révélé pour la bonne cause : Jacobi a indéniablement le sens de la dramatisation. Aussi, dramatise-t-il de même sa première rencontre avec Lessing, « le 5 juillet 1779 ». Il fait lire à

[321] A. Philonenko. Commentaire, traduction et notes de *Qu'est-ce que s'orienter dans la pensée ? Op. cit.*

Lessing le poème *Prométhée* de Goethe et raconte leur conversation : « - LESSING : ... Les idées orthodoxes de la divinité ne sont plus pour moi ; je ne puis les goûter ; *'Ev καί πάν* ! Je ne sais rien d'autre. C'est à cela que tend aussi ce poème ; je dois l'avouer, il me plaît beaucoup. - MOI : Alors vous seriez à peu près d'accord avec Spinoza. - LESSING : Si je dois me nommer d'après quelqu'un, je ne connais personne d'autre. - MOI : Spinoza me plaît assez ; mais, cependant, c'est un méchant salut que nous trouvons en son nom. - LESSING : Oui, si vous voulez. Et cependant.. Connaissez-vous quelque chose de mieux ? » De même il fait dire à Lessing un peu après : « Il n'y a pas d'autre philosophie que la philosophie de Spinoza. ». Donc dans un premier acte, Lessing adhère totalement au spinozisme. Puis coup de théâtre ; lorsque Jacobi en quelques formules lapidaires, « brèves propositions », porte au grand jour son exposé du spinozisme il débute par : I. Le spinozisme est athéisme. Et affirme un peu plus loin : IV. La voie de la démonstration aboutit, chaque fois, au fatalisme. Donc acte II, Lessing, une des grandes figures des Lumières est athée, fataliste etc. ... Or bien sûr quelques mois après la publication de ce brûlot, un auteur anonyme - dont on pense qu'il s'agit de Pistorius qui signait toujours Sg - fait paraître, en mars 1786 très exactement dans l'*Allgemeine Deutsche Bibliothek* un texte dans lequel Kant est accusé de spinozisme : l'auteur déclare entre autres que l'on voit enfin « sous un jour odieux les théories de Monsieur Kant. » Il était évident qu'après Lessing, un autre phare des Lumières tomberait sous le coup de cette même accusation : ce fut Kant, pour des raisons que nous expliciterons par la suite. Comme l'explique P.H Tavoillot, il y eut de célèbres accusations de spinozisme : Leibniz contre Descartes, Arnauld contre Malebranche, Joachim Lange contre Wolff mais, et Tavoillot montre bien toute la complexité du déclenchement et des enjeux de cette querelle beaucoup plus nuancée qu'il n'y paraît, « en Allemagne plus que partout ailleurs, les conditions d'une réhabilitation de Spinoza étaient réunies bien avant la querelle. »[322] « Tel est le paradoxe central

322 P.H Tavoillot. *Le crépuscule des Lumières. Op. cit.*

de la postérité allemande de Spinoza ; les mêmes tendances qui conspiraient pour le dénoncer vont, pour des raisons contraires, contribuer à le remettre à l'honneur : aussi bien le piétisme, qui trouvera chez lui l'expression de son idéal religieux, que le rationalisme philosophique qui verra en lui le glorieux précurseur des Lumières. »[323] Ainsi la doctrine de Spinoza offrait au piétisme la « quête de l'illumination intérieure », la dénonciation du libre arbitre qui rejoignait l'idée luthérienne du serf arbitre, même l'identité de Dieu et du monde qui « loin de conduire à l'athéisme pouvait s'interpréter comme le rapport d'expression de l'Un et de l'individuel multiple. » Ce sont ces interprétations qui au départ poussent Jacobi, comme Goethe ou Herder à lire Spinoza. Parallèlement à cela, se dessine aussi à cette époque une identification progressive entre Spinoza et l'*Aufklärung*. En 1755 dans ses *Dialogues philosophiques*, Mendelssohn par l'intermédiaire du personnage Philopon défend Spinoza contre Néophile qui n'est autre que ... Lessing ! Selon Mendelssohn Spinoza sut toujours suivre avec courage la voie de la raison et surtout demeura profondément attaché à l'esprit du judaïsme authentique : « grâce à Spinoza, quoique à son insu, traditions juive et chrétienne se réunissaient dans un même louange de la religion naturelle. » On comprend dès lors l'ambiguïté de la position philosophique de Mendelssohn qui n'est pas aussi tranchée que sa lettre à Kant pourrait le faire croire. Mendelssohn doit défendre Lessing de l'accusation de spinozisme car cela vaut comme une accusation d'athéisme mais en même temps, il défend Spinoza. Se fait jour dès lors toute la complexité de la querelle du panthéisme due en grande partie aux embarras et aux ambiguïtés de ses protagonistes. Pour s'en tenir ici à Mendelssohn et Jacobi, P.H Tavoillot résume très bien leur position toujours ambivalente : « Mendelssohn se verra obligé à la fois de défendre Spinoza (en tant que juif, en tant qu'*Aufklärer* et en tant qu'ami de Lessing) et de le réfuter (en tant que wolffien et en tant que philosophe populaire, partisan du « bon sens »), tandis que Jacobi, tout en présentant la doctrine de Spinoza comme le comble des

---

323 P.H Tavoillot. *Le crépuscule des Lumières*. *Op. cit.*

absurdités rationalistes, ne pourra s'empêcher d'être fasciné par l'immédiateté de l'accès à Dieu qu'offre l'*Ethique.* »[324] Les lumières allemandes très modérées par rapport aux lumières françaises qui, par exemple, combattaient la religion en tant que telle, tentaient de fonder une religion compatible avec les exigences de la raison, et Jacobi va s'engouffrer dans la brèche que constitue la fracture entre deux façons d'articuler finitude et absolu : la séparation et le primat de la finitude pour Kant, l'unité respectueuse des deux éléments pour Spinoza. Comme le dira Dilthey la querelle est le moment où « Spinoza sembla soudain se dresser hors de sa tombe, face à l'idéalisme transcendantal de Kant. »[325] En bon stratège, Jacobi va diviser pour mieux combattre et régner, en s'attaquant aux partisans du dogmatisme métaphysique : il va se servir de Kant - on verra comment – « pour à la fois dénoncer les conséquences, à ses yeux intenables, du rationalisme de Lessing (et de Spinoza) et dévoiler les contradictions du dogmatisme de Mendelssohn. En étalant au grand jour les clivages opposant les trois grandes figures de l'*Aufklärung*, il voulait montrer le caractère profondément déraisonnable du rationalisme. »[326] Mendelssohn dans le conflit naissant, poussé par le saut périlleux (*salto mortale*) que réclame Jacobi - que l'on étudiera en détail par la suite - va commettre une faute impardonnable et lourde de conséquences, « aveu funeste » selon Kant : il va se raccrocher au « bon sens » pour s'orienter. Il écrit ainsi à Jacobi : « Berlin 1er août 1784 : Votre saut périlleux est un expédient salutaire de la nature (*Ihr salto mortale ist ein heilsamer Weg der Natur*). Lorsque j'ai suivi un temps la spéculation, grimpant à travers les buissons d'épines, je cherche à m'orienter avec le *bon sens* (en français dans le texte), ou du moins, mon regard cherche le chemin où je puis le rencontrer à nouveau. (...) Mon credo est le suivant : ce que je ne puis concevoir comme vrai ne m'inquiète pas, je ne me pose pas de question à son propos ; une question que je ne comprends pas, je ne puis non plus y répondre, pour

---

324 P.H Tavoillot. *Le crépuscule des Lumières. Op. cit.*
325 Dilthey. *Leben Schleiermacher's.*
326 P.H Tavoillot. *Le crépuscule des Lumières. Op. cit.*

moi ce n'est pas une question. »[327] C'est un euphémisme d'affirmer qu'avec une telle défense l'*Aufklärung* ne brillait ni par sa force conceptuelle et spéculative ni par sa puissance de conviction. Or le 4 janvier 1786 après avoir fait paraître une nouvelle apologie de l'*Aufklärung* « encore plus faible que la précédente »[328] la *Lettre aux amis de Lessing*, Mendelssohn s'éteint. Sans défense et désemparés les *Aufklärer* restent muets quand, au mois d'avril 1786, Jacobi publie sa *Réponse aux accusations de Monsieur Mendelssohn*. La grande question est alors bien sûr : pourquoi un tel mutisme de la part de Kant qui suivait depuis le début la querelle, pourquoi le « silence »[329] kantien ? Ce dernier s'explique, comme le démontre très clairement A. Philonenko dans son introduction à *Qu'est-ce que s'orienter dans la pensée ?*, par les relations Kant / Mendelssohn. Mendelssohn dans la préface des *Morgenstunden* évoquait « *des alles zermalmenden Kants* »[330] le « Kant brise-tout » et déclarait entre autres qu'il est temps de reconstruire tout ce qui a été détruit, confiant, non sans ironie, cette tâche à Kant qui espérait-il « saurait reconstruire avec le même courage que celui avec lequel il avait détruit. » De plus, Mendelssohn ajoute, toujours dans la préface : « Les écrits des grands hommes qui se sont depuis quelque temps illustrés en métaphysique, les œuvres de Lambert, Teten, Plattner et même du grand destructeur Kant, je ne les connais que par les exposés insuffisants de mes amis, ou par les notes des spécialistes qui sont rarement plus instructives. » Kant ne peut que s'estimer attaqué sans bonne foi, insulté par un homme qui n'a même pas lu ses œuvres et refuse par conséquent de prendre parti dans la querelle car Mendelssohn apparaît comme le symbole des Lumières. Kant accepte de défendre la raison mais refuse de défendre l'individu Moses Mendelssohn et comme l'on identifie Mendelssohn et l'*Aufklärung*, Kant laisse l'*Aufklärung* à son désarroi. Il ne répond pas à la demande d'aide émanant de

---

327 *Lettres à Mendelssohn.*

328 A. Philonenko. *Op. cit.*

329 A. Philonenko. *Op. cit.*

330 *Philosophische Schriften*, Band I, p. 300-301.

Mendelssohn qu'il juge pour le moins déplacée, ni d'ailleurs aux autres sollicitations et ce durant presque un an : à l'exception de la lettre publiée à l'initiative de Schütz le 9 janvier 1786 (donc après la mort de Mendelssohn) dans l'*Allgemeine Literatur Zeitung* qui porte sur les *Heures matinales*. Puis il va être contraint de rompre son silence : en août 1786 il rédige *Quelques remarques du professeur Kant* en préface au livre de Jakob, écrit qui annonce *Qu'est-ce que s'orienter dans la pensée ?* publié en octobre 1786. Il est à remarquer ici qu'une fois encore les querelles entre personnalités philosophiques prirent le pas sur le débat de fond : Kant ne publie rien, ne se manifeste pas et ne sort pas de son mutisme avant la mort de Mendelssohn et l'on peut même se demander - malgré la stérilité de ce type de conjectures - quelle aurait été l'attitude de Kant si Mendelssohn avait vécu plus longtemps... Cependant, l'entêtement de Kant va peu à peu être atteint par des sollicitations extérieures qui vont littéralement le pousser dans la querelle. Tout se cristallise alors autour de la *Schwärmerei*, dénoncée par ses correspondants et l'on comprend alors à la fois les réticences kantiennes à entrer publiquement dans le conflit mais aussi la nécessité de cette prise de position, la neutralité devenant par trop équivoque... Mendelssohn le premier, dans sa lettre du 16 octobre 1785, termine sur ce constat : « Je crains que la philosophie n'ait ses fanatiques (*Ich fürchte die Philosophie hat ihre Schwärmer*) qui se livrent à des persécutions aussi violentes et font plus encore de prosélytisme que les fanatiques de la religion positive. »[331] De même Biester - le directeur de la puissante *Berliner Monatsschrift*, grand ami et admirateur de Kant - lui écrit le 8 novembre 1785 : « N' (...) oubliez pas de dire un mot sur l'extravagance philosophique [*ein Wort über die philosophische Schwärmerei*] dont vous m'avez fait part un jour à l'occasion de la lettre de Jacobi à M. Mendelssohn. Une étrange lettre, vraiment ! Elle devrait parler de philosophie et se termine par un passage tombé de la bouche angélique de Lavater où il

---

[331] AK X, 414.

prescrit la foi ! »[332] Après la mort de Mendelssohn et face au mutisme de plus en plus inquiétant du philosophe, c'est son ami et ancien élève Marcus Herz qui prend à son tour la plume pour tenter de décider Kant à prendre enfin parti : « 27 février 1786. Très honoré maître, Que dites-vous du désordre qui règne depuis la mort de Moses et à cause d'elle parmi les prédicateurs et les génies (*Predigern und Genies*), les avocats du diable (*Teufelsbannern*) et les bouffons, les visionnaires (*Schwärmern*) et les bateleurs, dont le conseiller privé de Pimplendorf (sic) a donné le signal ? Il suffirait qu'un homme tel que vous intime à cette misérable troupe bourdonnante un unique et vigoureux : Silence, vous tous ! (*Stille da !*). Je parie qu'elle serait dispersée comme la balle du grain par le vent. »[333] Cependant ici encore Marcus Herz a le tort d'associer défense de l'*Aufklärung* et défense de Mendelssohn : il écrit ainsi par la suite : « On dit ici depuis déjà un certain temps que vous faites imprimer quelques feuillets contre l'écrit de Jacobi, ce qui me paraît d'autant plus vraisemblable que vous n'avez pas répondu à la dernière lettre de Moses. Puissiez-vous à cette occasion avoir la bonté de parler en faveur du meilleur de vos amis disparus contre les insensés partisans, présents et sans doute encore à venir, de Jacobi et des autres ! » Or, c'est cette assimilation que Biester dans une lettre décisive, va gommer, Biester qui, habilement, et au moyen d'arguments plus que convaincants va amener Kant à entrer dans la querelle. Cette lettre du 11 juin 1786 [334] est une véritable apologie de l'*Aufklärung* et de la liberté de pensée, couplée à une dénonciation en règles des manœuvres de Jacobi et des dangers qu'elles peuvent faire courir à la philosophie kantienne. Biester commence sur un ton franchement polémique : il évoque les « visionnaires philosophes » (*diese philosophischen Schwärmer*), puis les « insensées divagations spinozistes », enfin il attaque directement Jacobi en le qualifiant de « fanatique » et même - la traduction étant ici atténuée - de braillard fanatique (*diese fanatische Schreier*). Puis, fort

332 AK X, 417-418.
333 AK X, 432.
334 AK X, 453 à 458.

habilement, il omet les querelles de personnes et se place au niveau des concepts : « Ce ne sont que la vérité et la raison (*die Warheit und die Vernunft*) que je ne souhaiterais pas voir si nettement mises en danger. » Il en appelle à Kant comme à un guide « sûr et expérimenté ». Puis il prévient Kant du danger qu'il court à se laisser assimiler à Jacobi sans réagir : il note par deux fois dans la lettre que Jacobi « use de tous les moyens » pour se rendre intéressant et qu'il a « entraîné » Kant « de la façon la plus indiscrète dans sa querelle » (l'on verra comment par la suite). Il montre comment la philosophie kantienne est en péril, car les lecteurs ignorant les nuances risquent de confondre Kant et Jacobi : « Aucune accusation plus odieuse que celle de favoriser par ses principes un athéisme dogmatique radical et par là l'*enthousiasme visionnaire* (*die Schwärmerei*) ne peut être portée contre un philosophe des Lumières. Le délire visionnaire à partir de l'athéisme ! C'est là la doctrine de Jacobi et il ne rougit pas de vouloir faire croire au monde que vous êtes là son compagnon. » Enfin, Biester garde ses arguments les plus personnels donc les plus percutants pour la fin. « Quant à savoir si votre répugnance aux querelles doit être ici mise en balance avec l'amour de la vérité, je vous laisse vous-même en décider. Permettez-moi seulement d'ajouter encore deux considérations un peu plus personnelles. » Avec ces deux menaces qui pèsent sur Kant et que Biester a l'intelligence de présenter ainsi le « coup de grâce » argumentatif est porté. En effet d'une part : que va penser le public si Kant ne déclare pas son désaccord avec Jacobi ?: « Ne peut-il pas tomber dans le soupçon le plus offensant, selon lequel les louanges de Jacobi seraient à même de déterminer ce que vous faites ou ne faites pas ? » D'autre part : la probable mort prochaine de Frédéric II (qui décède le 17 août 1786) va entraîner un changement dont on ne sait pas s'il sera favorable ou non à la libre pensée. « Mais chacun, par l'intérêt qu'il porte à la cause ou à la personne, devrait certes ressentir douloureusement que l'on puisse alors accuser, avec éclat, le premier philosophe du pays et la philosophie en général de favoriser l'athéisme dogmatique. Cette odieuse accusation pourrait peut-être faire impression ; mais cette impression serait considérablement amoindrie si vous aviez dénoncé auparavant tout lien avec cet athéisme fanatique. » Quelques mois après, Kant contraint et forcé par tant de bonnes raisons, écrivait l'article *Qu'est-ce que s'orienter dans la pensée ?* dans la *Berlinische Monatsschrift*.

Au mois d'octobre 1786, un an après la réception de la lettre de Mendelssohn lui demandant de l'aide, Kant se décide donc à réagir et écrit dans le revue de son ami J.E Biester un court article destiné au grand public et intitulé : « *Qu'est-ce que s'orienter dans la pensée ?* » [*Was heiszt sich in Denken orientieren ?*]. Kant y expose notamment ce qu'il nomme la « marche des choses » (*der Gang der Dinge*) sorte de reconstitution paradigmatique de l'évolution inévitable de la raison désorientée. Ce faisant, il place en premier lieu l'irrationalisme du génie, position la plus éloignée de la sienne. En effet « selon le tribunal critique, Jacobi est le plus éloigné de la véritable *orientation* de la raison, Mendelssohn par contre en est le plus rapproché. »[335] Cependant Mendelssohn n'est pas épargné pour autant... Kant évoque ainsi la « maxime nécessaire à l'usage spéculatif de la raison, usage auquel d'ailleurs il (Mendelssohn) accordait beaucoup, jusqu'à l'évidence des démonstrations, par rapport à la connaissance des objets suprasensibles. Cette maxime prescrit de *s'orienter* par un certain moyen de direction qu'il nommait tantôt le « bon sens » (*Gemeinsinn*) dans les *Morgenstunden* tantôt la « saine raison » tantôt enfin le « simple entendement humain » dans la *Lettre aux amis de Lessing*. »[336] Puis il montre les malheureuses conséquences d'un tel choix : « Qui donc aurait pu prévoir qu'un tel aveu deviendrait aussi funeste, non pas tellement à l'avantageuse opinion qu'il se faisait du pouvoir de la raison dans les matières théologiques - en fait ceci était inévitable - mais à la saine raison commune elle-même qui, étant donnée l'ambiguïté en laquelle il avait laissé l'exercice de ce pouvoir par rapport à la spéculation, devait courir le danger de servir de principe à l'enthousiasme (*Schwärmerei*) et à l'abdication complète de la raison ? »[337] Dans le conflit, Mendelssohn ne

---

335 A. Philonenko. *Op. cit.*
336 AK VIII, 133. Trad. A. Philonenko.
337 AK VIII, 133-134. Trad. A. Philonenko.

s'est pas aperçu que le dogmatisme de la raison, de par sa position radicale, ne peut qu'appeler, à titre de « contrepoids » intellectuel l'enthousiasme le plus délirant. Comme le remarque Kant dans une note : « Mendelssohn ne s'était certainement pas imaginé que dogmatiser dans le champ du suprasensible avec la raison pure est un chemin menant directement à l'enthousiasme en philosophie et que seule une Critique de cette même faculté rationnelle pouvait remédier radicalement à ce mal »[338] L'auteur des *Morgenstunden* a donc laissé le champ libre à l'ennemi numéro un de Kant, à savoir au « génie » Jacobi qui va, profitant de la maladresse et de l'erreur de Mendelssohn, proposer un choix à faire entre la raison et la foi : proposer un « saut périlleux » (*salto mortale*). Seule la foi « garantit nos exigences éthiques. »[339] Cette alternative se met en place de manière dramatisée : Philonenko évoque « deux temps » : tout d'abord présenter « l'idée de Dieu selon Spinoza comme étant la seule qui s'accorde avec tous les principes de la raison. » Puis dans un second temps, en s'appuyant sur « l'intuition immédiate » (*unmittelbare Anschauung*) déclarer que cette « idée est inconciliable avec les exigences du cœur et de la foi » Dès lors, le choix est simple : « ou le Dieu du cœur, ou le néant de la raison incapable de nous élever au divin : « *Also das Nichts oder ein Gott.* » Tel est le *salto mortale*, ce fameux saut périlleux grâce auquel Jacobi est connu philosophiquement et contre lequel Kant ne peut évidemment que s'élever. La métaphore elle-même, quoique très originale, n'est pas très présente dans les *Lettres à Mendelssohn* mais elle est évidemment représentative de toute une démarche. Elle apparaît au tout début dans le dialogue entre Lessing et Jacobi : « -MOI : ... mon credo n'est pas dans Spinoza. Je crois en une cause intelligente et personnelle du monde. –LESSING :Oh ! D'autant mieux ! Alors je vais entendre quelque chose de tout nouveau. – MOI :Ne vous en réjouissez pas trop. Je me tire d'affaire par un saut périlleux (*Ich helse mir durch einen Salto mortale aus der Sache...*) et vous n'avez point pour habitude de trouver quelque

---

338 AK VIII, 138. Trad. A. Philonenko.

339 A. Philonenko. *Op. cit.*

plaisir particulier à ce plongeon la tête en bas. » Mais c'est dans une lettre à Neeb, deux ans avant sa mort, toute la polémique étant terminée et les principaux protagonistes morts depuis bien longtemps, que Jacobi explicite le plus clairement ce qu'il a voulu dire par ce *salto mortale* qui fut si mal compris : « Il n'est pas question, pour moi, de se précipiter la tête la première, du haut du rocher, dans un abîme mais bien de se lancer, en partant de la surface du sol, de faire un tour complet sur soi-même (c'est le saut périlleux) par dessus les rochers et l'abîme, et de se retrouver sain et sauf sur ses pieds, debout, de l'autre côté. »[340] Lévy-Bruhl commente la métaphore qui est en fait plus complexe qu'on a voulu le faire croire : le « sol où l'homme se trouve d'abord placé, c'est le terrain de l'expérience, la connaissance immédiate de moi-même et du monde extérieur. Les rochers et l'abîme représentent les contradictions, les absurdités, les angoisses où tombe l'âme humaine (...) quand elle veut comprendre l'absolu. Car elle aboutit au panthéisme, c'est-à-dire à nier Dieu, à se représenter l'univers comme un immense mécanisme sans but et sans âme, enfin à prendre le monde et elle-même en horreur. Comment échappera-t-elle à ces pensées désespérantes ? Par la certitude de sa parenté avec une essence infiniment supérieure au monde créé : par la croyance en ce Dieu que nous révèlent notre aspiration au bien, la conscience de notre liberté, et l'existence même de notre raison. Voilà le tremplin qui nous donnera l'élan. Par lui, le *salto mortale* devient possible et même facile. Nous franchissons d'un bond les obstacles et l'abîme. Nous voici de nouveau sur nos jambes, dans la région du suprasensible, aussi certains ici de l'existence de Dieu et de la liberté de l'homme, que tout à l'heure, de l'autre côté du gouffre, nous croyions fermement à la réalité du monde extérieur. »[341] Véritable « coup d'état philosophique »[342] ce *salto mortale* est pour Kant l'équivalent de la *Schwärmerei*, un

---

340 Roth II 466, Lettre à Neeb du 30 mai 1817.
341 Lévy-Bruhl. *La philosophie de Jacobi. Op.cit.*
342 Lévy-Bruhl. *Op.cit.*

« refus de penser »[343] mais positif, une raison pure à l'envers (*Un-Vernunft*) : « une raison apparente, encore maîtresse de toute sa puissance dialectique, mais qui règle la logique sur l'affectivité, qui substitue à la distinction de l'intuition et du concept un soi-disant « sens de la vérité », à la séparation du phénomène et de la chose en soi, leur fusion dans la révélation du sens intérieur. »[344] Dans *Sur un ton supérieur nouvellement pris en philosophie* (1796), Kant s'attaque directement à ce « tact mystique, ce saut (*salto mortale*) des concepts à l'impensable, ce pouvoir de s'emparer de ce qu'aucun concept n'atteint » en diagnostiquant pour ceux qui pensent avoir ce don « une fâcheuse disposition des cerveaux à l'exaltation. »[345] Ainsi le philosophe représentant la « raison et la vérité » défend les Lumières contre le « génie » : seulement le génie va, lui, se servir des thèses du philosophe Kant, en tant qu'auteur, non en tant que symbole...

Un sens tactique, un goût prononcé pour la manipulation, une approche stratégique des problèmes : autant de traits caractéristiques de la méthode qui va être celle de Jacobi dans son rapport à Kant. On ne peut dénier à Jacobi l'intelligence et l'habileté avec lesquelles il sut, de façon opportuniste, faire entrer Kant dans le conflit, s'assimiler à lui, l'utiliser... Comme l'écrit Philonenko : « Il avait infiniment mieux compris que les *Aufklärer* eux-mêmes que, du point de vue kantien, il fallait distinguer rigoureusement entre la philosophie des Lumières et la philosophie de Mendelssohn. Et identifiant, comme ses adversaires, Mendelssohn à la philosophie des Lumières, il en avait profité pour tâcher de séparer Kant de l'*Aufklärung.* » Il faut en effet reconnaître le « discernement » de Jacobi. Inquiet et cherchant à se rassurer, moqueur, manipulateur 22: tous ces traits de caractères se retrouvent dans une lettre que Jacobi écrit à Goethe le 13 décembre 1785, à propos de Kant. Il commence par s'autocomplimenter, en plaquant sur Kant une attitude qui

343 A. Philonenko. *Op. cit.*

344 A. Philonenko. *Op. cit.*

345 AK VIII, 398 ; OP III, 406.

pourrait être la sienne et qu'il souhaite plus qu'il ne constate : « Mon petit livre a semble-t-il été lu par Kant avec la plus grande avidité, il doit avoir été tout à fait satisfait de la forme et de tout le contenu. » Puis il se veut ironique et fin tacticien : « Je me suis remis à Kant cet automne et pour m'assouplir tout à fait, je l'ai étudié à fond... Cet animal n'est pas méchant : il ne va pas se jeter sur les passants pour les mordre. Mais il est là, pourtant, sur le chemin, et les gens n'osent pas trop se risquer à passer. C'est du moins ce que j'ai éprouvé moi-même. Maintenant je vais le prendre avec moi contre les Berlinois et, de l'autre côté, Hemsterhuis. Je pense que sous mes ordres tous deux rendront d'excellents services, et me défendront contre les pires attaques. »[346] Malgré cette confiance exagérée, Jacobi s'inquiète souvent dans ses lettres à Hamann : « Kant est-il pour moi ou contre moi ? A-t-il lu ma dernière brochure ? Qu'en pense-t-il ? ... » Car Jacobi veut se servir de Kant contre ses adversaires, il veut le manipuler comme un vulgaire épouvantail mais en même temps, il admire le philosophe de Kœnigsberg et souhaiterait son approbation : volontés contradictoires qui reflètent bien les ambiguïtés et les ambivalences du personnage. Dans la seconde édition des *Lettres à Mendelssohn*, il disculpe Kant de toute collusion avec le spinozisme : certains passages cités de la *Critique de la raison pure* - comme ceux sur l'infinité de l'espace et du temps qui veulent montrer qu'une grandeur déterminée est la limitation d'un espace ou d'un temps uniques - ayant été interprétés comme étant spinozistes, Jacobi ajoute que si ces passages de Kant peuvent « faire mieux saisir » un point de la doctrine de Spinoza : « Inutile de dire aux gens sensés que, par là, la philosophie kantienne n'est pas accusée de spinozisme. » Mais peu après dans une note, il reproche à Kant le caractère flou de son vocabulaire par excès de prudence (un comble) : en effet, à propos de la proposition I. Le spinozisme est athéisme, il cite Lamoignon de Malesherbes qui en 1750 à l'occasion d'une nouvelle édition de l'*Histoire naturelle* de Pline l'ancien disait de lui qu'il était non un athée

346 *Briefwechsel zwischen Goethe und Jacobi*. Edition Max Jacobi, Leipzig, 1846, p. 99.

mais un « cosmothéiste », de même Kant s'est, selon Jacobi : « comporté aussi prudemment en proposant de faire une place neutre entre le théisme et l'athéisme certains et exprès à un troisième dogme indéterminé qui aurait pour nom déisme au lieu d'athéisme. Je crois que ce philosophe sévère doit prendre garde, comme le sévère Caton (Salluste, *Catilina*, LV) à ce que les *vera rerum vocabula* ne se perdent pas pour nous sous des euphémismes illusoires. Où cela se produit, tout discours se corrompt bientôt si bien que, finalement, il ne reste plus en usage un mot vrai, un mot qui soit sensé et fasse réellement comprendre. »[347] Jacobi souffle donc lui aussi le chaud et le froid envers celui qui l'accuse d'être « un ennemi de la raison, (...) un enthousiaste »[348] et le rapport entre les deux hommes y gagne en complexité et en nuances...

b-Entre assimilation et critique, entre enthousiasme et froideur : l'affrontement de deux personnalités philosophiques

Si Jacobi a pu faire croire au public qu'il s'assimilait à Kant, c'est parce qu'il existe des points de rapprochement possibles, seulement si finalement leurs deux doctrines sont opposées c'est qu'il existe des divergences profondes : tel est le décor, la « toile de fond » du rapport de ces deux personnalités philosophiques, un perpétuel mouvement entre rapprochements envisageables et différences rédhibitoires. Dans la préface de 1815 à *David Hume et la croyance* s'illustre de manière flagrante la disparité des deux hommes sur un point fondamental : Jacobi donne d'abord la définition de sa « philosophie » : « elle procède du sentiment, du sentiment objectif et pur ; elle reconnaît son autorité comme souveraine et en se présentant comme *doctrine du suprasensible* (c'est moi qui souligne), elle se fonde sur cette seule autorité », puis il cite Kant [349] : « tout suprasensible est fiction et son concept vide de

---

347 *Lettres à Mendelssohn.*
348 Préface de 1815 à *David Hume et la croyance.*
349 Préface à la *Critique de la raison pratique.*

contenu... » Tout pourrait être dit ... mais en fait rien ne l'est. J.J Anstett, dans une direction totalement opposée, voit un « unanimisme spirituel » entre Kant et Jacobi, du fait de leur « semblable origine piétiste » et de « l'influence commune de J.J Rousseau » ce qui, il faut bien l'avouer, semble quand même peu pour établir une telle fusion. Tout d'abord il ne faut pas oublier (comme le remarque Philonenko) que Kant fait preuve - notamment dans *La religion dans les limites de la simple raison* (1793) - le plus souvent d'une « totale absence de sensibilité religieuse » Il veut donner un primat à la morale sur la religion et réduit en fin de compte sa religion à une morale. Lorsque l'on connaît le caractère fiévreusement mystique de Jacobi, on ne peut s'empêcher de penser qu'en dépit d'une éducation piétiste commune, les caractères des deux hommes ont peu à peu créé d'incommensurables divergences. D'autre part, comme le souligne Hegel : « Avoir conscience que Dieu *est*, que l'immortalité *est*, c'est tout autre chose que de postuler que ces idées *doivent* être, sans plus... »[350] Seulement, certains passages de Kant appellent un rapprochement avec les thèses de Jacobi : rien n'est jamais décidé ni décidable quant à la distance réelle qui existe entre les deux hommes sur certains points. Aussi est-il par exemple très tentant de déceler des intonations jacobiennes avant la lettre dans ce passage de l'*Histoire générale de la nature et théorie du ciel* (1755) : « Après que la nature humaine aura accordé sa part à la vanité, l'esprit immortel s'élèvera, dans un rapide élan, au-dessus de tout ce qui est fini, et continuera son existence dans un nouveau rapport à l'endroit de toute la nature, telle qu'elle résulte d'une liaison plus proche avec l'Être suprême. (...) En fait, quand on s'est pénétré de ces considérations (...) la vue d'un ciel étoilé par une nuit claire donne une sorte de plaisir que seules les âmes nobles ressentent. Dans le silence général de la nature et le repos des sens, le pouvoir caché de connaissance, propre à l'esprit immortel, parle *une langue qui n'a pas de nom*, et donne des concepts non encore éclos, qui se laissent bien *sentir* mais non

---

350 G.W.F Hegel. *Recension des œuvres de F.H Jacobi*, 1817. Traduction et notes sous la direction d'André Doz, Vrin 1976.

décrire (c'est moi qui souligne). »[351] Or même si selon Kant « l'affirmation d'une conviction éprouvée » à l'égard de « connaissances indémontrables (...) n'est pas une raison probante de leur vérité »[352] cependant, il reconnaît dans le même ouvrage que la faculté « d'éprouver le bien est le sentiment (*das Gefühl*). » Suit une analyse absolument étonnante tant elle annonce les descriptions du « sentiment » par Jacobi, y compris dans le vocabulaire, dans les termes eux-mêmes : « ... puisque ce sentiment est simple, le jugement : Ceci est bien, est tout à fait *indémontrable* (*unerweislich*) ; il est *l'effet immédiat* de la conscience du sentiment du plaisir (*unmittelbare Wirkung von dem Bewußtsein des Gefühls der Lust*) qu'accompagne la représentation de l'objet. Et comme, à coup sûr, il se rencontre en nous un grand nombre de sensations simples du bien (*einsache Empfindungen des Guten*), il y a aussi un grand nombre de représentations irréductibles (*unausflösliche Vorstellungen*) semblables. » Analyse tempérée ensuite par une interrogation quant au « sentiment moral » décrit entre autres par Hutcheson : « ... s'il doit être possible de parvenir, dès les premiers principes de la moralité, au plus haut degré de l'évidence philosophique, pourtant les concepts fondamentaux suprêmes de l'obligation doivent être déterminés d'une manière plus sûre ; à ce point de vue, le défaut de la philosophie pratique est encore plus grand que celui de la philosophie spéculative, puisqu'il faut encore et en premier lieu décider si c'est simplement la faculté de connaître ou bien le sentiment (*das Erkenntnißvermögen oder das Gefühl*) (le premier fondement intérieur (*innere Grund*) de la faculté de désirer) qui en fixe les principes. »[353] Ainsi déjà se fait jour dans cet ouvrage de « jeunesse » le besoin d'une légitimité plus forte en matière de morale que le simple sentiment qui apparaît déjà comme insuffisant. Cependant, la même année 1763 voit aussi la parution de l'*Unique fondement possible d'une*

---

351 AK I, 367 ; OP I, 106-107.

352 *Recherche sur l'évidence des principes de la théologie naturelle et de la morale.* AK II, 295 ; OP I, 242.

353 AK II, 299-300 ; OP I, 247-248-249.

démonstration de l'existence de Dieu qui enthousiasmera tant Jacobi, enthousiasme facilement compréhensible à la lecture par exemple de la conclusion de l'ouvrage : « Il est absolument nécessaire que l'on soit convaincu (*überzeuge*) de l'existence de Dieu, mais il n'est pas aussi nécessaire de la démontrer. »[354] Comment Jacobi pouvait-il ne pas se sentir en accord avec Kant, comment pouvait-il ne pas ressentir l'envie d'assimiler leur deux opinions ? De même dans les *Rêves d'un visionnaire expliqués par des rêves métaphysiques* (1766) Kant a cette indignation que l'on retrouve dans le ton même des écrits jacobiens : « Quoi ? N'est-il bon d'être vertueux que parce qu'il existe un autre monde, ou bien les actes ne sont-ils pas plutôt un jour récompensés parce qu'en eux-mêmes ils étaient bons et vertueux ? Le cœur (*das Herz*) de l'homme ne contient-il pas des prescriptions morales immédiates, et faut-il absolument, pour le faire agir ici-bas selon sa destinée, appliquer les machines à un autre monde ? »[355] Puis il reconnaît la valeur de la « foi morale (*der moralische Glaube*) dont la simplicité peut se dispenser de maintes subtilités de la sophistique, et qui seule convient à l'homme en quelque circonstance que ce soit, en le conduisant sans détour à ses fins véritables. »[356] Ainsi Kant annonçant et dénonçant par avance les théories de Jacobi parfois dans un même texte sans jamais - pour cause d'anachronisme - s'opposer à lui ni s'en rapprocher, va-t-il déclencher des réactions ambivalentes de la part de Jacobi, à la fois enthousiastes et très critiques.

Tout d'abord, Jacobi va, dans son rapport à Kant, réagir selon sa personnalité excessive et emportée. Comme nous l'avons déjà signalé, sa première lecture de l'*Unique fondement possible d'une démonstration de l'existence de Dieu* est significative : « Mon ravissement ne fit que croître à la lecture jusqu'à me donner de violents battements de cœur ; et avant d'être arrivé à mon but, la fin de la troisième partie, j'avais dû m'interrompre plusieurs fois pour attendre que je fusse de

354 AK II, 163 ; OP I, 435.

355 AK II, 372. Trad. F. Courtès.

356 AK II, 373. Trad. F. Courtès.

nouveau capable d'une calme attention. »[357] L'on retrouve l'excès, l'*hubris* d'un cœur exalté dans la réponse de Jacobi à la seule lettre que Kant lui ait envoyée : « Depuis le jour où la joie de recevoir une lettre de vous m'a si agréablement surpris et, selon l'expression de notre cher Hamann dans une semblable occasion « me fit éprouver un étourdissement voluptueux, semblable au vertige », je scrute les jours, ou tout au moins je les compte.(...) Mon maître ; un homme, qui dès mon jeune âge, faisait battre mon cœur, et devant lequel je m'incline aujourd'hui avec respect comme devant un conquérant puissant et un sage législateur dans l'empire de la science. »[358] Dans cette lettre, Jacobi qui s'adresse au « très honoré Kant » ne peut plus être réellement soupçonné de flatterie ou d'obséquiosité étant donné que la polémique est terminée : il laisse donc parler son « cœur » et l'on remarque qu'une fois encore, spontanément, il rapproche ses théories de celles de son « maître » ce qui tendrait à prouver que, dans ses manœuvres lors du *Pantheismusstreit*, il manifestait malgré tout une certaine sincérité. Il écrit ainsi : « Je ne peux être très profondément dans l'erreur, puisque mes résultats s'accordent presque entièrement avec les vôtres. Et il serait donc très possible que mon erreur, même si pour ma part, je m'y enfonce toujours davantage, facilite à d'autres l'accès à la vérité. » Une telle humilité aux accents plus que kantiens a de quoi étonner de la part du « génie » orgueilleux et sûr de lui. De même l'on voit que Jacobi est très attentif au jugement que Kant porte sur sa doctrine - on l'avait déjà vu dans les *Lettres à Hamann* - il refuse absolument d'être assimilé aux mystiques qui refusent la lumière de la raison. « Je ne voulais pas que vous me preniez pour un « supernaturaliste » selon les descriptions de M. le professeur Reinhold [selon Reinhold (*Essai*, p. 80 et suivantes) : le « supernaturaliste » affirme, à la question de l'existence de Dieu « que les fondements de la réponse à cette question se trouvent en dehors du domaine de la raison. »] J'ai compris la grandeur du danger à un autre passage de votre lettre où, à

357 *Idéalisme et réalisme.*
358 AK XI, 101-102.

l'occasion d'une possible traversée des écueils de l'athéisme, vous dites : « Il ne me semble pas que vous jugiez là le compas de la raison inutile ou même trompeur. » La conclusion reste dans le ton général de la lettre : « C'est d'un cœur empli de respect, de reconnaissance et d'amour que je demeure votre dévoué F.H Jacobi. » Un autre moyen pour Jacobi de manifester son accord avec éclat, va consister à attribuer des *satisfecit* à Kant, à dévoiler ses mérites. Cette méthode est utilisée surtout dans un ouvrage postérieur à la mort de Kant, *Des choses divines et de leur révélation*, dans lequel Jacobi rend un hommage à son « maître ». Car c'est lui qui attribua à la raison pratique le primat sur la raison théorique mais qui cependant bouleversa aussi la conception de cette dernière : « ... avec cet homme si vraiment grand, commence dans la philosophie spéculative une révolution semblable par son importance et ses grandes conséquences à celle que, trois siècles plus tôt, Copernic avait provoqué dans l'astronomie. » De plus, ce « profond auteur » eut le mérite de démontrer « irréfutablement l'impossibilité d'établir jamais » des preuves de l'existence de Dieu « par la voie théorique ». Enfin Jacobi en vient au « grand mérite de Kant », celui qui, évidemment, compte le plus à ses yeux car il y voit un point de convergence entre leur deux doctrines : « C'est à juste titre que Kant tient pour son plus grand mérite d'avoir étendu en fait l'usage de la raison qu'il limitait en apparence et d'avoir fait sa place à une foi à qui ne peut porter atteinte le dogmatisme métaphysique, lorsqu'il supprime le savoir dans le domaine du suprasensible. » Cependant, toute cette reconnaissance, tout cet enthousiasme appuyé de Jacobi ne saurait faire oublier qu'il fut l'un des premiers à critiquer ouvertement le kantisme, ayant compris avant les autres quelles en étaient les limites. L'épine dans la chair de la doctrine kantienne à savoir la chose en soi, sur laquelle vont se cristalliser toutes les futures oppositions au kantisme, Jacobi en voit le premier les contradictions inhérentes qui risquent de précipiter dans le néant tout le système kantien. Il l'évoque dans l'avant-propos de la *Lettre à Fichte* : « Comme je tiens la conscience de notre ignorance pour le lieu du vrai inaccessible à la science, je dois être heureux de ce que Kant pèche plutôt contre son système que contre la majesté de ce lieu. » Il reprend à son compte le jugement de Fichte selon lequel Kant « reste à mi-chemin ». Mais c'est dans *David Hume et la croyance* - à la fois dans la préface de 1815 et dans l'appendice *Sur l'Idéalisme transcendantal* - que Jacobi est le plus critique mais aussi le plus pertinent. Dans la préface, il réutilise la formule célèbre - grâce à laquelle (avec le « *saut périlleux* ») la doctrine de Jacobi est connue - selon laquelle on ne peut entrer dans le système kantien sans la chose en soi mais si on l'admet on ne peut y demeurer. Il reprend la même critique à propos de la croyance naturelle au monde matériel : « Si la doctrine kantienne se contentait de s'opposer carrément à la croyance naturelle considérée comme tout à fait trompeuse, elle resterait, de ce côté du moins, exempte de contradiction, et il n'y aurait pas lieu de la combattre. Mais elle a incontestablement son point de départ dans la croyance naturelle à un monde matériel existant indépendamment de ses représentations, et ce n'est qu'après coup qu'elle l'élimine par la théorie de l'identité de tout ce qui est spatial et temporel, de sorte que, selon la formule que j'ai déjà employée, si l'on ne part pas de la croyance naturelle prise comme principe ferme et fixe, on ne peut entrer dans le système, mais si l'on s'y tient, il est impossible d'y demeurer et de s'y établir »[359] C'est dans l'appendice *Sur l'idéalisme transcendantal* qu'il développe l'objection qui va le rendre célèbre et faire de lui l'un des tous premiers « postkantiens » : « ... le philosophe kantien abandonne tout à fait l'esprit de son système lorsqu'il dit des objets qu'ils font *impressions* sur les sens, qu'ils *suscitent* ainsi des sensations, et *parviennent* de cette façon à des représentations : car, selon la doctrine kantienne, l'objet empirique, qui n'est jamais que phénomène, ne peut exister hors de nous et être quelque chose d'autre encore qu'une représentation ; mais de l'*objet transcendantal* selon cette doctrine, nous ignorons absolument tout. »[360] ... « si contraire que puisse être à l'esprit de la philosophie kantienne l'assertion

---

[359] Préface à *David Hume et la croyance*, p. 37-38.

[360] *David Hume et la croyance.* Appendice *Sur l'idéalisme transcendantal*, p. 301-302.

que les objets font impressions sur les sens et parviennent de cette façon à des représentations, on ne voit pas bien comment sans cette supposition la philosophie kantienne pourrait trouver accès à elle-même, et parvenir à quelque exposé de sa doctrine. (...) Je dois avouer que ce scrupule ne m'a pas peu arrêté dans l'étude de la philosophie kantienne, au point que, plusieurs années de suite, je dus reprendre complètement la *Critique de la raison pure*, parce que je ne cessais d'être troublé de ne pouvoir entrer dans le système *sans* admettre ce présupposé et de ne pouvoir y demeurer *en l'admettant*. »[361] Jacobi se permet même un soupçon d'ironie dans le traitement de l'inconséquence kantienne : « Je demande : comment est-il possible de concilier l'hypothèse d'objets qui font impressions sur nos sens et suscitent ainsi des représentations avec une doctrine qui prétend réduire à rien toutes les raisons qui autorisent cette hypothèse ? (...) Il est impossible qu'on y parvienne à moins d'accorder à chacun de ces mots une étrange signification et à leur assemblage un sens tout à fait *mystique*. » Voir un sens mystique dans la théorie cruciale du kantisme alors que Kant a toujours refusé que l'on interprète le moindre de ses mots dans un sens mystique, voilà encore une audace de l'enthousiaste Jacobi. Comme le résume bien Victor Delbos à propos de cette objection majeure : « selon Jacobi, la négation des choses en soi est impossible, mais elle est rendue nécessaire par la philosophie critique : l'idéalisme transcendantal est l'ennemi de la chose en soi, même quand il reconnaît l'impossibilité de s'en passer. »[362] *In fine*, Jacobi, véritable prophète quant à l'avenir de la philosophie transcendantale, donne un conseil à l'idéaliste transcendantal, conseil qui, si on l'écoute, conduit tout droit hors du kantisme : selon lui en effet non seulement la philosophie kantienne ne doit pas s'éloigner de « l'ignorance (*Unwissenheit*) transcendantale » qui n'est pas sans rappeler le non-savoir jacobien, mais surtout : « l'idéaliste transcendantal » doit avoir « le courage de soutenir l'idéalisme le plus énergique qui ait jamais été professé et même de ne pas s'effrayer devant

---

361 *Ibid.*, p. 303-304.

362 Victor Delbos. *De Kant aux postkantiens*. Aubier. Edition 1992.

le reproche d'*égoïsme spéculatif...* » Finalement, un tel enthousiasme cohabitant parallèlement avec une force critique dévastatrice reflète bien les rapports voulus par Jacobi entre son « maître » et lui-même, rapports qui sont toujours aux limites du passionnel au sens d'excessif...

Seulement, Jacobi va ici se heurter au caractère même de Kant, pacifiste, qui refuse tout excès, toute querelle et ne s'emporte jamais plus que de raison : bref il va devoir affronter la résistance de Kant à la provocation, résistance d'autant plus étonnante que les provocations jacobiennes ne vont pas manquer. Tout d'abord Kant, au cœur de la querelle du panthéisme, va refuser à Jacobi ce que ce dernier demandait plus que tout en déclenchant la polémique à savoir : son attention. Il va le traiter par le mépris comment en atteste cette lettre à M. Herz du 7 avril 1786 : « Le caprice [la querelle avec Mendelssohn] de Jacobi n'a rien de sérieux, il affecte seulement une exaltation qui serait le signe du génie, pour se faire un nom, (*Die Jacobische Grille ist keine ernstliche, sondern nur eine affectirte Genieschwärmerey, um sich einen Nahmen zu machen...*) et il ne vaut donc pour ainsi dire pas la peine qu'on le réfute sérieusement. »[363] De même dans la lettre de Biester à Kant du 11 juin 1786, l'on ne peut être que frappé par le peu d'empressement dont Kant fait montre à s'opposer à Jacobi : à cette date en effet, Kant envisage de publier quelque chose prochainement dans la *Berlinische Monatsschrift* mais il s'agit d'une défense face aux attaques de Feder et Tittel (eudémonistes combattant la morale kantienne). Il ne compte évoquer Jacobi « qu'en passant », ce qui surprend beaucoup Biester qui lui écrit : « le danger que provoquent en ce moment Jacobi et l'auteur des *Résultats* [Wizenmann] est bien plus pressant [que la défense par rapport à Feder et Tittel] ; et à vrai dire, me semble-t-il, trop pressant pour que, dans un article où vous ne voulez, de votre propre aveu, que sermonner en passant F. et T., vous ne parliez de cela qu'en passant. »[364] Cependant, dans l'unique lettre qu'il écrit à Jacobi le 30 août 1789, le ton

---

363 AK X, 442.
364 AK X, 457.

de Kant change : il ne s'engage pas mais demeure dans une sorte de froideur polie ou d'amabilité de circonstance, masquant par moment une critique très rude, comme l'écrit Lévy-Bruhl : « il se tient à distance, ses compliments ne l'engagent point. »[365] La missive policée cache en fait une attaque à fleuret moucheté : Kant commence par remercier Jacobi pour son envoi d'un exemplaire de la deuxième édition des *Lettres à Mendelssohn* [datant d'avril 1789] : « Je vous remercie (...) sincèrement, cher Monsieur, pour la si belle œuvre que vous m'avez envoyée, dans sa dernière édition, sur la doctrine de Spinoza. » Puis il recommande la prudence intellectuelle et a recours à une métaphore qu'il affectionne : celle de la navigation : « S'engager avec précipitation dans des entreprises au but important mais éloigné, voilà qui a de tout temps été nuisible à une compréhension profonde. Celui qui signale les récifs ne les a pas lui-même disposés, et bien qu'il affirme l'impossibilité de les traverser *toutes voiles dehors* (comme le fait le dogmatisme) il n'a cependant pas pour autant renoncé à toute possibilité d'une heureuse navigation. Il ne me semble pas que vous jugiez ici le compas de la raison inutile, ou même trompeur. »[366] Sous cette supposition, question indirecte : « Il ne me semble pas ... » se cache en fait une critique majeure : Kant veut dire que Jacobi croit pouvoir se passer de la raison impunément. Ce dernier ne manquera d'ailleurs pas de prendre l'attaque pour ce qu'elle est et s'en justifie - comme nous l'avons vu - dans la réponse qu'il fait à Kant. Cependant l'auteur de *Qu'est-ce que s'orienter dans la pensée* ? tient aussi et surtout à faire remarquer à son destinataire qu'il ne l'a pas attaqué *volontairement :* il veut lui démontrer son caractère profondément pacifiste et revendique son impartialité en signalant qu'il fut contraint à écrire cette œuvre : « J'ai toujours considéré qu'il était de mon devoir de traiter avec considération des hommes pleins de talent, de savoir et de droiture, si divergentes que puissent être nos opinions. Vous jugerez également, de ce point de vue, ma dissertation de la *Berliner*

---

365 *La philosophie de Jacobi. Op. cit.*

366 AK XI, 76.

Monatsschrift sur l'orientation dans la pensée ; j'ai été malgré moi contraint à l'écrire par la mise en demeure, venue de différents côtés, de me laver du soupçon de spinozisme, et vous n'y rencontrerez, je l'espère, pas la moindre trace d'une dérogation à ce principe. »[367] Malgré cela, Kant ne peut qu'avoir été choqué par la théorie jacobienne : comme le signale Lévy-Bruhl : « Kant veut bien que la raison prenne conscience de sa relativité, et qu'elle avoue son impuissance à rien démontrer en dehors des limites de l'expérience ; mais il ne consent pas qu'elle abdique. Or, affirmer d'une part l'inconcevabilité d'un objet, et d'autre part, admettre la réalité de ce même objet (sur la foi d'un sentiment), équivaut bien à déposséder la raison. »[368] En fait pour Kant la « croyance du sentiment, moins choquante dans la forme, tend à rejoindre, au fond, la « foi du charbonnier » de Hamann : toutes deux font injure à la nature humaine dans sa faculté maîtresse. »[369] Ainsi le philosophe, impartial mais sachant cependant défendre la raison, se tient à une distance intellectuelle raisonnable de Jacobi qui ne va cesser - quant à lui - de s'en approcher dangereusement à des fins d'assimilation. Outre la lettre à Goethe du 13 décembre 1785 déjà analysée, l'un des exemples les plus probants de l'utilisation de Kant par Jacobi se trouve dans les *Réponses aux accusations de Mendelssohn dans sa « Lettre aux amis de Lessing »* parues en avril 1786. Dans sa *Lettre aux amis de Lessing* « Mendelssohn s'était efforcé de rejeter sur Jacobi l'accusation d'athéisme que celui-ci avait jetée sur toute philosophie rationaliste. Selon Mendelssohn, Jacobi faisait preuve d'athéisme en repoussant les preuves rationnelles de l'existence de Dieu. Repousser les démonstrations de l'existence de Dieu, qu'était-ce donc sinon chercher à promouvoir la « superstition aveugle », l'enthousiasme et la « *Schwärmerei* » ? Jacobi prépara la réponse à laquelle Mendelssohn aurait dû s'attendre, cette

---

367 AK XI, 76-77.

368 Lévy-Bruhl. *La philosophie de Jacobi. Op. cit.*

369 Lévy-Bruhl. *Op.cit.*

réponse tient en deux mots : « Et Kant ? » »[370] Jacobi développe en effet cet argument dans ses *Réponses à Mendelssohn :* « J'ai « injurié la raison » parce que j'affirme, en suivant la doctrine des théistes, qu'elle ne démontre pas l'existence de Dieu de manière apodictique et qu'elle ne peut réfuter de manière satisfaisante les reproches qu'on lui oppose à ce propos. J'ai ajouté que « toute philosophie conduisait à l'athéisme ». Je suis un « chimériste qui veut porter secours à la foi aveugle, voire à la croyance aux miracles » parce que j'affirme que l'on peut seulement *croire* en Dieu et que l'on ne peut rendre cette croyance inébranlable que *d'une manière pratique*. Comment ? C'est pour cela ? Mais Kant n'enseigne pas autre chose depuis plus de six ans : n'a-t-il pas injurié la raison, n'est-il pas un chimériste, ne veut-il pas secourir la foi aveugle et la croyance aux miracles ? »[371] Par cette défense habile, Jacobi compromet gravement Kant dans la mesure où il rapproche les *Lettres à Mendelssohn* de la *Critique de la raison pure*, rapprochement que l'on peut difficilement contredire sur ces points précis. Comme l'explique A. Philonenko : « on retrouve dans la *Critique de la raison pure* et dans les *Lettres à Mendelssohn* le même concept du rationnel. Les *Lettres à Mendelssohn* soutiennent, en effet, que la raison ne peut jamais s'élever à l'inconditionné et que la chaîne des raisons n'est que médiations à l'infini. Or que dit la *Critique de la raison pure ?*... elle affirme que la raison comme simple pouvoir de médiation ne peut parvenir d'elle-même à l'existence comme position absolue et qu'il lui faut consentir pour l'atteindre soit à l'intuition, en ce qui concerne les choses sensibles, soit à la foi, à la croyance en ce qui concerne les choses surnaturelles. (...) Comme Kant, Jacobi affirme que l'existence sous toutes ses formes échappe à la raison et ne se livre qu'à un consentement de l'âme, qui doit être nommé foi. » Dès lors, si Jacobi est accusé de *Schwärmerei*, il ne peut qu'entraîner Kant dans son sillage. Toujours dans ses *Réponses aux accusations de Mendelssohn* il cite d'ailleurs plusieurs passages de la *Critique*

---

370 A. Philonenko. *Op. cit.*

371 *F.H Jacobi's Werke*, T. IV, p. 255-256.

de la raison pure, évoquant l'impossibilité de savoir qu'il y a un Dieu et étayant ainsi sa propre diatribe contre les rationalistes dogmatiques. Dans une note, Jacobi s'explique quant à sa « tactique », quant à son *but* dans l'utilisation qu'il fait de Kant. Intelligemment, il se place avec humilité bien en dessous de la philosophie kantienne mais affirme s'en servir comme d'un emblème protecteur : si la philosophie de Kant est reconnue comme étant plus blâmable que la sienne, ses adversaires rationalistes sont condamnés à perdre la bataille intellectuelle, ou du moins à reconnaître à la doctrine de Jacobi le mérite d'exister, étant donné le respect dû à l'auteur de la *Critique de la raison pure.* Il écrit ainsi : « Je n'ai pas l'intention de rabaisser (...) la philosophie kantienne à la mienne, ni d'élever la mienne à la hauteur de celle de Kant. Il me suffit que sur ces points litigieux, cet Hercule de la pensée paraisse, en toute justice, encore plus condamnable aux yeux de mes adversaires que je ne le suis moi-même et que ce soit là une chose que l'on puisse montrer plus clairement que le jour. » De même, fait aussi partie de la « méthode » de Jacobi, le fait de reconnaître à son adversaire et maître le mérite de découvertes capitales : ainsi c'est lui par exemple, et là est « son immortel mérite » qui a pour la première fois fait une place nette « pour le rationalisme authentique »[372] en dénonçant l'inauthentique qui prétendait s'élever dogmatiquement par des concepts à la science du suprasensible. Il accorde aussi un satisfecit à Kant pour son écrit *Recherche sur l'évidence des principes de la théologie naturelle et de la morale*, dont on a vu qu'il annonçait, par certains passages, les théories jacobiennes : « Mon retour en Allemagne coïncida avec le moment où l'Académie de Berlin mettait au concours la question de l'évidence dans les sciences métaphysiques. Aucune question n'aurait pu accaparer mon attention à un plus haut degré. J'attendis avec impatience la parution des traités. (...) L'écrit couronné ne remplissait pas les attentes que le nom du philosophe à ce moment déjà célèbre [il s'agit de Mendelssohn] avait suscitées en moi. D'autant plus grande fut ma surprise

---

372 Préface de 1815 à *David Hume et la croyance.*

lorsque, dans le second traité, qui n'avait pu obtenir qu'un accessit, je trouvai des indications et des explications qui n'auraient pas pu être plus conformes à mes exigences. »[373] Enfin, de manière posthume, il rend hommage à Kant dans *Des choses divines et de leur révélation* d'avoir fait les mêmes découvertes que lui, en même temps : il oublie donc l'humilité, qui était de mise du vivant du philosophe et se hausse ici au même niveau que lui :« Kant, allant au fond des choses dans sa *Critique de la raison pure*, démontra, on s'en souvient, *en même temps que moi* [c'est moi qui souligne] mais pour d'autres fins et avec d'autres moyens, la vanité de la spéculation qui prétendait pouvoir prouver les vérités suprasensibles, c'est-à-dire prétendait pouvoir leur donner, à elles aussi, un fondement objectif et les imposer à l'entendement, comme les vérités mathématiques, par une mécanique logique. » Il tient aussi dans ce passage remarquable qui est un long hommage au maître disparu, à reconnaître à Kant une conception humble et sincère des choses divines : « Et - il faut le remarquer ici particulièrement et le rappeler avec beaucoup d'insistance - pour notre philosophe, homme de pensée profonde et de vérité, les mots de Dieu, de liberté, d'immortalité, de religion avaient la même valeur et la même signification qu'ils ont eus de tout temps pour le simple bon sens humain. Kant ne se livrait pas avec eux à quelque supercherie ou à quelque jeu seulement. » Enfin, il déforme subtilement Kant, en interprétant le primat que ce dernier accorde à la raison pratique sur la raison théorique, selon sa propre théorie et avec ses propres termes : « Ainsi on pouvait au moins donner l'illusion que l'on découvrait par la science ces vérités, tandis qu'au fond l'introduction de ce primat mettait simplement, comme il convient, le *sentiment immédiat du vrai et du bien* [c'est moi qui souligne], les révélations positives de la raison au-dessus de toutes les démonstrations scientifiques pour ou contre, au-dessus de toutes les approbations et de toutes les objections de l'entendement rationnel. » Tous ces procédés s'inscrivent dans une démarche plus générale que l'on pourrait appeler, suivant

---

[373] *Idéalisme et réalisme.* p. 183-184.

Hegel, « l'ingéniosité » et qui définirait la « méthode » de Jacobi, antiméthode qui reste cependant systématique. Quand, dans ses derniers écrits, comme nous le verrons, il va changer le contenu spéculatif de la raison pour en faire l'équivalent du sentiment, le procédé n'est pas rigoureux mais il lui permet cependant de se poser en champion de la « raison » face à ses adversaires rationalistes devenus de ce fait, « ennemis de la raison ». Cela n'est qu'un exemple - probant certes - de ce que Hegel nomme la « forme » de la dialectique de Jacobi, arsenal brumeux d'arguments prétendant emporter la conviction de par leur ingéniosité. Hegel décrit bien ici ce qui fait la spécificité des écrits de Jacobi et met au jour non seulement une personnalité mais aussi une écriture au service d'une conviction : il évoque la « forme tenace » en laquelle Jacobi affirme son point de vue : « Elle a, comme on sait, la caractéristique d'être opposée au développement tiré des concepts, à la preuve et à la pensée méthodique. Dépouillées de ces formes de connaissance qui font apparaître une idée comme *nécessaire*, les idées positives de Jacobi, lorsqu'il les expose, ne se montrent qu'avec leur valeur d'*assurances* : *sentiment*, *pressentiment*, *immédiateté de la conscience*, *intuition intellectuelle*, *foi*, *certitude* irrésistible des idées, voilà ce qu'on donne comme base de leur *vérité*. Présenter de telles assurances, s'appuyer sur de telles bases, voilà qui serait sans doute fort sec, n'étaient l'esprit noble, la profonde sensibilité et le large éventail de la culture de l'individu respecté et aimant. Avec ce halo, les idées apparaissent pleines de sentiment, souvent présentes avec une clarté profonde, toujours *ingénieusement* exprimées. Le genre ingénieux (*geistreich*) est une sorte de *succédané* de la pensée méthodiquement élaborée et progressant rationnellement. »[374] Cette ingéniosité qui est la « marque » du style jacobien peut, comme le souligne ici Hegel, jouer en quelque sorte à armes égales avec le développement rationnel car elle possède une force, faite de charme, d'attrait qui vaut la puissance de conviction d'un raisonnement logique. Si le style de Kant apprend et démontre, le style de Jacobi charme et

---

374 G.W.F Hegel. *Recension des œuvres de F.H Jacobi. Op. cit.*

entraîne. Hegel poursuit à cet égard : « nous rencontrons dans tous ces traités une richesse de tournures et d'images ingénieuses grâce auxquelles le profond se fait jour dans sa clarté et sa naïveté - des oppositions souvent très simples qui rendent attentif à une richesse pleine de sens, certains passages qui sont à eux seuls des sentences d'une très grande portée. Le mérite de ces inspirations heureuses et de ces trouvailles pleines de sens ne doit pas être méconnu, et nous avons le droit de nous abandonner à la jouissance qu'elles nous procurent dans la mesure où elles sont là pour stimuler, par le sens et la représentation, la pensée et l'activité spirituelle. » Seulement, ce style ingénieux a ses limites et il ne doit justement pas les outrepasser en prétendant former un développement rigoureux : Hegel signale ainsi le défaut de cette « façon de faire » lorsqu'elle devient spéculative et polémique. Dans *Foi et savoir* il avait relevé une autre figure stylistique jacobienne : le « galimatias ». Tout d'abord, selon Hegel, Jacobi s'occupe à « poser à la place des idées philosophiques des formules et des mots qui ne doivent être ni sus, ni compris. »[375] Puis il expose l'art du « galimatias » selon Jacobi, qui est très simple : « il consiste à saisir le rationnel avec réflexion et à le transformer en intelligible (*verständiges*), par où il devient en soi une absurdité. » Dans un même registre, mais plus critique, Lévy-Bruhl relève que la méthode que suit la doctrine jacobienne pour s'établir est contraire à la méthode philosophique : en appeler à la force du sentiment, de la conviction ou de la croyance n'est pas un argumentaire rationnellement défendable : et ce surtout parce que cette méthode n'est pas universalisable, contrairement à ce qu'en disent ses partisans. De plus une telle doctrine n'évolue pas : elle est « du premier coup tout ce qu'elle peut être. »[376] Elle ne peut même que s'éteindre, s'autodissoudre dans sa propre pauvreté et l'on retrouve ici le reproche de Schelling : Jacobi a voulu se passer du négatif (du savoir substantiel) or : « si une philosophie ne maintient pas ses assises dans le négatif, si elle veut se passer de

---

375 G.W.F Hegel. *Foi et savoir. Op. cit.*

376 Lévy-Bruhl. *Op. cit.*

lui pour atteindre immédiatement le positif, le divin, elle finit inévitablement par mourir de consomption spirituelle. Une telle étisie scientifique, voilà le vrai caractère de la philosophie de Jacobi. Car même si en chemin il découvre quelque chose sur Dieu et les choses divines, cela se réduit à si peu de choses, c'est si misérable et si pauvre comparé à la plénitude et à la richesse de la vraie connaissance religieuse, qu'on devrait déplorer le sort de l'esprit humain s'il ne pouvait en savoir davantage. »[377] À ce propos, il est remarquable de constater que Hegel et Schelling à presque vingt ans d'intervalle adressent un même reproche à la méthode de Jacobi : son aveuglement quant à la possible expression conceptuelle et scientifique d'une même philosophie. Selon Hegel : « dans la mesure où le genre ingénieux ne connaît sa manière, sa conception et sa possession du vrai que comme conscience *immédiate* et affirme, thétiquement l'exclusion du concept : il ne se reconnaît pas lui-même, il ne reconnaît pas *sa propre* intuition, aussi bien au niveau de la forme qu'au niveau du contenu, dans des expressions et des formes qui, quoique différentes des siennes, renferment le même contenu, les mêmes résultats, mais qui ont pour âme le penser et le concept. »[378] Et selon Schelling : « la philosophie du sentiment de Jacobi peut être appelée mystique, ce qui lui est d'ailleurs souvent arrivé ; sauf qu'elle manque complètement du contenu substantiel du mysticisme proprement spéculatif. Mais la même vérité qui est chez l'un sous une forme mystique peut être chez l'autre sous une forme scientifique, et inversement. Car chez celui qui l'exprime à partir d'une simple impression subjective ou d'une prétendue révélation, elle est mystique ; chez celui qui la tire des profondeurs de la science et qui, seul, la comprend donc vraiment, elle est scientifique. »[379] Evidemment les deux commentateurs songent à leurs philosophies respectives, mais il reste frappant de constater, *in fine*, le caractère *exclusif* de la position jacobienne. Et ce manque de tolérance intellectuelle, si

---

377 Schelling. *Contribution à l'histoire de la philosophie moderne. Op. cit.*
378 G.W.F Hegel. *Recension des œuvres de F.H Jacobi. Op. cit.*
379 Schelling. *Ibid.*

représentatif du *Schwärmer* sûr de lui, oblige à la polémique. Seulement Kant, comme nous l'avons vu, se dérobe face à l'affrontement direct…

3-Le combat conceptuel : Glauben und Wissen : *de la* Vernunftglaube *(foi rationnelle) à la* Vernunftanschauung *(intuition rationnelle)*

a-Foi et savoir : du postulat kantien au « sentiment de l'esprit », savoir de première main jacobien

Pour compléter et achever l'inédit *Was ist Schwärmerei ?* une reconstitution est maintenant nécessaire : celle du dialogue indirect entre Kant et Jacobi. L'antagonisme conceptuel entre les deux auteurs est axé sur les notions de foi, de savoir et de raison et l'affrontement va se situer en partie dans un contexte étonnant, digne des divagations swedenborgiennes, Jacobi semblant en effet continuer le dialogue avec l' « esprit » de Kant bien après la mort de ce dernier. Par ailleurs, ce débat, inauguré par la *Schwärmerei* et se continuant par l'examen des relations entre la foi, le savoir et la raison, va donner matière à réflexion au jeune Hegel qui publie, en 1802, *Foi et savoir. Glauben und Wissen :* par ce titre, Hegel a remarquablement montré le point crucial, le point nodal de la confrontation entre Kant et Jacobi. Même s'il inclut dans son analyse Fichte - qui s'intéresse lui aussi à ces problèmes mais n'entre pas dans le cadre de notre sujet - il a cependant fort bien aperçu que tout se joue entre les deux hommes sur ces deux notions, auxquelles va venir s'ajouter celle de raison. En effet les deux doctrines, arrivant aux mêmes points problématiques vont proposer, sur des sujets communs, des thèses fort différentes qui vont faire la spécificité de leur philosophie respective. Tout d'abord, la philosophie kantienne tout particulièrement pose comme une nécessité la recherche d'une cause du monde, recherche qui est un véritable besoin (Jacobi parlera quant à lui « d'instinct ») or, cette cause du monde ne se démontre pas et a un fondement subjectif que Kant va appeler foi. Autant d'analyses qui, on le verra, seront reprises par Jacobi mais avec d'autres termes (l'on étudiera alors la richesse du vocabulaire jacobien quant à la croyance : « sentiment de l'esprit », foi, savoir de première main). En tout premier lieu, comme l'expose Kant dans ses *Cours de métaphysique* (prononcés sans doute immédiatement avant 1781) en analysant la théologie rationnelle : la recherche d'une cause du monde est naturelle à l'homme. Jacobi, citant Hemsterhuis, défendra la même théorie. Kant écrit ainsi : « Les problèmes arbitraires de la raison sont suscités par la curiosité, seuls quelques problèmes sont fournis par la nature même de l'entendement, et ces questions forment les problèmes naturels de l'entendement et de la raison pure. L'homme est par nature incliné à se former l'idée de quelque chose qui est distinct de la nature, ou qui doit en être la cause. Que cela soit un problème naturel de la raison pourrait se démontrer à partir de l'expérience, puisque tous les peuples ont toujours eu un concept, si corrompu soit-il, d'un Être premier. (...) Que tous les événements puissent être sans un premier commencement, voilà qui est tout à fait opposé à la raison commune, il doit y avoir une première cause de tout. Voilà donc un problème très naturel de la raison. (...) Comme premier commencement, il doit y avoir un être qui agit par volonté libre (...) par suite, la première cause est une intelligence *libre et raisonnable*. C'est une conséquence naturelle du besoin de la raison. Cette cause suprême du monde, distincte de lui, possédant entendement et volonté libre, est Dieu. »[380] Ainsi, c'est ce même « besoin de la raison » (point d'appui de l'orientation kantienne) qui demande véritablement une cause du monde, appelée Dieu. Ce besoin est donc naturel, présent en tous les hommes. Et cette exigence naturelle de la raison est une demande d'inconditionné par rapport au conditionné que l'on constate et qui nous pousse à nous interroger et à remonter la série des conditions. Jacobi, nous l'avons vu, fera, à ce sujet, les mêmes réflexions. Pour Kant cependant, cette recherche de l'inconditionné est possible mais uniquement au moyen de la raison pratique ; cette dernière trouve devant elle le champ qui a été fermé à la raison spéculative et peut, à partir de là, si elle en a la capacité, progresser dans l'exploration du suprasensible, sans abandonner justement le terrain rationnel. Comme l'écrit Kant dans la préface à la seconde édition de la *Critique de la raison pure :*

---

380 AK XXVIII (1), 302-303 ; OP I, 701-702-703. Trad. J. Rivelaygue.

« ce qui nous pousse nécessairement à sortir des limites de l'expérience et de tous les phénomènes, c'est l'*inconditionné* (*das Unbedingte*) que la raison demande dans les choses en soi nécessairement et à plein droit, pour tout conditionné, ce qui est demander l'achèvement de la série des conditions. (...) Or il nous reste encore à chercher, après avoir refusé à la raison spéculative tout progrès dans le champ du suprasensible, s'il ne se trouve pas dans sa connaissance pratique des données pour déterminer ce concept rationnel transcendant de l'inconditionné, et de cette manière, conformément au vœu de la métaphysique, parvenir au-delà des limites de toute expérience possible, avec notre connaissance *a priori*, mais seulement dans une visée pratique. Et dans une telle démarche, la raison spéculative nous a cependant procuré du moins une place pour un tel élargissement, bien qu'elle ait dû la laisser vide, et nous sommes donc libres, elle-même nous y invite, de la remplir avec des données pratiques, si nous le pouvons. »[381] Or, Jacobi, citant Hemsterhuis, reprend à son compte une telle généalogie de la religion. En effet, l'appendice II des *Lettres à Mendelssohn* est constitué par un texte de Hemsterhuis (1720-1790) intitulé *Dioclès à Diotima. Sur l'athéisme*. Hemsterhuis s'y livre à une véritable généalogie du sentiment religieux, analyse à laquelle Jacobi adhère totalement : « à la connaissance de la divinité, à sa vénération quelle qu'elle soit, ou à la religion l'homme est conduit par toute l'organisation intérieure de sa nature », la vue « du soleil, du ciel étoilé, d'un arc-en-ciel » suscite en l'âme de l'homme une progressive admiration « mais, dès que l'homme eut commencé à distinguer les objets, leur nombre fut trop grand pour sa compréhension. Son attention resta alors dirigée surtout sur celui qui lui parut le plus grand, le plus beau, le plus brillant ; et cet objet devint alors à ses yeux ce qu'il y a de plus élevé par rapport à tout le reste ». Dans sa reconstitution progressive de l'apparition de l'idée de Dieu en l'homme donc, l'on peut remarquer que Hemsterhuis insiste sur son caractère naturel relevant au passage l'effet « élévateur » que produit le « ciel étoilé », autre

[381] AK III, 13-14 ; OP I, 742-743. Trad. A.J.L. Delamarre et F. Marty.

formule kantienne par excellence. D'ailleurs Kant, s'il ne démontre pas Dieu, le déduit dans l'*Histoire générale de la nature et théorie du ciel* du fait de la régularité que l'homme peut observer dans la nature. Il écrit ainsi : « La matière, qui constitue l'élément originel de toutes choses, est (...) liée à certaines lois et, laissée librement à ces lois, elle doit produire nécessairement d'heureuses combinaisons. Elle n'est pas libre de s'écarter de ce plan de perfection. Comme elle se trouve donc soumise à une intention souverainement sage, elle doit nécessairement avoir été placée dans des rapports présentant un tel accord par une cause première qui règne sur elle, et *il y a un Dieu précisément parce que la nature, même dans le chaos, ne peut pas procéder autrement que de façon régulière et ordonnée.* »[382] De même, Kant montre l'évidence de l'existence de Dieu en tant qu'il est le fondement de toute possibilité. Ici encore, Dieu ne peut pas ne pas exister : il apparaît comme un besoin inhérent à la nature humaine elle-même. Dans sa *Recherche sur l'évidence des principes de la théologie naturelle et de la morale*, il le souligne bien : le métaphysicien ne peut *que* rechercher ce concept d'un être absolument nécessaire : il doit en quelque sorte l'admettre comme une obligation, comme une nécessité : « Le concept fondamental qui se présente (...) au métaphysicien est l'existence absolument nécessaire d'un être. Pour y parvenir, il pourrait d'abord se demander s'il est possible que n'existe absolument rien. Quand il s'aperçoit qu'absolument aucune existence n'est donnée, que rien n'est plus pensable et qu'il n'y a aucune possibilité, *il ne peut alors que rechercher* [c'est moi qui souligne] le concept de l'existence de ce qui doit être au fondement de toute possibilité. Cette pensée s'étendra et fixera le concept déterminé de l'Être absolument nécessaire. »[383] Il reprend ces analyses dans *L'Unique fondement possible d'une démonstration de l'existence de Dieu*, œuvre dans laquelle il montre justement que ce seul fondement, ce *Grund* est celui de la possibilité : du *Realgrund* de toute possibilité. Sans fondement réel, la

---

382 AK I, 228 ; OP I, 45.
383 AK II, 296-297 ; OP I, 244.

possibilité est possible formellement, par le principe de contradiction, mais seul le fondement réel peut justifier toute la possibilité et par là se prouver comme existant nécessairement. Ainsi, dans le paragraphe intitulé : « Il existe un Être absolument nécessaire », il écrit : « Toute possibilité (*Möglichkeit*) présuppose quelque chose de *réel* en quoi et par quoi tout pensable est donné. Par suite, il y a une réalité certaine, dont l'abolition signifierait « abolition » de toute possibilité en général. Mais ce dont l'abolition ou la négation anéantit toute possibilité est absolument nécessaire. Par suite, il existe quelque être absolument nécessaire. »[384] Il montre ensuite que cet être nécessaire est unique, simple, immuable et éternel. Toutes ces déductions sont extrêmement importantes car elles montrent que la « démonstration » kantienne part toujours d'une évidence métaphysique : elle ne déduit pas Dieu d'arguments rationnels postulés au départ, elle n'a aucunement la rigueur logique de l'argument ontologique de Saint Anselme et de Descartes ; mais elle a l'avantage de ne jamais postuler d'opinions indémontrables ou tout simplement non évidentes. À chaque fois la « démonstration » kantienne part d'un fait métaphysique évident pour tous et incontestable : statut que Jacobi souhaiterait quant à son « sentiment ». A. Philonenko remarque d'ailleurs à juste titre qu'en 1763, « Kant soumet (...) à la critique les preuves traditionnelles de l'existence de Dieu. »[385] Cependant, il n'abandonne pas, nous l'avons vu, la volonté d'une preuve par l'évidence métaphysique et il revient à cette même idée dans la *Critique de la raison pratique*. Cette fois il s'appuie sur le concept de la liberté, que l'on ne peut nier et qui est incontestable, pour donner à l'idée de Dieu consistance et réalité : « le concept de la liberté, en tant que la réalité en est prouvée par une loi apodictique de la raison pratique, forme la clef de voûte de tout l'édifice d'un système de la raison pure, y compris de la raison spéculative, et tous les autres concepts (ceux de Dieu et de l'immortalité) qui, en tant que simples idées, restent sans appui dans la raison spéculative,

---

384 AK II, 83 ; OP I, 339.

385 A. Philonenko *L'oeuvre de Kant. Op. cit.*

se rattachent maintenant à ce concept et acquièrent avec lui et par lui consistance et réalité objective ; autrement dit leur possibilité est prouvée par le fait que la liberté est réelle ; car cette idée se manifeste par la loi morale. »[386] Une fois encore cependant, la « preuve » est évidente mais elle n'est pas immédiate : l'existence *de facto* de la liberté prouve que Dieu existe mais il ne s'agit en aucun cas d'une révélation et ici encore, la médiation d'un concept (qu'il s'agisse de la possibilité ou de la liberté) est nécessaire à l'établissement de la « preuve ». Seulement, si une médiation est bien nécessaire, la raison spéculative ne peut pour autant prouver Dieu selon Kant. Il démontre fort bien dans la *Critique de la raison pratique* (dans un passage un peu long mais qui mérite d'être cité entièrement) que la raison spéculative ne peut et ne pourra jamais prouver Dieu : tout simplement parce que cela n'est pas de son ressort, cela ne fait pas partie de ses attributions, cela n'appartient pas à son domaine. Ceux qui se vantent - mésusant par excès de leur raison - de prouver Dieu par leur raison spéculative n'ont qu'à essayer, mais leur mutisme démontre de manière flagrante leur erreur et leur impuissance. « Il serait sans doute plus satisfaisant pour notre raison spéculative de résoudre ces problèmes [ceux de l'existence de Dieu, de la liberté et de l'immortalité] par elle-même (...), et de les tenir prêts pour éclairer l'usage pratique, mais notre pouvoir de spéculation ne jouit pas de tels avantages. Ceux qui se vantent de posséder des connaissances si élevées devraient ne pas les garder pour eux-mêmes, mais les exposer publiquement, afin de les faire examiner et admirer. Ils veulent *prouver* ; eh bien, qu'ils prouvent et la critique, les proclamant vainqueurs, déposera ses armes à leurs pieds (...) Puisqu'en effet ils ne le veulent pas, probablement parce qu'ils ne le peuvent pas, il ne nous reste qu'à reprendre les armes pour chercher dans l'usage moral de la raison et fonder sur cet usage, les concepts de *Dieu*, de la *liberté* et de l'*immortalité*, dont la spéculation ne parvient pas à garantir suffisamment la *possibilité*. »[387] De toute façon le

---

386 AK V, 3-4 ; OP II, 610.

387 AK V, 5 ; OP II, 611-612. Trad. L. Ferry et H. Wismann.

besoin qui est une nécessité pour l'homme, est avant tout celui de supposer non de démontrer rationnellement et spéculativement : « C'est, en effet, le besoin nécessaire de la raison - et ce besoin durera aussi longtemps que nous autres hommes - de supposer tout simplement et non de démontrer l'existence d'un être suprême. »[388] Et c'est justement dans cette nuance entre une supposition nécessaire et la démonstration que réside l'originalité de la position kantienne. Toujours dans ses *Cours de Métaphysique*, Kant appelle « foi » cette « supposition nécessaire de la raison » qui a Dieu pour objet, tout en affirmant bien que nous ne pouvons pour autant démontrer l'existence de Dieu : « ... les fondements subjectifs de la supposition nécessaire sont aussi importants que les fondements objectifs de la certitude. Une telle hypothèse, qui est nécessaire, est nommée *foi*. Ainsi, quoique nous ne puissions démontrer l'existence de Dieu et du monde futur, nous avons cependant un fondement subjectif pour l'admettre : parce qu'elle est une hypothèse nécessaire de la raison, et que celui qui la nie est conduit *ad absurdum logicum et praticum*, où il entre en contradiction avec son propre entendement et son libre arbitre. »[389] Jacobi, quant à lui, dans *Des choses divines et de leur révélation*, reprend la thèse du « messager de Wandsbeck » dont les œuvres et leur recension sont le sujet de départ de l'ouvrage. Selon lui : « il règne en l'homme, inextirpable comme les idées, la conscience d'une faculté et d'un besoin instinctif de s'élever au-dessus de tout ce qui est seulement naturel, par l'esprit, par l'intention, la fin et la pensée. (...) On ne peut, en l'homme, séparer de cette conscience le regard qu'il lève vers un être au-dessus de lui, qui n'est point seulement un Très-Haut, mais qui est Dieu, l'Unique » et la conscience de l'esprit donne donc à l'âme le « pressentiment de Dieu »... Toutes ces propositions, Jacobi dit les approuver complètement : or il faut bien relever ici que l'expression employée est « besoin instinctif » :besoin certes moins élaboré que le « besoin de la raison » kantien mais besoin quand même. Sur ce qualificatif « d'instinctif » qui pourrait

---

388 *Qu'est-ce que s'orienter dans la pensée ?* AK VIII, 141. Trad. A. Philonenko.
389 AK XXVIII (1), 304 ; OP I , 704.

paraître choquant ou exagéré, Jacobi s'explique en comparant directement l'instinct de l'homme à celui de l'animal : « chez l'animal, l'instinct est une sorte de prophétie. Il en est une aussi chez l'homme, mais plus haute. L'instinct fait chercher et trouver à l'animal ce qu'il désire sans le connaître : je veux dire la nourriture qu'il n'a jamais goûtée encore, qui est éloignée de lui et cachée à ses yeux. Eh bien ! l'homme est en quête aussi : mais en quête de quelque chose d'invisible qu'il ne connaît pas non plus, et dont il n'a le sentiment que par le besoin qu'il en éprouve : le besoin propre à un esprit dont l'essence est de savoir qu'il n'a pas son être en lui-même, et qu'il existe uniquement par la grâce d'un autre, sans qui la vie s'évanouit. »[390] Comme l'explique Lévy-Bruhl, la raison, pour Jacobi, ne « connaît pas Dieu, car l'absolu, pour un être fini, est inconnaissable. Mais elle est l'instinct qui nous fait chercher Dieu ». De même, pour Kant, nous ressentons le besoin de supposer nécessairement Dieu mais nous ne pouvons pas pour autant savoir qu'il y a un Dieu. C'est ce qu'il explique dans un passage de la *Critique de la raison pure* que Jacobi cite dans sa *Réponse aux accusations de Mendelssohn* quand il explique que Kant n'a pas enseigné autre chose que ses propres théories, extrait très intéressant par conséquent :« Sans doute personne ne peut-il se vanter de *savoir* qu'il y a un Dieu et une vie future ; car s'il le sait, il est précisément l'homme que je cherche depuis longtemps. Tout savoir (quand il concerne un objet de la simple raison) peut se communiquer, et je pourrais alors espérer aussi de voir mon savoir étonnamment étendu par ses leçons. »[391] Cependant Kant poursuit : « Mais non, la conviction ici n'est pas une certitude logique, mais une certitude morale ; et puisqu'elle repose sur des fondements subjectifs (la disposition morale) (*des moralischen Gesinnung*) je ne dois même pas dire : *Il* est moralement certain qu'il y a un Dieu, etc. , mais : *Je* suis moralement certain, etc. Cela veut dire que la foi en un Dieu et en un autre monde est tellement unie à ma disposition morale que je ne cours pas plus le risque de perdre cette foi que

390 *Jacobi's Werke* T. III, 216.
391 AK III, 536 ; OP I, 1382.

je ne crains de pouvoir être dépouillé de cette disposition intérieure. »[392] Ainsi, l'on voit Kant défendre ici une théorie de la certitude morale subjective et Jacobi admettre que l'on ne peut savoir que Dieu existe, cependant rien de tout cela n'est contradictoire car les termes clefs restent et demeurent les mêmes c'est-à-dire : foi et savoir, sans recouvrir pour autant une même signification...

Ainsi, l'une des causes essentielles de la tentative de récupération de Kant par Jacobi est constituée par la fameuse phrase de la préface de la *Critique de la raison pure* selon laquelle il faut supprimer le savoir pour laisser une place pour la foi. Ce passage est primordial car toute la relation Kant / Jacobi va se jouer autour de notions telles que le savoir, la foi, le « tenir pour vrai » (*Fürwahrhalten*) en matière religieuse notamment ; Kant répondant à ces questions par des postulats de la raison pratique, par la foi rationnelle et Jacobi y répondant par la « certitude immédiate » de la foi, par le « sentiment de l'esprit » qui est un savoir de première main. Tout d'abord, il s'agit d'étudier la position kantienne quant aux différents degrés du « tenir pour vrai ». Dans la préface de la *Critique de la raison pure*, il distingue en premier lieu penser et connaître : selon lui, nous ne pouvons connaître un objet comme chose en soi mais seulement en tant qu'il est un objet de l'intuition sensible c'est-à-dire un phénomène : « cependant, et il faut bien le remarquer, cette réserve est toujours à faire, que bien que nous ne *connaissions* (*erkennen*) pas ces objets comme choses en soi, du moins devons-nous pouvoir les penser (*denken*) [Note de Kant : Pour *connaître* un objet, il faut pouvoir en prouver la possibilité (soit par le témoignage de l'expérience de sa réalité, soit *a priori* par la raison). Mais je puis penser ce que je veux, pourvu que je ne me contredise pas moi-même, c'est-à-dire pourvu que mon concept soit une pensée possible, bien que je ne puisse pas répondre que dans l'ensemble de toutes les possibilités un objet corresponde ou non à ce concept. Mais pour attribuer à un tel concept une valeur objective (une possibilité réelle, car la première était simplement logique),

---

392 AK III, 536-537 ; OP I, 1382.

davantage est exigé. Mais ce quelque chose de plus n'a pas besoin d'être cherché dans les sources théoriques de la connaissance, il peut bien se trouver dans les sources pratiques.] »[393] Cette différenciation est très importante car elle est le fondement de la déclaration kantienne, qui fut volontairement déformée par Jacobi pour les besoins de sa cause théorique. En effet, si Kant admet qu'il faille laisser une place pour la foi au détriment du savoir, ce n'est pas du tout dans la perspective d'une croyance aveugle et irrationnelle, mais c'est uniquement pour lutter contre les prétentions de la raison dogmatique. Ainsi Kant parle contre Mendelssohn et les rationalistes dogmatiques, qui s'imaginent atteindre des réalités suprasensibles et transcendantes par leur raison : mais il ne se situe pas pour autant dans le « camp » de Jacobi et de ses épigones ; seulement la tentation était grande pour ce dernier d'assimiler la critique de ses ennemis à la défense de sa doctrine. Kant écrit précisément : « Je ne puis (...) même pas *admettre Dieu, la liberté* ou *l'immortalité* au service de l'usage pratique de ma raison, si je ne *démets* en même temps la raison spéculative de sa prétention à des intuitions transcendantes parce que pour y parvenir elle doit se servir de principes qui, du moment qu'ils ne s'étendent en fait qu'aux objets de l'expérience possible, et s'ils sont cependant appliqués à ce qui ne peut être un objet de l'expérience, le transforment réellement en phénomène, et déclarent ainsi impossible toute *extension pratique* de la raison pure. Je devais donc supprimer le *savoir* pour trouver une place pour la *foi*, et le dogmatisme de la métaphysique, c'est-à-dire le préjugé de progresser en elle sans critique de la raison pure, est la vraie source de toute incrédulité, qui est en conflit avec la moralité et est toujours très dogmatique. »[394] De même, Kant va différencier, à plusieurs reprises et dans des œuvres différentes, l'opinion, le savoir et la foi, qui sont autant de degrés du fait de « tenir pour vrai » et qui se différencient justement selon la plus ou moins grande objectivité ou subjectivité du « tenir pour vrai », distinction

393 AK III, 17 ; OP I, 745-746.
394 AK III, 18-19 ; OP I, 748.

capitale dans le cadre du rapport à Jacobi. Il écrit donc dans un paragraphe intitulé : « De l'opinion, du savoir et de la foi (*Vom Meinen, Wissen und Glauben*) » : « L'acte de tenir pour vrai (la créance) (*das Fürwahrhalten*) est un fait de notre entendement qui peut reposer sur des raisons objectives, mais qui exige aussi des causes subjectives dans l'esprit de celui qui juge. Quand cet acte est valable pour chacun, pour peu qu'il ait seulement de la raison, la raison en est objectivement suffisante, et le fait de tenir pour vrai s'appelle alors *conviction* (*Überzeugung*). Quand il a uniquement son fondement dans la nature particulière du sujet, on le nomme *persuasion* (*Überredung*). »[395] Cette différenciation est, une fois encore, très importante car elle va conditionner la différence entre la foi et le savoir, distinguo qui sépare nettement le point de vue kantien du point de vue jacobien. « La créance (*Fürwahrhalten*) ou la valeur subjective du jugement par rapport à la conviction (qui a en même temps une valeur objective) présente les trois degrés suivants : l'*opinion*, la *foi* et le *savoir*. L'*opinion* est une créance qui a conscience d'être insuffisante subjectivement *aussi bien* qu'objectivement. Quand la créance n'est suffisante que subjectivement, et qu'en même temps elle est tenue pour objectivement insuffisante, elle s'appelle *foi*. Enfin celle qui est suffisante subjectivement aussi bien qu'objectivement s'appelle *savoir*. La suffisance subjective s'appelle *conviction* (pour moi-même) , la suffisance objective *certitude* (*Gewißheit*) (pour chacun) . »[396] Nous verrons que, pour Jacobi, la foi est certitude immédiate mais signifie pour lui un savoir subjectif évident, ce qui démontre bien l'emploi de mêmes notions en des sens totalement différents, prétexte à confusions, rapprochements hâtifs, etc. Il est à noter que Kant réitère sa distinction dans *Sur un ton supérieur nouvellement pris en philosophie* entre les trois degrés du *Fürwahrhalten* mais en distingue un quatrième, l'apanage des philosophes du sentiment à savoir le « pressentiment du suprasensible. »[397] Cependant, selon Kant,

---

395 AK III, 531-532 ; OP I, 1376.
396 AK III, 532-533 ; OP I, 1377-1378.
397 AK VIII, 397 ; OP III, 406.

comme nous l'avons vu, on ne peut pas « savoir » qu'il y a un Dieu, la certitude est ici « morale », elle repose sur des « fondements subjectifs ». Dans *Qu'est-ce que s'orienter dans la pensée ?* il est même plus radical et oppose la croyance au savoir, en remarquant que jamais la croyance rationnelle (ou plutôt la foi rationnelle qui traduit *Vernunftglaube*) ne peut se transformer en savoir : « est « croyance » l'assentiment (*Fürwahrhalten*) subjectivement satisfaisant, mais objectivement lié à la conscience de son insuffisance : la croyance est par conséquent opposée au savoir. (...) la pure croyance rationnelle (*Vernunftglaube*) ne peut jamais, par toutes les données de la raison et de l'expérience, être transformée en un savoir (*ein Wissen*), puisqu'en celle-ci le principe de l'assentiment (*der Grund des Fürwahrhaltens*) est purement subjectif. »[398] Comme le remarque très clairement Lévy-Bruhl, le dissentiment entre les deux philosophes éclate à l'occasion de cette confrontation entre foi (ou croyance) et savoir : « Chacun distingue la croyance du savoir. Mais tandis que Kant, très justement, (...) fonde cette distinction sur l'insuffisance des preuves dans le cas de la croyance, tandis qu'il voit dans la croyance un savoir imparfait, Jacobi prétend subordonner le savoir qui démontre à la croyance immédiate, intuitive et sans preuves. Il ajoute, il est vrai, que cette croyance est un « sentiment de la raison ». Mais, réplique Kant, la « raison ne sent point » ; et il ne peut pas non plus y avoir d'intuition ni de révélation immédiate, qui nous assure de l'existence d'un être tel que Dieu. Ainsi personne ne peut être convaincu de l'existence d'un être suprême par une intuition *d'abord* ; c'est la « croyance de la raison » qui doit se prononcer en premier lieu. »[399] L'on perçoit bien ici le caractère irréconciliable des deux doctrines qui, cependant, se prêtent à un rapprochement en utilisant un vocabulaire similaire pour désigner des réalités différentes. Kant va même jusqu'à définir la croyance comme « un principe permanent du cœur » mais en précisant bien cependant que ce principe admet comme vrai ce qu'il est

---

398 AK VIII, 141. Trad. A. Philonenko.

399 Lévy-Bruhl. *La philosophie de Jacobi*. *Op. cit.*

nécessaire de présupposer etc. : même quand il semble extrêmement proche théoriquement de Jacobi, il en est donc fort éloigné : « La croyance (*Glaube*) (comme *habitus* non comme *actus*) est le mode de penser moral de la raison dans le fait de tenir pour vrai ce qui est inaccessible à la connaissance théorique. Elle est donc le principe permanent du cœur (*das Gemüt*) qui admet comme vrai ce qu'il est nécessaire de présupposer comme condition pour la possibilité du but final moral suprême, à cause de l'obligation qui s'y attache ; même si nous ne pouvons en apercevoir la possibilité pas plus que l'impossibilité. »[400] Cette notion de supposition ou de présupposition est capitale dans la doctrine kantienne car elle est le fondement du concept de postulat, qui fait - comme l'a remarqué Hegel - toute la différence entre la théorie kantienne et celle de Jacobi. Dans ses *Cours de métaphysique*, Kant écrit ainsi : « La connaissance de Dieu n'a jamais été rien de plus qu'une hypothèse nécessaire de la raison théorique et pratique. Mais quand bien même elle ne serait rien de plus qu'une supposition nécessaire de la raison, elle a cependant alors une certitude pratique et mérite l'approbation à un degré tel que, même si l'on ne peut la prouver, celui qui veut user de raison et de libre arbitre doit nécessairement la supposer, s'il ne veut point agir comme un insensé ou comme un scélérat. »[401] Il est donc très proche de sa théorie du postulat, qui est aux antipodes de la conception jacobienne. En effet, pour Jacobi, on le verra, l'existence de Dieu n'est ni une hypothèse, ni un postulat : c'est une certitude et une évidence : pour lui nul n'est besoin d'aucune médiation de quelque sorte que ce soit, « l'intuition immédiate » de Dieu se suffit à elle-même. Or Kant n'envisage le fait d'admettre l'existence de Dieu que dans le cadre du besoin de la raison, besoin qui est hypothèse dans l'optique de la raison théorique et qui est postulat dans l'optique de la raison pratique : « C'est en effet, le besoin nécessaire de la raison (...) de supposer tout simplement et non de démontrer l'existence d'un être suprême. Par rapport à l'usage théorique qui lui donne

---

400 *Critique de la faculté de juger*. AK V, 470-471 ; OP II, 1281-1282-1283.
401 AK XXVIII (1), 304 ; OP I, 703-704.

satisfaction, le besoin de la raison pourrait être dit une « hypothèse rationnelle ». Entendons : une opinion qui, procédant de principes subjectifs, serait suffisante pour entraîner l'assentiment (*zu Fürwahrhalten*) parce qu'espérer en d'autres principes, pour expliquer certains effets, serait impossible, et que la raison n'en a pas moins besoin d'un principe d'explication. On pourrait par contre appeler « postulat de la raison » la croyance rationnelle qui, au point de vue pratique, s'appuie sur le besoin, dans la vie morale, de l'usage de la raison. Non certes, comme s'il s'agissait d'un acte d'intellection qui donnerait satisfaction à toutes les exigences logiques de la certitude, mais parce que cet assentiment ne le cède en dignité à aucun savoir même s'il s'en distingue pleinement selon sa nature. »[402] Il distingue de même la foi dite « doctrinale », de la foi morale : le mot « foi » dans le premier cas est « une expression de la modestie au point de vue *objectif* mais il exprime en même temps la fermeté de la confiance au point de vue subjectif », dans le deuxième cas : « il est absolument nécessaire que quelque chose arrive, c'est-à-dire que j'obéisse en tous points à la loi morale. Le but est ici inévitablement fixé, et il n'y a, suivant toutes mes lumières, qu'une seule condition possible qui permette à ce but de s'accorder avec toutes les fins dans leur ensemble, et lui donne ainsi une valeur pratique : c'est qu'il y ait un Dieu, et un monde futur. (...) Si donc le précepte moral est en même temps ma maxime (comme la raison ordonne qu'il le soit), alors je croirai inévitablement à l'existence de Dieu et à une vie future, et je suis certain que rien ne peut faire chanceler cette croyance, puisque cela renverserait mes principes moraux mêmes auxquels je ne saurais renoncer sans être exécrable à mes propres yeux. »[403] Par conséquent, la foi apparaît bien dans les deux cas comme une supposition même si l'une est nécessaire et l'autre non. Or Kant va remarquer la solidité de cette supposition lorsqu'elle est nécessaire, allant jusqu'à l'assimiler à la sûreté d'un fait objectif. Il démontre ainsi dans ses *Cours de*

---

402 *Qu'est-ce que s'orienter dans la pensée ?* AK VIII, 141. Trad. A. Philonenko.
403 *Critique de la raison pure.* AK III, 536 ; OP I, 1382.

métaphysique que « la foi solide, simplement par le fait qu'elle est une condition nécessaire, est quelque chose *de si assuré et de si bien fondé subjectivement* que ce qui repose sur des fondements objectifs ne peut être davantage consolidé dans l'âme. » Il ajoute : « *La solidité de cette supposition est aussi forte subjectivement que les premières démonstrations objectives des mathématiques*, bien qu'elle ne soit pas aussi forte objectivement. Si j'ai une solide conviction, je ne lirai jamais les objections qui sont faites contre elle, si ce n'est par curiosité, puisque rien n'est capable de m'écarter de cette foi. Car, quoique je ne puisse la démontrer, elle est pourtant une supposition nécessaire de la raison. Cette foi subjective est en moi aussi solide, si ce n'est plus, que les démonstrations mathématiques. Car, sur cette foi, je puis tout parier, tandis que si je devais tout parier sur une démonstration mathématique, je voudrais bien en retrancher quelque chose : il pourrait bien, en effet, se trouver un endroit où l'entendement se fût trompé. »[404] Il y a donc bien une nécessité subjective à admettre l'idée de Dieu, besoin de la raison qui s'assimile à une loi. C'est dans la *Critique de la raison pratique* que Kant analyse le plus précisément cette idée, corrélative de la notion de *postulat*. On peut et on doit donc admettre les idées de Dieu et de l'immortalité et l'on a ici affaire « à un principe purement subjectif d'assentiment, qui est cependant valable objectivement pour une raison tout aussi pure [que la raison spéculative] mais pratique et qui confère aux idées de Dieu et de l'immortalité, moyennant le concept de liberté, la réalité objective et le droit, voire la nécessité subjective (le besoin de la raison pure) (*Bedürfniß der reinen Vernunft*) de les admettre, sans qu'il en résulte une extension de la connaissance théorique de la raison, mais seulement la possibilité de cette extension... » Or ce besoin, cette nécessité de supposer n'est pas une simple hypothèse en vue d'obtenir quelque chose d'autre, ce n'est pas un moyen au service d'une fin mais c'est bel et bien un besoin-loi auquel on ne peut se soustraire : « Ce besoin n'est nullement un besoin hypothétique, lié à un dessein quelconque de la

---

404 AK XXVIII (1), 304-305 ; OP I, 704.

spéculation suivant lequel on devrait admettre quelque chose si l'on veut, dans la spéculation, s'élever jusqu'à l'usage complet de la raison, mais un besoin-loi (*Gesetzliches Bedürfniß*) d'admettre quelque chose sans quoi ne peut avoir lieu ce qu'on *doit* sans relâche se proposer pour but de son action. »[405] Et c'est cette nécessité subjective que Kant va appeler postulat de la raison pratique, lequel est fort différent des postulats de la mathématique pure : « ceux-ci postulent la *possibilité d'une action* dont on a d'abord reconnu *a priori* théoriquement et avec une entière certitude, l'objet comme possible. Celui-là postule la possibilité d'un *objet* même (de Dieu et de l'immortalité de l'âme) d'après des lois pratiques apodictiques, donc uniquement au profit d'une raison pratique ; car cette certitude de la possibilité postulée n'est pas du tout une nécessité connue de façon théorique, ni non plus par suite de façon apodictique, c'est-à-dire une nécessité connue par rapport à l'objet, mais une supposition nécessaire par rapport au sujet, pour l'observation des lois objectives mais pratiques de la raison, et, par conséquent, c'est seulement une hypothèse nécessaire. Je n'ai pu trouver de meilleure expression pour désigner cette nécessité subjective, mais pourtant vraie et inconditionnée, de la raison. »[406] C'est ainsi que finalement, Kant affirme de l'existence de Dieu qu'elle est un « postulat de la raison pure pratique », fondé sur une « foi rationnelle », très différente de la foi jacobienne...

En effet, la foi jacobienne va se définir quant à elle comme certitude immédiate et comme savoir de première main. Dans les *Lettres à Mendelssohn*, Jacobi est très clair sur ce point, lorsqu'il répond à Mendelssohn lui expliquant que le judaïsme « n'ordonne point de foi en des vérités éternelles » : « Cher Mendelssohn, nous naissons tous dans la foi et devons rester dans la foi, de même que nous naissons dans la société et devons rester dans la société. Comment pouvons-nous rechercher la certitude (*Gewißheit*) si la certitude ne nous est pas déjà connue d'avance ? Et comment peut-elle nous être

---

405 AK V, 5 ; OP II, 611.

406 AK V, 12 ; OP II, 619.

connue autrement que par quelque chose que nous connaissons déjà avec certitude ? Cela conduit à l'idée d'une certitude immédiate (*unmittelbaren Gewißheit)* qui non seulement n'a pas besoin de preuves, mais qui encore exclut absolument toutes les preuves et qui est uniquement une représentation s'accordant avec la chose représentée (donc a son fondement en soi). » Il distingue quand même la foi « en général » de la foi religieuse mais pour lui l'homme baigne en permanence dans le milieu de la foi qui est omniprésente : « C'est par la foi que nous savons que nous avons un corps et qu'il y a en dehors de nous d'autres corps et d'autres êtres pensants. Véritable révélation, révélation merveilleuse. (...) Ainsi nous avons donc une révélation de la nature qui non seulement ordonne, mais contraint tous les hommes de croire et d'accepter par la foi des vérités éternelles. C'est une autre foi qu'enseigne la religion chrétienne ; elle ne l'ordonne pas. Cette foi a pour objet non pas des vérités éternelles, mais la nature finie accidentelle de l'homme. Elle enseigne à l'homme comment il peut faire siennes des qualités lui permettant de faire des progrès dans son existence, d'arriver à une vie plus haute, de s'élancer par là vers une conscience plus haute et, en elle, vers une connaissance plus haute. Celui qui fait sienne cette promesse, qui se met fidèlement en route pour sa réalisation, celui-là a la foi qui donne ici la béatitude. » Pour Jacobi par conséquent, il n'y a pas de doute à avoir : il explique ainsi dans sa préface de 1815 à *Idéalisme et réalisme* qu'il eut le courage « de fonder toute sa philosophie sur la ferme *croyance* sortie tout droit d'une docte ignorance, à laquelle elle s'identifie en vérité ; croyance qui réside en chaque homme si assurément que chaque homme, en vertu de sa raison, présuppose nécessairement un vrai, un bon et un beau en soi qui ne sont pas un simple non-néant, et ne devient homme qu'avec cette présupposition et grâce à elle. » Le terme traduit ici par « croyance » est le terme *Glaube* ou *Glauben* que nous préférons traduire, par tradition philosophique, par *foi*. Toujours est-il que cette foi est pour Jacobi non seulement immédiate mais universelle : il en fait même la marque de l'humanité : ce par quoi l'homme peut se définir : elle est de plus la « silhouette » du savoir de Dieu en l'homme. D'ailleurs, selon lui, cette croyance ne peut pas plus devenir savoir que dans la doctrine kantienne, seulement c'est pour une raison autre, en effet, si cette croyance devenait savoir, nous serions Dieu : il écrit ainsi toujours dans sa préface de 1815 à *Idéalisme et Réalisme :* « ... la croyance en Dieu, en la liberté, la vertu et l'immortalité, c'est cette croyance qui est le bien le plus précieux de notre espèce ; elle est la marque distinctive de l'humanité ; elle est, pourrait-on dire, l'âme raisonnable elle-même, et de ce fait non seulement plus antique que tous les systèmes inventés et les arts enseignés par les hommes, mais même, en tant que force immédiatement émanée de Dieu, elle leur est à tous essentiellement supérieure. La croyance est la silhouette du savoir et du vouloir divins dans l'esprit fini de l'homme. Si nous pouvions transformer cette croyance en un savoir, alors s'accomplirait la promesse que, dans le Paradis, le serpent fit à Eve pleine de convoitise : nous deviendrions comme Dieu. » Seulement, malgré cette remarque, la croyance jacobienne se veut l'équivalent du savoir, contrairement aux conceptions de Kant et de Hume. En effet, comme le fait remarquer Bolnow, un commentateur du dialogue *Idéalisme et Réalisme :* « le mot *Glauben* dont Jacobi prétend justifier l'emploi en se recommandant de Hume, a chez lui un sens tout différent de celui du terme *belief* chez Hume... Pour Hume, c'est un synonyme de : *assent* et *opinion*, pour signifier, face à la certitude du savoir, un pur *Für-wahr-halten*, une manière de penser à laquelle, au strict point de vue de la science, on ne peut attribuer que la probabilité suffisante pour les exigences de la vie pratique. » L'on retrouve ici tout à fait la conception kantienne de la foi. Mais « quand au contraire Jacobi parle de croyance en une réalité, il désigne bien, comme Hume, une forme de savoir indémontrable, mais ce caractère indémontrable ne signifie pas pour lui un degré inférieur de certitude mais une manière d'être donné qui prend place à côté du savoir indémontrable avec un caractère spécifique et une légitimité particulière et qui, par conséquent peut s'affirmer à côté et finalement au-dessus de celui-ci. » L'on peut relever, comme nous l'avons vu, deux types de foi chez Jacobi : d'une part la foi plus « empiriste » qui s'assimile au savoir et d'autre part la foi religieuse qui, elle, est une certitude immédiate mais n'est pas véritablement un savoir, sinon nous deviendrions

Dieu. Hegel remarque ainsi dans *Foi et Savoir* que Jacobi a étendu la foi au savoir du particulier : il définit d'abord la foi : « Le rapport d'une finitude absolue au véritable absolu est la *foi* en laquelle la subjectivité se reconnaît devant l'Eternel comme finitude et néant, mais conçoit cette reconnaissance de sorte qu'elle se sauve et se conserve comme un être en soi en dehors de l'absolu. » Il ajoute alors : « Jacobi a étendu la *foi* aussi au *savoir* du particulier en dehors du concept, à la représentation empirique immédiate de l'objectivité commune, en empruntant ce sens aux modèles et aux fondateurs de l'empirisme que sont Hume et Locke ; ce sont eux qui, par excellence, ont plongé en cette finitude et en cette subjectivité le savoir philosophique. » Plus précisément selon Jacobi nous croyons aux représentations sensibles et suprasensibles et nous en avons parallèlement le savoir : comme il l'explique dans sa préface de 1815 à *Idéalisme et Réalisme* nous avons, par le sentiment objectif et pur, conscience d'un savoir « indépendant, supérieur à toutes preuves, un savoir vraiment souverain » mais de même : « c'est nécessairement que l'homme croit ses sens, nécessairement qu'il croit sa raison et il n'y a pas de certitude supérieure à la certitude qu'on trouve en cette croyance. » Le sentiment et la croyance immédiate procurent à la fois une foi et un savoir et ce, sans aucune preuve scientifique. Comme l'écrit Jacobi : « nous nous contentons de mettre en lumière des faits », tandis que si l'on tente de prouver scientifiquement « la véracité de nos représentations d'un monde matériel existant au-delà de ces représentations », l'on aboutit à l'idéalisme et si l'on veut prouver scientifiquement la « véracité de nos représentations d'un monde immatériel et existant au-delà de ces représentations », l'objet se dérobe également aux yeux des démonstrateurs et, en lieu et place de la subjectivité, il ne leur reste que des fantasmes logiques et l'on aboutit alors au nihilisme. En effet, selon Jacobi, seule la foi est une certitude dite de « première main » et la conviction due à des preuves, la conviction rationnelle et logique n'est, par rapport à la première, qu'une certitude de seconde main. Comme il l'explique dans les *Lettres à Mendelssohn :* « La conviction due à des preuves est une certitude de seconde main (*Die Ueberzeugung durch Beweise ist eine Gewißheit aus der zweiten Hand...*), elle repose sur une comparaison et ne peut jamais être pleinement sûre et parfaite. Si tout *assentiment* (*Fürwahrhalten*) qui ne naît pas de motifs rationnels, est foi, il faut que la conviction pour motifs rationnels vienne elle-même de la foi et reçoive d'elle seule sa force. » Il admet que le terme *Glauben* qui signifie en fait l'acte de croire n'est pas forcément le terme adéquat pour désigner le sentiment de l'absolu mais il défend quand même la théorie selon laquelle cette notion est une certitude de première main qu'il ne faut surtout pas tenter de transformer en une certitude de seconde main, une certitude fondée sur des preuves rationnelles et logiques ; comme il l'écrit dans l'appendice A à son ouvrage *Des choses divines et de leur révélation :* « Si l'on essaie de transformer ce sentiment [de l'absolu], ces visions invisibles, cette vue du pressentiment en représentations visibles, cette certitude de première main que, faute d'un terme meilleur, nous appelons foi, croyance (*Glauben*) en une certitude de seconde main, la conviction inconditionnée en une conviction conditionnée, alors naît dans le premier cas une rêverie exaltée, dans le second un formalisme vide, une philosophie impossible et tout cela du fait de la seule logique. » Pour désigner cette « certitude de première main » Jacobi utilise aussi d'autres expressions comme « sentiment » ou « sentiment de l'esprit » : il écrit ainsi : « Toute réalité, aussi bien corporelle qui se révèle aux sens, que spirituelle qui se révèle à la raison, est garantie à l'homme uniquement par le sentiment (*Gefühl*), il n'y a pas de garantie extérieure ou supérieure à celle-là. »[407] De même il affirme que c'est seulement « ce que nous savons par le sentiment de l'esprit dont nous disons que nous le croyons. » De sorte que, s'il y a dans l'intuition sensible à laquelle se rapporte la connaissance, la science, un savoir proprement dit, ce n'est pas sur le sentir de la sensation sensible que celui-ci repose, mais bien sur le sentiment de l'esprit, lequel est donc bien, en fin de compte, le seul « fondement du savoir dans la croyance. »[408] Selon Jacobi par conséquent le « savoir de

---

[407] Préface de 1815 à *Idéalisme et Réalisme.*

[408] *Jacobi's Werke.* T. II, p.60.

première main » est bien au fondement de tout autre savoir, il s'impose de manière aussi évidente qu'inévitable, et c'est d'ailleurs ce qui a le plus choqué lors de la parution des *Lettres à Mendelssohn*. Jacobi le remarque lui-même dans sa préface de 1815 à *Idéalisme et Réalisme :* « La thèse soutenue par l'auteur de l'ouvrage sur la doctrine de Spinoza : *toute connaissance humaine provient de la révélation et de la croyance* (*alle menschliche Erkenntnis gehe aus von Offenbarung und Glauben*), avait suscité un scandale général dans le monde philosophique allemand. Il était absolument inadmissible qu'il y eût un savoir (*Wissen*) de première main qui fût la condition première de tout savoir de seconde main (la science), un savoir *sans preuves* qui précédât nécessairement le savoir *qui procède de preuves*, qui en fût le fondement, qui le commandât toujours et souverainement. » C'est ce même « savoir de première main » que Jacobi va appeler « intuition rationnelle », moyen autre que la « foi rationnelle » kantienne de répondre au « besoin de la raison »...

b-Les différents moyens de répondre au « besoin de la raison » : sentiment moral, foi rationnelle, intuition rationnelle

Tout d'abord, la thèse kantienne majeure défendue dans *Qu'est-ce que s'orienter dans la pensée ?* pour lutter contre le génie et son sentiment est une orientation de la pensée qui se fasse par le besoin de la raison, c'est-à-dire par la pierre de touche de toute vérité, par le Souverain Bien. Kant définit ainsi son projet au tout début de son article : « je montrerai qu'en réalité c'est par la raison qu'il convient de s'orienter et non par un soi-disant et mystérieux « sens de la vérité » (*Wahrheitsinn*) ou une intuition transcendante qualifiée de « croyance » sur lesquels il serait loisible, sans le consentement de la raison, de greffer la révélation et la tradition. Je montrerai même, comme Mendelssohn le soutint sans cesse avec une légitime ardeur, qu'il ne faut s'orienter que par la pure raison humaine proprement dite, ainsi qu'il le jugeait nécessaire et le conseillait. Toutefois la haute prétention de la faculté spéculative de la raison et particulièrement son autorité (par démonstration) qui est purement impérative, doivent naturellement être rejetées : pour autant que la raison est spéculative, il ne lui sera reconnu que la fonction de libérer de leurs contradictions les notions de la saine raison commune et d'en défendre les maximes contre ses propres attaques sophistiques. »[409] Selon lui par conséquent, c'est la raison pure qui doit être le guide en matière d'orientation dans la pensée : ni le « sens de la vérité » de Jacobi, ni la raison dogmatique de Mendelssohn ne trouvent grâce à ses yeux ; seule une raison modérée dans ses prétentions peut être un guide sûr. Car, si la raison est « le souverain Bien sur la terre », c'est parce qu'elle a le privilège d'être « la pierre de touche décisive de la vérité ». Comme l'ajoute Kant dans une note : « Penser par soi-même signifie : chercher la pierre de touche de la vérité en soi c'est-à-dire dans sa propre raison. Et la maxime de toujours penser par soi-même est l'*Aufklärung*. »[410] Cette précision est très importante car elle montre bien que si l'on conteste à la raison son droit à être la pierre de touche de la vérité, l'on conteste l'acte même de penser par soi-même et l'on conteste donc aussi l'*Aufklärung*. En s'élevant contre la seule « boussole » valable pour l'orientation dans la pensée, Jacobi met à mal non seulement l'*Aufklärung* mais aussi la raison kantienne tout entière, la conception même qu'a Kant de la philosophie. Or, cette raison va nous orienter par l'intermédiaire d'un principe de différenciation subjectif, à l'instar de l'orientation géographique qui se fait quant à elle d'après le sentiment (*Gefühl*) d'une différence entre la droite et la gauche, c'est-à-dire d'après un « principe de différenciation subjectif. »[411] En effet l'orientation dans la pensée va suivre le même modèle : par analogie on devine que, pour ce domaine, « il s'agira d'une fonction de la raison pure : celle qui en règle l'usage, lorsque partant des objets connus - de l'expérience - la raison cherche à s'élever par-delà toutes les bornes [*Grenzen*] de l'expérience et ne trouve absolument rien comme objet d'une intuition mais

---

409 AK VIII, 134. Trad. A. Philonenko.
410 AK VIII, 146-147. Trad. A. Philonenko.
411 AK VIII, 135. Trad. A. Philonenko.

seulement un cadre pour celle-ci. En effet en déterminant son propre pouvoir de juger, la raison n'est alors plus en état de soumettre ses jugements à une maxime positive d'après les principes objectifs de la connaissance ; elle ne peut que se fonder sur un principe subjectif de différenciation. Ce principe subjectif, le seul qui lui reste encore n'est rien d'autre que le sentiment du *besoin* inhérent à la raison. »[412] Comme le note Philonenko : « S'orienter dans la pensée en général signifie donc : étant donnée l'insuffisance des principes objectifs de la raison, se déterminer à l'assentiment (*im Fürwahrhalten*) d'après un principe subjectif de celle-ci. » C'est ainsi que Kant en arrive à décrire les précautions à prendre dans la conception du suprasensible : « Nous restons assurés contre toute erreur si, lorsque nous n'en savons pas autant qu'il est possible de l'exiger d'un jugement déterminant, nous prenons garde de n'en point porter : en elle-même l'ignorance (*Unwissenheit*) est sans doute la raison des limites de notre connaissance, mais non celle de ses égarements. Cependant, lorsqu'il ne dépend point de nous de vouloir ou de ne pas vouloir juger (lorsque d'une part c'est un besoin réel et comme tel inhérent à la raison qui nous contraint de juger, mais que d'autre part aussi, l'insuffisance de notre savoir se limite par rapport aux éléments exigés pour porter un jugement) il est nécessaire en ce cas, que nous trouvions une maxime d'après laquelle nous puissions fixer notre jugement. (...) il ne nous reste qu'à bien examiner tout d'abord le concept par lequel nous voulons nous élever au-delà de toute expérience possible afin de voir s'il ne renferme aucune contradiction. Puis nous devons, tout au moins, soumettre aux concepts purs de l'entendement la relation d'un tel objet aux objets de l'expérience. Ce qui, certes, ne le rend point encore sensible, mais nous fait concevoir une réalité suprasensible compatible avec l'usage expérimental de notre raison. Sans une telle précaution, nous ne saurions faire le moindre usage d'un semblable concept et nous délirerions (*schwärmen*) au lieu de penser. »[413] Cependant par ce simple

---

412 AK VIII, 136. Trad. A. Philonenko.

413 AK VIII, 136-137. Trad. A. Philonenko.

concept, rien n'est obtenu quant à l'existence de cet objet suprasensible ; c'est alors qu'intervient le droit du besoin de la raison qui lui permet de s'orienter dans la pensée. Et c'est ce même besoin de la raison qui, non seulement va supposer le concept de l'être suprême mais même aller jusqu'à en admettre l'existence : « notre raison ne se contente pas d'éprouver le besoin de poser au principe du concept de tous les êtres limités le concept de l'être sans limites. Ce besoin la porte jusqu'à en admettre l'existence. Sans cette existence elle ne saurait se donner aucune raison satisfaisante de la contingence de l'existence des choses en ce monde et encore bien moins de l'ordre et de la finalité que l'on découvre partout à un point étonnant... »[414] Selon Kant, d'ailleurs c'est ce besoin de la raison dans son usage pratique qui est le plus important et le plus essentiel : car il est inconditionné (*unbedingt*). En effet la raison est ici contrainte de supposer et d'admettre l'existence de Dieu, « pour donner au concept du souverain Bien une réalité objective. »[415] Elle n'a donc, d'une certaine manière, pas le choix d'admettre ou non une telle réalité : elle y est obligée et contrainte par son propre besoin. Cependant, cette manière impérative de supposer nécessairement l'existence de l'Etre suprême, pourrait très bien être interprétée comme un sentiment, comme une certitude immédiate à l'instar de la conception jacobienne. C'est ce danger d'assimilation fautive et hâtive qu'éloigne Kant en précisant dans une note : « La raison ne sent pas ; elle saisit son insuffisance et produit par la tendance à la connaissance (*Erkenntnistrieb*) le sentiment d'un besoin (*das Gefühl des Bedürfnisses*). »[416] Ainsi le besoin de la raison est un élan vers, une aspiration à : il n'est pas une certitude mais il est un devoir-être. Comme l'écrit d'ailleurs Philonenko : « *Das Bedürfniss der Vernunft* » : cette expression en son sens le plus profond signifie que la raison est pour elle-même un devoir-être de son être comme liberté. » Et, comme pendants à ce besoin, Kant et Jacobi vont proposer diverses

---

414 AK VIII, 138. Trad. A. Philonenko.
415 AK VIII, 139. Trad. A. Philonenko.
416 AK VIII, 140. Trad. A. Philonenko.

notions comme le sentiment pratique, (et le sentiment moral), la foi rationnelle et l'intuition rationnelle...

En tout premier lieu, ce qui va permettre de guider l'homme en matière de moralité, en matière pratique, va être défini par Kant comme un « sentiment » (*Gefühl*) cependant non pas un sentiment « pathologique », c'est-à-dire réellement sensible, mais un sentiment de nature pratique. Il est malgré tout très important de remarquer que Kant défend parallèlement dans son vocabulaire une conception qui peut apparaître très proche de celle de Jacobi et une autre entièrement fondée sur la raison. En effet, il emploie les termes « besoin » et « sentiment », mais tout en les qualifiant respectivement de besoin de la raison et de sentiment pratique. En ce qui concerne le « sentiment » de la raison pure pratique, il l'analyse dans la *Critique de la raison pratique* : la loi morale, qui est un principe déterminant formel de l'action, qui est aussi un principe déterminant matériel objectif est « également un principe déterminant subjectif, c'est-à-dire un mobile pour cette action, puisqu'elle a de l'influence sur la moralité du sujet et qu'elle produit un sentiment (*Gefühl*) favorable à l'influence de la loi sur la volonté. (...) le sentiment sensible, qui est le fondement de toutes nos inclinations, est bien sans doute la condition de cette sensation que nous nommons respect ; mais la cause qui le détermine réside dans la raison pure pratique, et, par conséquent, en raison de son origine, il ne faut pas dire de cette sensation qu'elle est produite *pathologiquement* mais *pratiquement*. »[417] Ce sentiment pratique a, de plus, l'avantage énorme de rabaisser les prétentions de l'amour de soi et de la présomption : « ... du fait que la représentation de la loi morale enlève à l'amour de soi son influence, et à la présomption son illusion, elle diminue l'obstacle que rencontre la raison pure pratique, et elle produit ainsi, dans le jugement de la raison, la représentation de la supériorité de cette *loi* objective sur les impulsions de la sensibilité ; et, par conséquent, en écartant ce contrepoids, elle augmente relativement (dans le cas d'une volonté affectée par cette dernière) le poids de la loi. Ainsi, le

---

[417] AK V, 75 ; OP II, 699-700.

respect pour la loi n'est pas un mobile de la moralité, mais il est la moralité même, considérée subjectivement comme mobile, dans la mesure où la raison pure pratique, en enlevant par son opposition à l'amour de soi toutes les prétentions de celui-ci, donne de l'autorité à la loi, qui dès lors a seule de l'influence. »[418] Ainsi ce sentiment ne doit dépendre que de la loi morale et, plus largement, de la raison : aussi Kant ajoute-t-il : « Ce sentiment (sous le nom de sentiment moral) [*Dieses Gefühl (unter das Namen des moralischen)*] est donc produit uniquement par la raison. Il ne sert pas à juger les actions ou même à fonder la loi morale objective elle-même, mais il sert seulement de mobile, en vue d'en faire une maxime en soi-même. Or, quel nom plus convenable pourrait-on donner à ce sentiment singulier, qu'on ne peut comparer à aucun sentiment pathologique ? Il est d'une nature si particulière qu'il semble n'être qu'aux ordres de la raison, et, à vrai dire, de la raison pure pratique. »[419] Il est remarquable de constater, à l'instar de Lévy-Bruhl, les « efforts faits par Kant pour présenter sa morale comme purement rationnelle » : en effet, comme nous le montrerons, la loi morale conserve malgré tout chez Kant une part de mystère or, « nulle ne montre mieux [qu'une philosophie de la croyance ou du sentiment] le mystère qui nous enveloppe de toutes parts et que notre science purement relative ne peut percer. Nulle ne nous fait mieux toucher du doigt les ténèbres de notre ignorance. »[420] Seulement, si effectivement la loi morale kantienne reste pour une part mystérieuse, il y a pour elle des risques de collusion avec les philosophies du sentiment et cela, Kant essaie de le repousser par tous les moyens en insistant justement sur le caractère profondément rationnel de sa morale. Cependant la célèbre conclusion de la *Critique de la raison pratique* ne peut empêcher une interprétation « jacobienne » de la théorie kantienne : « Deux choses remplissent le cœur (*Gemüth*) d'une admiration et d'une vénération toujours nouvelles et toujours croissantes, à mesure

---

418 AK V, 75-76 ; OP II, 700.
419 AK V, 76 ; OP II, 700-701.
420 Lévy-Bruhl. *La philosophie de Jacobi. Op. cit.*

que la réflexion s'y attache et s'y applique : le ciel étoilé au-dessus de moi et la loi morale en moi. Ces deux choses, je n'ai pas à les chercher ni à en faire la simple conjecture au-delà de mon horizon, comme si elles étaient enveloppées de ténèbres ou placées dans une région transcendante ; je les vois devant moi, et je les rattache immédiatement à la conscience de mon existence (*ich sehe sie vor mir und verknüpfe sie unmittelbar mit dem Bewußtsein meiner Existenz*). »[421] De même, dans sa lettre à Jacobi du 30 août 1789, Kant écrit (comme nous l'avions déjà vu) : « Quelque chose qui dépasse la spéculation mais qui ne se trouve pourtant que dans la raison, et que nous pouvons certes nommer (du nom de « liberté », un pouvoir suprasensible de causalité en nous) mais non pas comprendre, c'est là le nécessaire complément de la raison elle-même. »[422] Or, comme l'analyse fort justement Lévy-Bruhl, « même dans son essence rationnelle, la loi morale conserve un caractère mystérieux et sacré. (...) L'homme en présence du devoir, se sent transporté ailleurs. Devant la majesté de la loi, la foule grouillante des désirs et des passions se tait, l'amour-propre a honte de lui-même et comprend sa vanité : la sublimité du devoir le terrasse. Qui ne connaît la fameuse exclamation de Kant sur le « ciel étoilé au-dessus de nos têtes et la loi morale au fond de nos cœurs » ? Sûrement il y a là une « intuition qui emporte la conviction », et toute la morale de Kant se fonde sur la foi en cette intuition. La méthode sera d'analyse. Mais le principe est de sentiment. Et la force de ce sentiment est d'autant plus irrésistible que le devoir est à la fois ce qu'il y a de plus impérieux et de plus mystérieux. La raison peut le formuler, mais non pas le comprendre, et la conscience peut bien lui refuser l'obéissance, mais non pas le respect. » Ainsi le « sentiment pratique » kantien se rapproche du sentiment jacobien et leurs divergences vont, une fois encore, prêter à confusion quant aux notions de « foi rationnelle » (*Vernunftglaube*) et d'intuition rationnelle (*Vernunftanschauung*).

---

421 AK V, 161-162 ; OP II, 801-802.
422 AK XI, 76.

Tout d'abord, il faut souligner que la foi rationnelle ou croyance rationnelle, la *Vernunftglaubens* est la notion-clef, le concept clef de l'article *Qu'est-ce que s'orienter dans la pensée ?* Voulant lutter à la fois contre l'irrationalisme de Jacobi qui se réfugie dans la foi, comme dans un non-savoir et contre le dogmatisme rationaliste de Mendelssohn, Kant trouve une parade consistant à apparier les concepts de foi et de raison, arme unique de lutte contre deux ennemis aux exigences contraires. En premier lieu, c'est le « besoin » de la raison, qui lui est inhérent et qui en est inséparable, qui va conditionner la définition de la raison comme foi. A. Philonenko démonte fort habilement la logique kantienne qui aboutit à la notion de foi ou de croyance rationnelle : « En reconnaissant le besoin qui l'anime, la raison trouve sa vie en se saisissant comme l'être d'un « manque » et ce manque est manque de savoir. Aussi bien la raison se définit-elle, en ce qu'elle a de plus profond, comme « opposée » au savoir : elle est foi, elle est croyance. Toutefois, ce faisant, la raison n'entend pas en quelque sorte se démettre comme le voulait Jacobi : elle ne cède pas la place à la foi. Elle est foi et la foi est raison. C'est justement parce que la raison achevée n'est pas nécessairement un Savoir absolu que la raison peut apparaître comme rationnelle. À bien y réfléchir, Jacobi partage avec Hegel l'idée que la raison doit, pour être elle-même, atteindre au savoir absolu et c'est pourquoi constatant l'échec de la raison - que Hegel prétendra effacer - il ne voit d'autre refuge pour l'esprit qu'une foi irrationnelle. La philosophie kantienne nous permet d'éviter une telle alternative entre foi et raison. La raison étant finie en elle-même et étant besoin, peut se poser comme foi, comme croyance sans pour autant abandonner sa dignité de raison. En reconnaissant ses limites, en avouant la nostalgie de l'être qui l'habite, en découvrant en elle-même un indestructible « besoin » en se posant enfin comme foi, comme croyance, la raison kantienne ne se nie pas : elle s'affirme. » Kant forge ce concept pour suppléer à la dénomination mendelssohnienne de « sentence de la saine raison » quant à la source de l'acte de juger. Pour Kant, cette source est la « foi rationnelle » (*Vernunftglaubens*). Il s'explique : « En effet, toute croyance (*Glaube*), même la croyance historique, doit être rationnelle car la pierre de touche décisive de la vérité est toujours la raison. Seule, cependant, est rationnelle la croyance qui ne se fonde point sur d'autres « *data* » que ceux qui sont comme tels compris dans la seule raison. Ainsi est « croyance » l'assentiment (*Fürwahrhalten*) subjectivement satisfaisant, mais objectivement lié à la conscience de son insuffisance : la croyance est par conséquent opposée au savoir (*er dem Wissen entgegengesetßt*). »[423] Il ajoute : « la pure croyance rationnelle (*Vernunuftglaube*) ne peut jamais, par toutes les données de la raison et de l'expérience, être transformée en un savoir (*ein Wissen*), puisqu'en celle-ci le principe de l'assentiment (*der Grund des Fürwahrhaltens*) est purement subjectif. »[424] En conséquence, cette « foi » qui est « raison », cette *Vernunftglaube* parvient à cumuler le principe d'un assentiment subjectif à la sûreté que procure le « guide » qu'est la raison : elle évite donc et le naufrage dans la *Schwärmerei* grâce au « rappel à l'ordre » de la raison et la dérive vers un rationalisme dogmatique grâce à la présence d'un élément qui reste et demeure subjectif. Ainsi, comme l'écrit Kant : « Une pure croyance de la raison (*Eine reiner Vernunftglaube*) est ainsi le guide ou le compas grâce auquel le penseur spéculatif peut s'orienter dans ses incursions rationnelles dans le champ des objets suprasensibles, ce guide permet à l'homme d'une raison commune mais saine de se tracer une voie pleinement appropriée au but total de sa destination au point de vue théorique comme au point de vue pratique. C'est aussi cette croyance rationnelle qui doit être prise comme principe de toute autre croyance et même de toute révélation. »[425] L'on voit ici que si, pour Jacobi, la foi devait être à la source de tout autre savoir, devait être le fondement de toutes les autres croyances, pour Kant en revanche, c'est la foi rationnelle qui doit tenir ce rôle primordial. Au commencement pourrait-on dire, il y eut la foi rationnelle, et la raison se doit et se devra toujours de parler la première, de faire entendre sa voix avant toutes les autres. Rien ne peut ni ne doit précéder la foi

---

423 AK VIII, 141. Trad. A. Philonenko.
424 AK VIII, 141. Trad. A. Philonenko.
425 AK VIII, 142. Trad. A. Philonenko.

rationnelle dans l'appréhension des objets suprasensibles : « Personne ne peut donc être tout d'abord convaincu de l'existence de l'être suprême par quelque intuition, vision ou révélation ; la croyance rationnelle doit (les) précéder. Ce n'est qu'ensuite, en tout cas, que certains phénomènes ou certaines relations pourraient donner lieu de rechercher si nous sommes bien en droit de tenir pour une divinité ce qui se présente à nous ou ce qui nous parle, afin de confirmer, le cas échéant, cette croyance. »[426] C'est donc toujours la raison qui doit s'exprimer en premier lieu puis examiner, ensuite, si les visions ou intuitions de l'existence de Dieu sont bien ce qu'elles prétendent être. « Ainsi donc, lorsque l'on conteste à la raison son droit à parler la première en ce qui concerne les objets suprasensibles, par exemple, l'existence de Dieu et la vie future on ouvre toute grande la porte à l'enthousiasme [*Schwärmerei*], à la superstition, à l'athéisme même. »[427] Jamais la croyance personnelle d'un individu prétendant - par un orgueil démesuré - être en contact avec Dieu, ne peut ni ne pourra remplacer la nécessaire croyance rationnelle qui, elle, est susceptible d'universalité et par conséquent d'objectivité. Kant revient à cette notion de « croyance rationnelle » dans la *Critique de la raison pratique* en évoquant l'existence de Dieu comme postulat de la raison pure pratique : « admettre l'existence de (l') intelligence suprême est (...) lié à la conscience de notre devoir, bien que le fait même de l'admettre relève de la raison théorique. Considéré relativement à la seule raison théorique comme principe d'explication, ce fait n'est qu'une *hypothèse* ; mais relativement à l'intelligibilité d'un objet qui pourtant nous est donné par la loi morale (le souverain Bien), donc, d'un besoin au point de vue pratique, ce fait peut être appelé une croyance, plus exactement une *pure croyance rationnelle* (*Vernunftglaube*), puisque la raison seule (suivant son usage théorique aussi bien que pratique) est la source d'où elle jaillit. »[428] Tout découle donc de la raison, qu'elle soit théorique

---

426 AK VIII, 143. Trad. A. Philonenko.
427 AK VIII, 143. Trad. A. Philonenko.
428 AK V, 126 ; OP II, 761-762.

ou pratique, dans la conception des objets suprasensibles. Partant d'une telle prémisse, on ne peut évidemment qu'en conclure une idée de la religion qui va être - et ne peut être - que rationnelle. Ferdinand Alquié analyse ce rapport singulier de Kant à la religion dans l'introduction aux écrits de 1792-1793[429] : « Nous sommes (...) portés à croire que la spécificité de l'expérience religieuse, nous dirions du « fait » religieux, échappe à Kant qui, à tout prendre, a seulement voulu concilier la religion chrétienne avec le rationalisme de ses trois *Critiques*. Au reste, la solution qu'il propose fait bon marché du contenu de la foi, et ne retient de la religion que l'ordre d'obéir à la seule loi morale, ce qui, à notre avis, est la priver de l'essentiel de son sens et de son irremplaçable nature (...) Kant croit possible la constitution d'une religion purement rationnelle. (...) selon lui, cette religion rationnelle ne peut être tirée que du christianisme. » L'on voit donc bien ici ressortir toute la dimension « *Aufklärer* » de Kant : faisant fi de la croyance aux miracles et de tout ce qui est susceptible, en général, de choquer la raison, il a bien la volonté farouche de concilier raison et religion, proposant une religion « dans les limites de la simple raison ». Kant oppose donc ce qu'il nomme la « foi de l'église » (*Kirchenglauben*) à la « pure croyance religieuse » (*Der reine Religionsglaube*), l'une étant purement statutaire et donc libre de varier, l'autre étant susceptible de fonder réellement une Eglise universelle : « La constitution de toute église débute toujours à partir d'une croyance historique (révélée) [*einem historischen Glauben* (*Offenbarungs*)] que l'on peut nommer foi de l'Eglise (*Kirchenglauben*) et cette foi est fondée au mieux sur une écriture sainte. La *pure croyance religieuse* (*der reine Religionsglaube*) est celle qui, seule, peut à la vérité fonder une Eglise universelle ; car il ne s'agit que d'une pure croyance de la raison (*bloßer Vernunftglaube*) et cette croyance peut être communiquée à quiconque en vue de la conviction (*Überzeugung*), tandis qu'une croyance historique, simplement fondée sur des faits ne peut étendre plus loin son influence que les informations autorisant à juger de sa crédibilité ne peuvent

---

429 *Oeuvres philosophiques* - T. III *Les derniers écrits*. Bibliothèque de la Pléiade.

parvenir sous les conditions de temps et de lieu. »[430] La pure « croyance de la raison » (*Vernunftglaube*) est donc bien susceptible d'universalité : elle est le véritable cœur de la religion, elle est le *Grund* de toute conviction ou croyance religieuse. La pure législation morale, corollaire de la pure foi de la raison, est donc bien une condition *sine qua non* de toute religion : « la législation morale pure, par laquelle la volonté de Dieu est écrite originairement dans notre cœur (*in unser Herz*), n'est pas seulement la condition *sine qua non* de toute vraie religion en général ; mais elle est aussi ce qui la constitue proprement, tandis que la religion statutaire ne peut envelopper que le moyen de sa réalisation et de sa diffusion. »[431] Enfin, la pure foi de la raison retourne à l'essence même de la religion, au cœur même du religieux c'est-à-dire à la capacité à considérer les devoirs comme étant des commandements divins : « Dans la pure foi de la raison, il s'agit seulement de ce qui constitue la matière de la vénération de Dieu, je veux dire l'observance active dans une intention morale de tous les devoirs comme étant ses commandements divins. »[432] Pour Kant, la seule véritable Eglise est fondée sur la pure foi religieuse : il distingue donc la foi statutaire, la foi de l'Eglise - à laquelle Jacobi en tant que piétiste convaincu adhère et qu'il ne peut que chercher à défendre - de la pure foi religieuse qui elle, est universalisable : le passage d'une foi à l'autre est « l'approche du royaume de Dieu ». « Le signe distinctif de la véritable Eglise est son *universalité* (*Allgemeinheit*), dont la caractéristique est à son tour la nécessité, et sa déterminabilité comme n'étant possible que d'une seule manière. Or la foi historique (qui est fondée sur la révélation en tant qu'expérience) n'a de valeur que particulière, je veux dire une valeur pour ceux-là seuls auxquels est parvenue cette histoire sur laquelle elle repose ; et comme toute connaissance d'expérience, elle n'enveloppe pas la conscience que l'objet de la foi *devait* être tel et non pas autrement, mais seulement qu'il

430 *La religion dans les limites de la simple raison.* AK VI, 102-103 ; OP III, 124.
431 AK VI, 104 ; OP III, 126.
432 AK VI, 105 ; OP III, 127.

est ainsi en lui-même ; donc elle enveloppe en même temps la conscience de sa contingence. Par conséquent la foi historique peut suffire en vérité pour la foi d'Eglise (et il peut y en avoir plusieurs formes) mais seule la pure foi religieuse qui se fonde tout entière sur la raison peut être reconnue comme nécessaire, comme la seule donc qui définit la véritable Eglise. »[433] Même la foi en ce qui pourrait être le contraire d'un fait rationnel à savoir la foi en un « saint mystère » (*heliges Geheimniß*) doit être, dans la mesure du possible, régie par la foi rationnelle : « La foi en une chose que nous devons cependant regarder en même temps comme un saint mystère peut être tenue soit pour *une foi inspirée par Dieu* ou pour une *pure foi de la raison* (*einen reinen Vernunftglauben*). À moins que nous ne soyons forcés par la plus extrême nécessité d'adhérer à la première, nous nous ferons une maxime de nous en tenir à la seconde. »[434] Kant se livre alors à une classification, partant de la définition de la religion, en laquelle on peut voir toute la distance qui sépare un « rationaliste » d'un « supranaturaliste » quant aux choses de la foi. Malgré la longueur du passage, il mérite d'être cité en entier : « La religion (considérée subjectivement) est la connaissance de tous nos devoirs *en tant* que commandements divins. La religion en laquelle je dois d'abord savoir que quelque chose est un commandement divin pour le reconnaître comme mon devoir est la religion révélée (ou qui a besoin d'une révélation) ; en revanche celle en laquelle je dois d'abord savoir que quelque chose est un devoir, avant que je puisse le reconnaître comme un commandement divin est la *religion naturelle*. On peut appeler *rationaliste* (dans les affaires de la foi) celui qui affirme que seule la religion naturelle est moralement nécessaire. Si de plus il nie la réalité de toute révélation divine surnaturelle, on le dira *naturaliste*. Toutefois, s'il admet cette dernière, mais soutient qu'il n'est pas exigé nécessairement pour la religion de la connaître et de la tenir pour réelle, il pourra être appelé un *pur rationaliste*. Mais on dira de celui qui tient la foi en la révélation comme nécessaire

---

433 AK VI, 115 ; OP III, 140.

434 AK VI, 137-138 ; OP III, 168.

pour la religion universelle qu'il est un pur *supranaturaliste* dans les choses de la foi. »[435] Or, la foi chrétienne est, selon Kant, en même temps foi de la raison et foi révélée, ce qui peut donc expliquer les différentes manières d'y adhérer et en l'occurrence ce qui peut expliquer que des êtres aussi différents que Kant et Jacobi y adhèrent. Jacobi, quant à lui, rejette farouchement toute possibilité d'une religion rationnelle : il la considère comme une simple rêverie philosophique, comme il l'explique dans une lettre indignée à Schlosser : « Je vous demande seulement [il s'adresse à ses adversaires] quelque indulgence pour ceux qui, comme moi, ne savent pas se tirer d'affaire sans une religion positive. Notre faute consiste à ne pas comprendre comment une religion de la pure raison pourrait être une religion raisonnable. Car la raison véritable reconnaît ses limites. Elle se rend compte qu'elle ne peut pas produire une connaissance de Dieu, du monde et de nous-mêmes, telle que l'exige cette relation qui seule peut être appelée religion. Les convictions de la raison pure sont extrêmement imparfaites et jamais, à elles seules, elles n'ont pu constituer une religion. Partout où un enseignement plus haut n'est pas venu s'y ajouter, le pressentiment de Dieu et de l'immortalité de l'âme que la raison nous donne a dégénéré en idolâtrie et en superstition. C'est pourquoi nous sommes obligés de considérer votre soi-disant religion de la raison comme une rêverie philosophique, et de tenir pour certain, en nous fondant sur la raison et sur une analyse qui ne s'est jamais démentie que, quand vous vous réveillerez, vous vous trouverez en un endroit où vous ne vous attendriez pas à être. »[436] Pour lui, comme nous l'avions vu dans sa réponse à Mendelssohn, nous « naissons tous dans la foi et devons rester dans la foi », tout vient de cette foi, de cette « certitude immédiate » qui est au principe même de « la conviction pour motifs rationnels ».[437] Mais cette foi, cette croyance se mue dans sa doctrine en une « intuition rationnelle » (*Vernunftanschauung*) : l'on passe ainsi de la

---

[435] AK VI, 153-155. Trad. A. Philonenko.

[436] *Jacobi's Werke* T. II, 480. Lettre à Schlosser du 8 décembre 1787.

[437] *Lettres à Mendelssohn. Op. cit.*

Vernunftglaube - qui doit précéder toute intuition pour la garantir - à la *Vernunftanschauung* qui prend quant à elle la forme d'une certitude que l'on ne peut nier. Comme l'écrit Jacobi dans la préface de 1815 à *Idéalisme et Réalisme* : « La raison ne crée pas de concepts, ne construit pas de systèmes, ne juge même pas, mais à l'égal des sens externes, elle révèle simplement, elle annonce positivement. Avant toute autre chose il faut tenir ferme là-dessus ; de même qu'il y a une intuition sensible, une intuition que procurent les sens, de même il y a également une intuition rationnelle que procure la raison. (...) ... aucune démonstration ne vaut contre l'intuition rationnelle (*Vernunftanschauung*), l'intuition de la raison, qui nous donne à connaître des objets au-delà de la nature, c'est-à-dire nous donne la certitude de leur réalité et de leur vérité. Il nous faut user de l'expression : *intuition de la raison*, parce que la langue n'en possède aucune autre pour signifier la manière dont il est donné à l'entendement de connaître uniquement dans des sentiments transcendants ce qui est inaccessible au sens et pourtant comme quelque chose de vraiment objectif, qu'il n'a pas fait qu'inventer. » Seulement nous sommes alors en 1815, onze ans après la mort de Kant, et Jacobi a conféré un nouveau statut à la raison, notion-clef de la philosophie kantienne, il en a fait la « faculté de croyance à l'absolu. » Comme le résume Lévy-Bruhl, quant à la dernière « philosophie » de Jacobi : « pour la raison, croire en l'absolu c'est s'affirmer. »[438] Elle devient alors le « sens du suprasensible » et Jacobi reprenant un concept kantien, continue néanmoins de défendre sa théorie qui n'a jamais variée...

---

438 Lévy-Bruhl. *La philosophie de Jacobi. Op. cit.*

c-De la raison « logique », assimilable à l'entendement à la raison comme « sens du suprasensible » et « pressentiment du vrai » (*Ahnung des Wahren*) : l'opportunisme du *Schwärmer* adaptant le concept clef de la philosophie kantienne pour les besoins de sa cause

Tout d'abord, Jacobi toujours très opportuniste, va modifier le statut qu'il accordait à la raison et va passer, sous l'influence de Hegel mais surtout sous l'influence kantienne, d'une conception « logique » de la raison à une conception de la raison comme « sens du suprasensible » ce qui, il faut l'avouer, constitue une excellente manière de répondre à ses détracteurs quant à son prétendu irrationalisme, sans cependant changer un iota à sa doctrine. En tout premier lieu, Jacobi envisage la raison dans sa relation à l'entendement, deux notions éminemment kantiennes. Dans sa préface de 1815 à *Idéalisme et réalisme*, il fait amende honorable en évoquant l'erreur qu'il avait commise à la date de la parution du dialogue c'est-à-dire en 1787. Il avoue ainsi : « Ce que l'auteur trouve à reprendre aujourd'hui à ce dialogue *Idéalisme et réalisme*, en sa qualité d'œuvre antérieure, c'est que la distinction entre *entendement* et *raison* n'y est pas encore faite avec rigueur et précision, comme c'est le cas dans ses œuvres ultérieures. Tant qu'il n'y parvint pas, il demeura lui-même prisonnier de l'ambiguïté du mot : raison, qu'il se devait avant tout de dissiper pour atteindre son but, et incapable de donner aucun statut philosophique correct à sa conception fondamentale d'une puissance de la croyance surpassant le pouvoir de la science démonstrative. » Par conséquent, plus de dix ans après la mort de Kant, Jacobi reconnaît avoir manqué de rigueur dans la précision de son vocabulaire philosophique ; cependant, même s'il admet n'avoir pas eu le sens kantien de la nuance, il retombe dans une sorte de confusion - fort dommageable à la rigueur exigée quant à des notions philosophiques si importantes - en attribuant *de facto* à la raison ce que personne jusqu'alors n'avait songé à lui attribuer. Dans *Des choses divines et de leur révélation* qui parut sept ans après la mort de Kant, il précise la hiérarchie qu'il introduit entre raison et entendement. Il écrit : « Ce n'est point par l'entendement, par les seules voies de droit que [les vérités supérieures] sont acquises ; il faut que la raison les conquière en s'élançant prophétiquement au-delà de l'horizon de l'entendement. Oui, elle cède à l'imagination poétique - si tu peux appeler ainsi le fait de ne voir qu'en esprit - mais elle imagine ce qui est vérité. Semblable à la divinité dont elle provient, l'imitant dans ce mouvement de l'imagination, elle découvre ce qu'elle est. Recevant, reflétant le sentiment de l'esprit, elle est saisie par l'enthousiasme. Prise d'enthousiasme, elle se connaît pleinement ; elle trouve et expérimente son origine, devient certaine en soi. Ainsi son savoir essentiel est inspiration, inspiration sa certitude. » Ici, aucun doute n'est possible, la raison franchit l'horizon de l'entendement en quête de ce que ce dernier ne peut procurer. Elle sombre alors dans l'enthousiasme, dans l'exaltation : elle franchit les limites de la connaissance possible, devenant inspiration divine. La raison devient alors - au lieu d'être ce que les hommes partagent universellement, comme le voudrait Kant - un don du ciel : l'être qui raisonne est « inspiré », à l'instar du poète dans *Ion* : il peut atteindre, contrairement à tous les autres, les « vérités supérieures ». Pour insister encore davantage sur la gradation qui est à faire entre l'entendement « écho sans vie », et la raison « voix vivante, annonciatrice de l'esprit », Jacobi reprend la métaphore paulinienne du combat entre la chair et l'esprit : « comme le dit Saint Paul, la chair a des désirs contraires à ceux de l'esprit et l'esprit en a de contraires à ceux de la chair ; ils sont opposés entre eux. Ainsi en est-il dans l'homme pour son entendement et sa raison. (...) La faculté médiate de connaître s'élève au-dessus de la faculté immédiate, la connaissance conditionnée au-dessus de la connaissance inconditionnée, l'écho sans vie au-dessus de la voix vivante annonciatrice de l'esprit, l'entendement au-dessus de la raison, de même que les convoitises et les passions s'élèvent au-dessus de la conscience, lui font violence et se présentent à nos yeux comme ce qui, seul, détient vraiment la puissance. »[439] Par conséquent, dans ces textes, Jacobi a déjà évolué quant à sa conception de la raison,

---

439 *Des choses divines et de leur révélation.*

étant donné qu'il l'oppose à l'entendement : alors que, dans ses œuvres antérieures, il attribuait à ce qu'il nommait raison les fonctions de l'entendement c'est-à-dire des fonctions logiques comme nous allons le voir. Mais auparavant, il est très intéressant de remarquer, une fois encore, une métaphore commune à Kant et Jacobi concernant les rapports qu'entretiennent l'entendement et la raison, et tout particulièrement le dépassement de l'entendement par la raison. Cette image commune aux deux hommes est celle du cercle : Kant explique tout d'abord dans les *Prolégomènes...* : « il n'y a aucun danger que, de lui-même et sans y être poussé par des lois étrangères, l'entendement franchisse allègrement ses limites pour aller s'égarer dans le champ des simples êtres de pensée. Mais quand la raison, que ne peut complètement satisfaire l'usage empirique, toujours conditionné, des règles d'entendement, exige l'achèvement de cette chaîne de conditions, l'entendement est poussé hors du cercle qui est le sien. »[440] Or c'est cette même image que reprend Jacobi dans le cadre de sa propre théorie : « Jamais l'entendement ne serait sorti du cercle du conditionné et n'aurait formé le concept négatif de l'inconditionné, si la raison n'éprouvait le sentiment positif d'un monde suprasensible. »[441] Ainsi voit-on une fois encore une grande similitude dans cette comparaison du conditionné à un cercle mais qui, une fois de plus, ne doit pas être trompeuse : Kant évoque bien la raison exigeant l'achèvement des conditions qui remontent jusqu'au conditionné, elle le veut ; mais Jacobi attribue - ce qui est extrêmement différent - à la raison le « sentiment positif d'un monde suprasensible ». La forme commune ne doit pas dissimuler une profonde divergence concernant le fond. Si Kant a, selon Jacobi, pour la première fois fait une place nette pour le rationalisme authentique, en dénonçant le « rationalisme inauthentique qui s'illusionne lui-même et falsifie la science »[442] il s'agit du rationalisme tel que l'entend Jacobi à

---

440 *Prolégomènes...* paragraphe 45 ; AK IV, 332. Trad. L. Guillermit.
441 *Jacobi's Werke* T. III, p. 81.
442 Préface de 1815 à *Idéalisme et Réalisme.*

savoir un sens du suprasensible. Il dénonce alors l'égarement de l'entendement qui est la découverte majeure de Kant : « l'entendement en produisant, à partir de concepts des concepts de concepts et en s'élevant ainsi progressivement à des Idées, peut aisément en venir à s'imaginer que, grâce à ces fantasmes purement logiques qu'il élève au-dessus des intuitions sensibles, il a non seulement le pouvoir, mais même la mission décisive de survoler le monde sensible et véritablement de se survoler lui-même et d'atteindre dans son vol une science supérieure, indépendante de l'intuition, une science du suprasensible. » Cette illusion rejoint bien celle qui est décrite dans la *Dialectique transcendantale* même si les « Idées » sont celles de la raison et ainsi Jacobi peut dénoncer une forme de rationalisme en la remplaçant par une autre forme, plus adaptée à sa propre théorie. Théorie concernant les rapports entre l'entendement et la raison qu'il dévoile, toujours en 1815 : « Toute philosophie prend sa source dans une ardente aspiration, qui habite l'homme, à une connaissance qu'il appelle connaissance du vrai, sans qu'il puisse bien se définir la signification exacte de ce terme qui en a plus que tout autre. Il le sait et il ne le sait pas. Il nomme : raison ce qui lui permet de le savoir : entendement, ce qui ne le lui permet pas, mais l'incite à le chercher. » L'entendement est ici l'équivalent du « besoin de la raison », la raison répondant positivement dans cette optique à son propre besoin. Or, toutes ces distinctions, ce nouveau statut accordé à la raison, sont les fruits d'une manœuvre tactique de Jacobi, consistant à répondre à l'adversaire par ses propres armes. En effet, à la parution des *Lettres à Mendelssohn* les philosophes ne pouvaient pas ne pas riposter aux attaques jacobiennes contre la raison : comment l'*Aufklärung* philosophique pouvait-elle accepter de voir la raison reléguée au second rang, au rang de « certitude de seconde main », la croyance étant quant à elle portée au pinacle ; comment pouvait-elle ne pas voir en Jacobi un ennemi de la raison ? Seulement, comme l'explique très bien Lévy-Bruhl, « quelles preuves pourront convaincre un homme qui subordonne l'évidence rationnelle à la croyance ? Ne vaut-il pas mieux le ranger parmi les mystiques purs, intransigeants, et pour ainsi dire insociables, qui n'acceptent pas les principes communs à tous les philosophes, et qui ne descendent point dans l'arène commune ? » C'est alors que Jacobi sentit le danger inhérent à une telle réponse par le mépris. Il comprit qu'il allait être purement et simplement écarté du débat sous prétexte d'incommunicabilité et il prit alors conscience du caractère trop violent de son vocabulaire philosophique : pour avoir voulu être trop radical en utilisant cependant des concepts centraux de la philosophie, il se fermait lui-même la porte au débat et donc ne pourrait jamais être reconnu ni défendre sa doctrine comme elle le mérite. C'est alors qu'il décide de modifier « non pas sa doctrine, mais sa façon de la présenter »[443] et il va effectuer ce changement dans ses derniers écrits. Désormais la raison n'est plus, comme elle l'était dans ses premières œuvres [*Allwill*, *Woldemar*, *Lettres à Mendelssohn*, *David Hume et la croyance*] une simple faculté logique, une doublure de l'entendement, secondaire par rapport au sentiment et à la croyance mais elle devient une faculté distincte de l'entendement et il met maintenant tout en œuvre pour les différencier nettement. « L'entendement reste ce qu'il était : la faculté qui organise les idées, et qui exécute les opérations intellectuelles. Il a toujours pour unique fonction d'élaborer les données qu'il reçoit. Il est toujours vide *a priori*. Mais la raison ne l'est plus. Elle a maintenant un contenu par elle-même. Jacobi en fait une faculté originale, et une source immédiate de connaissances. (...) La raison n'attend plus pour s'exercer, comme l'entendement, que des matériaux lui soient fournis. Elle se porte d'elle-même à son objet c'est-à-dire au vrai. Elle nous met en contact direct avec les réalités suprasensibles. Elle est la révélation infaillible de l'absolu en nous. »[444] Ainsi, sous l'influence de ceux qui lui reprochaient de ne pas assez accorder à la raison, et particulièrement sous l'influence kantienne, Jacobi effectue une révolution dans sa doctrine mais qui ne porte que sur les termes. L'axe fixe est la certitude immédiate quant à l'existence des réalités suprasensibles : seulement quand il concevait la raison comme

---

443 Lévy-Bruhl. *La philosophie de Jacobi. Op. cit.*
444 Lévy-Bruhl. *La philosophie de Jacobi. Op. cit.*

« logique » il attribuait cette certitude à la croyance et dorénavant c'est la raison elle-même qui est cette certitude ; rien n'a changé quant au fond de la doctrine mais tout a été modifié pour les besoins de la cause jacobienne c'est-à-dire éviter l'accusation peu flatteuse d'être un ennemi de la raison. Dans sa « première philosophie » par conséquent la raison a une fonction logique et régulatrice et c'est le sentiment et la croyance qui révèlent à l'homme l'absolu ; dans sa seconde et dernière philosophie, c'est la raison qui est devenue le « sens du suprasensible ». Ainsi dans ses premières œuvres (jusqu'à *David Hume et la croyance*) « ce qu'il appelle raison, c'est de façon générale, la faculté de ramener les données sensibles à une unité, de former des concepts, de juger et de raisonner. Ainsi, elle peut bien abstraire, généraliser, inférer, elle est incapable de rien « révéler » selon le terme auquel il recourt incessamment. »[445] Jacobi écrit ainsi dans *Woldemar* : « ce n'est pas par l'intermédiaire de la raison que le vrai absolu et en soi est donné à l'homme... Donc chaque fois que la raison prend de telles vérités pour prémisses de ses raisonnements, c'est qu'elle s'appuie sur quelque chose qu'elle n'a pas elle-même posé. Tout ce qui est absolument premier ou dernier est en dehors de son domaine. L'activité qui lui est propre est une activité de simple médiation entre le sens, l'entendement et le cœur, dont elle a à administrer l'économie commune. »[446] De même dans la préface de 1815 à *Idéalisme et réalisme*, il fait retour sur cette conception erronée de la raison qui était la sienne à l'époque de la parution du dialogue : après avoir défini la raison comme ce qui permet à l'homme de « percevoir le suprasensible » et comme ayant une « authentique fonction de révélation » il ajoute donc : « Ces idées, qui pour l'auteur ne sont devenues parfaitement claires et ne se sont transformées en connaissances précises que plus tard, au cours de maintes luttes pour les défendre, demeuraient à l'époque où il publia le *Dialogue sur l'idéalisme et le réalisme*, encore voilées par la brume des conceptions régnantes. Avec tous les philosophes de son temps,

---

[445] L. Guillermit. *Le réalisme de F.H Jacobi. Op. cit.*

[446] *Jacobi's Werke* T. V, p. 123-124.

il appelait raison ce qui n'est pas la raison : la simple faculté des concepts, jugements et raisonnements, qui plane au-dessus de la sensibilité, incapable de tirer immédiatement de son propre fonds la moindre révélation. Quant à ce qui est réellement, et vraiment la raison : la faculté de présupposer le vrai, le bien et le beau en soi, avec la pleine confiance en la validité objective de cette présupposition, il la présentait, sous le nom de faculté de croire, comme une fonction supérieure à la raison, ce qui devait fournir l'occasion de méchants malentendus et, d'une manière générale, l'empêtrer lui-même dans d'inextricables difficultés d'expression et d'exposition de sa véritable façon de penser. » Selon Schelling, cette substitution opérée par Jacobi constitue le « plus mauvais cadeau » qu'il fit à la philosophie : il écrit en effet : « dans les derniers temps (...) là où il avait d'abord utilisé le mot *sentiment*, il mit le mot *raison*, et il attribua à celle-ci un savoir de Dieu immédiat et comme aveugle, allant même jusqu'à la présenter comme un organe immédiat pour Dieu et les choses divines. Ce fut là le plus mauvais cadeau que Jacobi ait fait à la philosophie : en effet, quantité de cerveaux impuissants se jetèrent sur ce commode savoir immédiat, qui permet de se tirer de toutes les difficultés à l'aide d'un seul mot ; et dans les établissements scolaires de différents degrés où ils furent nommés grâce à l'influence de Jacobi, il firent un tort incalculable à la vraie formation scientifique de la jeunesse. »[447] De plus, toujours selon Schelling, en opérant ce changement, Jacobi fit une manœuvre contradictoire et perdit jusqu'à la vérité de sa propre doctrine : « Quand Jacobi, sur le tard, voulut faire sa paix avec le rationalisme en substituant la raison au sentiment, sa philosophie perdit jusqu'à la vérité qu'elle possédait encore auparavant. Le mot *sentiment* exprime une relation personnelle. Il faudrait donc maintenant attribuer à la raison impersonnelle une relation immédiate au Dieu personnel, ce qui est tout à fait impensable. » En effet la raison doit être l'impersonnel : Jacobi s'est donc fourvoyé et a trahi sa propre doctrine en croyant s'adapter habilement aux demandes de l'adversaire. Cependant,

---

447 Schelling. *Contribution à l'histoire de la philosophie moderne. Op. cit.*

il faut quand même remarquer que le changement n'est que de façade : Jacobi nomme *raison* ce qu'il nommait *sentiment* sans cesser de conserver dans le terme nouveau de raison tout ce qu'il attribuait au sentiment ou à la croyance ; il ne fait que jouer sur les mots, non sur les notions ou les concepts. À partir de ce changement, il peut reprocher aux *Aufklärer* de donner trop peu d'importance à la raison (au lieu de lui en donner trop), il peut « renvoyer à ses adversaires le nom « d'ennemis de la raison ». »[448] Seulement, cette « raison » n'est qu'un autre nom pour le « sens du suprasensible », ce qui fait toute l'ambiguïté de la dernière philosophie de Jacobi.

En effet, ayant totalement modifié sa conception de la raison, Jacobi en fait alors le « pressentiment du vrai » (*Ahnung des Wahren*), le sens du suprasensible... Dès sa *Lettre à Fichte* il expose sa nouvelle théorie en jouant sur les mots *Vernunft* et *vernehmen* : *Vernunft* étant le substantif abstrait dérivé du verbe *vernehmen* qui signifie percevoir. Il écrit ainsi : « Par vrai (*dem Wahren*), j'entends quelque chose qui est avant le savoir (*Wissen*) et en dehors du savoir, qui, en premier lieu, donne une valeur au savoir et à la faculté de savoir, à la raison. Percevoir (*vernehmen*) présuppose une chose qui puisse être perçue, la raison et le vrai : elle est la faculté de présupposer le vrai (*Voraussеßung des Wahren*). Une raison qui ne présuppose pas le vrai est une absurdité. Par sa raison est donnée à l'homme non pas la faculté d'une science du vrai, mais seulement le sentiment et la conscience de son ignorance du vrai, un pressentiment du vrai (*Ahnung des Wahren*). » Il reprend la même définition de la raison en l'enrichissant quelque peu - comme nous l'avons vu - dans la préface de 1815 à *Idéalisme et Réalisme* : il la qualifie de : « faculté de présupposer le vrai, le bien et le beau en soi, avec la pleine confiance en la validité objective de cette présupposition. » La raison est donc ce qui permet de savoir le vrai, ce qui le présuppose : elle est liée à l'homme d'une manière telle que ce dernier peut refuser d'y croire mais jamais la faire taire. Le vrai « la raison le présuppose tout simplement comme le sens externe présuppose

---

448 Lévy-Bruhl. *La philosophie de Jacobi. Op. cit.*

l'espace, le sens interne le temps, et elle consiste tout entière dans le pouvoir de le présupposer, de sorte que là où cette présupposition n'a pas lieu, la raison également est absente. Aussi certainement que l'homme possède la raison et que ce qu'il nomme ainsi ne le trompe pas, le vrai doit donc lui être présent et être connu de lui, de quelque manière, même si c'est de manière aussi profondément intime. (...) il est vrai que l'homme en sa folie peut bien renier la raison et refuser d'y croire, mais de la réduire au silence complet et d'empêcher qu'elle se manifeste en lui, il en est incapable. »[449] De même qu'elle présuppose le vrai, la raison nous apprend aussi directement qu'un être nous est supérieur : elle nous enseigne Dieu avec une certitude immédiate. Ce point de vue est défendu par Jacobi tout d'abord dans la *Lettre à Fichte* : « Aussi sûrement que je possède de la raison, aussi sûrement je ne possède pas avec cette raison humaine qui est mienne la perfection de la vie, la plénitude du bien et du vrai ; et aussi sûrement que, avec elle, je ne possède pas cela et que je le sais, aussi sûrement je sais qu'il y a un être supérieur et que j'ai en lui mon origine. Aussi mon mot d'ordre et celui de ma raison n'est-il pas Moi, mais plus que moi, mieux que moi, un Autre tout différent. (...) ma raison m'enseigne instinctivement Dieu. Avec une puissance irrésistible, ce qu'il y a de plus haut en moi indique ce qui est très haut, tout au-dessus et hors de moi ; je suis par là contraint de croire ce qui est inconcevable (*unbegreiflich*), même ce qui est impossible en idée, de le croire en moi, hors de moi, par amour, au moyen de l'amour. » La raison est donc bien ici, pour reprendre une expression schellingienne, un « organe immédiat pour Dieu ».[450] C'est parce que nous sommes créés à l'image de Dieu que nous portons en nous cette révélation intérieure qu'est la raison : toute autre manière de révéler Dieu introduit forcément une médiation : « Créés à l'image de Dieu, Dieu en nous et au-dessus de nous, modèle et image séparés et cependant inséparablement unis : voilà la connaissance que nous avons de

---

[449] Préface de 1815 à *Idéalisme et Réalisme.*

[450] Schelling. *Contribution à l'histoire de la philosophie moderne. Op. cit.*

lui et la seule qui soit possible ; par là, Dieu se révèle à l'homme de manière vivante, continue, éternelle. Une révélation par des phénomènes extérieurs, quelle qu'en soit le nom, peut se comporter vis-à-vis de la révélation intérieure originelle tout au plus seulement comme le langage vis-à-vis de la raison. »[451] La raison du dernier Jacobi est inspiration - nous l'avions vu - elle est pressentiment, elle est révélation immédiate et elle est même encore davantage : elle s'assimile au fait d'avoir une notion de Dieu. Ainsi, comme il l'expose dans *Des choses divines et de leur révélation* : « La conscience de l'esprit s'appelle la raison. Mais l'esprit ne peut qu'être immédiatement de Dieu. Aussi être doué de raison et avoir une notion de Dieu sont-ils la même chose… » De même, pour bien montrer que le sentiment objectif et pur que sa doctrine défend et la raison sont interchangeables, il emprunte à Fries l'expression « jugements fondamentaux de la raison »[452] qui désigne justement ce genre de sentiments. À cette époque par conséquent (1815), à quelques années de sa propre mort, Jacobi a donc totalement remplacé les termes sentiment et croyance par le terme raison, et il continue à défendre une même théorie par l'intermédiaire d'un autre vocabulaire. L'autre définition la plus courante de la raison dans la dernière philosophie de Jacobi est celle de « sens du suprasensible ». Dans l'appendice A à son ouvrage *Des choses divines et de leur révélation*, Jacobi évoque « ce que le spinozisme moderne appelle l'intuition intellectuelle de l'absolu ». Selon lui, cette expression « n'est point précisément absurde et condamnable. Il nous faut bien une expression particulière pour désigner le mode de conscience où nous sont rendus présents le vrai, le bien et le beau en soi et où ils se manifestent comme quelque chose de surabondant, de premier et de suprême qu'aucun phénomène ne peut manifester. » Cependant, il préfère à cette expression le concept de raison : « En tout être fini ou sensible (tout être fini est nécessairement un être sensible) la raison n'est rien autre que le sens du suprasensible. » Une telle définition en forme de

---

451 *Des choses divines et de leur révélation.*

452 *Nouvelle critique de la raison.* p. 75 sq.

paradoxe correspond bien au « style » jacobien et est le fruit d'un héritage platonicien. Il reprend cette définition dans la préface de 1815 à *Idéalisme et Réalisme* : « L'animal ne perçoit que le sensible ; l'homme doué de raison perçoit en outre le suprasensible et ce qui lui permet de percevoir le suprasensible, il l'appelle sa *raison*, à la façon dont il appelle son *œil* ce qui lui permet de voir (...) Si ce que nous appelons raison n'était que le produit d'une puissance de réflexion s'appuyant sur la seule expérience sensible, tout discours concernant les choses suprasensibles serait simple verbiage ; la raison, comme telle, serait sans fondement, une fiction qui fabule. Mais si elle assume une authentique fonction de révélation, alors elle rend possible un entendement humain, qui suppose l'intelligence animale, qui possède un savoir de Dieu, de la liberté, de la vertu, du vrai, du beau et du bien. ». Or cette métaphore de la vision, de l'œil qui voit le suprasensible, est directement héritée de Platon : Jacobi admet un dualisme dans les facultés de perception : selon lui l'homme est doté de deux facultés de percevoir : « une faculté de percevoir au moyen d'organes perceptifs visibles et tangibles, donc corporels ; et une autre au moyen d'un organe invisible qui ne se manifeste aux sens en aucune façon, et dont l'existence se révèle à nous uniquement au moyen de sentiments. » Et cet organe, « œil spirituel pour des objets spirituels, les hommes - tous les hommes, au fond - l'ont appelé : raison ; de sorte que par ce mot raison, ils n'ont jamais entendu rien d'autre que cet organe justement. » Suit la critique - que nous avons déjà étudiée - des philosophes « Polyphème », qui se sont crevés « le seul œil de l'âme qui soit tourné vers le suprasensible » et l'hommage à Socrate et Platon qui ont montré que l'âme humaine « pour parvenir à la connaissance de l'unique vérité a besoin des deux yeux dont elle a été gratifiée et doit par conséquent en prendre grand soin en veillant à les garder toujours bien ouverts ; qu'elle vienne à fermer ou à supprimer celui qui regarde du côté du suprasensible, l'autre ne lui procure qu'une science dénuée de tout fondement, de pénétration et de fin ultime. » Nous pouvons, *in fine*, conclure sur un passage très intéressant et très révélateur de tout ce retournement accompli par Jacobi, de tout ce travail qui lui fut nécessaire pour substituer la raison au sentiment ; ce sentiment qui ne cesse cependant de réapparaître. L'année même de sa mort (1819), il écrit ainsi dans la préface du quatrième volume de ses *Oeuvres* : « Je me fonde sur un sentiment (*Gefühl*) qu'on ne peut ni faire taire, ni vaincre et qui est la base première, immédiate, de toute philosophie et de toute religion (*unmittelbaren Grund aller Philosophie und Religion*) ; sur un sentiment qui donne à l'homme la conscience et la certitude qu'il a un sens pour le suprasensible (*Uebersinnliche*). Ce sens, je le nomme raison (*Diesen Sinn nenne ich Vernunft*), pour le distinguer des sens qui s'appliquent au monde sensible. »[453] Ce passage, reprenant tous les mots clefs de la doctrine de Jacobi et résumant de manière on ne peut plus concise toute sa théorie, peut être considéré comme le testament d'une idiosyncrasie philosophique…

---

453 *Jacobi's Werke*, T. IV, p. XXI.

Conclusion

« Le sage a les yeux ouverts, mais l'insensé marche dans les ténèbres. Et je sais [...] qu'ils auront tous deux le même sort » : cette parole de l'Ecclésiaste (II, 14) aurait pu faire office d'épigraphe à l'inédit *Was ist Schwärmerei ?* En effet, nous l'avons vu au fil de cette étude, le philosophe et l'exalté finissent par poursuivre les mêmes buts inaccessibles et le ténébreux illuminisme n'est que le double négatif des Lumières . En conclusion, sans revenir sur cette congruence longuement étudiée, il est à remarquer l'omniprésence de cette notion de *Schwärmerei* dans l'œuvre kantienne omniprésence obsédante et toujours en retrait, qui en fait véritablement un *Leitfaden* dans la mesure où l'on suit l'évolution de son degré de nuisance envers Kant. Effectivement, tel un Protée maléfique, elle adopte plusieurs formes et, à chacun de ses avatars, elle met en cause un élément appartenant au « camp » kantien ; finissant par enserrer entièrement la totalité de ce domaine. Tout d'abord, en tant qu'illusion pathologique et congruence folle, elle met en cause la saine raison, celle du philosophe Kant ; puis, en tant que volonté d'illimité, elle ruine l'œuvre kantienne après lui avoir donné le jour et s'attaque à la production philosophique de Kant ; ensuite, présentant une autre de ses facettes, l'orgueil et la prétention au savoir immédiat, elle mine un caractère tout entier, à savoir la conception de la philosophie et du travail philosophique qui est celle de Kant ; en tant que « raison négative », elle détruit le modèle rationnel ; enfin elle menace directement *l'Aufklärung* d'un danger mortel à l'occasion du *Pantheismusstreit*. L'orgueil du *Schwärmer*, son intuition immédiate, son sentiment incommunicable sont autant de faits inacceptables pour Kant car ruinant sa conception de la rationalité et de la philosophie. Le délire de Swedenborg dialoguant avec les esprits, la présomption de Jacobi consistant à connaître le vrai par sentiment, sans avoir par ailleurs la possibilité de le communiquer à autrui, sont irréconciliables avec la « métaphysique de la modestie » (A. Philonenko *op. cit.*) kantienne. Selon Kant, le ton « grand seigneur » en philosophie annonce la mort de cette dernière, entraînant conjointement la mort de la raison, et cela est intolérable autant pour l'individu que pour le philosophe. Ainsi la *Schwärmerei*, s'étendant telle une nuée maléfique, s'oppose à tout ce qui soutient la personnalité de Kant. C'est la raison pour laquelle elle est un thème très important pour la compréhension de sa philosophie, à la fois élément refoulé et déclencheur, initiant le criticisme à travers la *Kritik der schwärmerischen Vernunft*. Elle mérite donc une défense à la hauteur de l'herméneutique de la philosophie kantienne qu'elle offre. Permettant une interprétation originale du philosophe, de son œuvre et de ses inventions conceptuelles majeures, la *Schwärmerei* n'est pas aussi inutile que Kant a voulu le faire croire et preuve en est d'ailleurs qu'il n'a cessé d'y revenir, « comme à une amante avec laquelle il s'était brouillé »... Aussi faut-il faire malgré tout son apologie en tant que principe explicatif de l'œuvre de Kant à l'insu de Kant lui-même. Un Kant séduit et repoussé, attiré par ses propres fantômes et par son double monstrueux, une nouvelle figure du philosophe en anti*Schwärmer* comme on parle de antihéros : tout cela est révélé par la *Schwärmerei* et l'on ne peut finalement s'empêcher de s'interroger sur cette relation trouble et passionnelle entre le philosophe et cette notion refoulée, tant à cause de ce qu'elle représente qu'à cause de ses représentants. En effet, dans la lettre à Mendelssohn du 8 avril 1766, Kant avoue qu'il pense avec conviction « beaucoup de choses » que selon lui il n'aura « jamais le courage de dire »[454], et, en mettant cet aveu en parallèle avec la description du caractère de l 'Allemand dans les *Observations sur le sentiment du beau et du sublime*, on obtient un recoupement intéressant. Ainsi l'Allemand : « s'inquiète [...] de *ce que les gens pourraient penser de lui*, et s'il est dans son caractère quelque chose qui puisse éveiller le désir d'une amélioration essentielle, c'est cette faiblesse qu'il n'ose pas être original bien qu'il ait pour cela tous les talents et qu'il est trop esclave de l'opinion des autres »[455]... Or, il est troublant de constater que Kant a tendance à se libérer davantage de cette pression qu'il

---

454 AK X, 69 ; OP I, 599.
455 AK II, 248 ; OP I, 500.

évoque, dans un ouvrage anonyme (les *Rêves d'un visionnaire...*), dans sa correspondance privée et dans ses notes, paratexte et espace de liberté : le philosophe de l'universelle publicité craint cette dernière quant à ses croyances personnelles et ses opinions les plus privées. De même lors de la querelle du panthéisme, il renâcle à prendre publiquement parti contre les *Schwärmer* : saisissant d'habiles prétextes, il repousse autant qu'il le peut le moment d'une dénonciation pourtant unanimement réclamée. Ce faisant, il laisse planer un doute qu'il n'aurait sans doute pas dû laisser subsister et on ne peut s'empêcher de penser que Kant ne souhaite pas ou n'ose pas dire ce qu'il pense réellement de la *Schwärmerei* et de ses partisans ou, s'il en dit quelque chose, c'est pour mieux le désamorcer immédiatement par une ironie féroce. Toute sa conception de la philosophie et ses plus grandes découvertes conceptuelles sont polarisées autour du thème de la limite : la limite est nécessaire à la raison, la modestie devient un véritable devoir d'autolimitation, des limites sont à poser entre les facultés... D'inévitables questions surgissent alors : si Kant, admirant et enviant secrètement la facilité du *Schwärmer*, n'était qu'un *Schwärmer* raté, un anti*Schwärmer* au sens d'antihéros ? Si, séduit par la sirène *Schwärmerei* puis repoussé par elle il n'avait cherché ensuite qu'à se venger d'elle en lui rognant ses ailes par la sublimation et la critique ? Et ces interrogations, qui sont suscitées par l'impression que donne Kant de se limiter en permanence alors qu'un Swedenborg et un Jacobi feraient ce que lui n'ose pas faire, finissent par donner lieu à une supposition, inimaginable, un horizon interdit qu'il ne faudrait pas approcher... Quelle serait notre réaction, en effet, si nous nous apercevions que la véritable amante de Kant, une maîtresse haïe et adorée qui s'offre mais se refuse, n'était pas la métaphysique mais l'exaltation ? Si, finalement, la relation entre Kant et la *Schwärmerei* n'était qu'une longue histoire d'amour ratée ?...

Postface

Dans une lettre à Hamann du 6 avril 1774, à propos de *l'Älteste Urkunde* de Herder et du symbolisme hermétique du septénaire, Kant écrit ceci : « moi qui suis un pauvre fils de la terre, je ne suis pas du tout fait pour le langage divin de la *Raison intuitive* ». La postérité presque unanime a repris ce jugement et salué en Kant celui qui, plus radicalement encore que Socrate, a ramené la philosophie du ciel sur la terre – ici, la terre étroite, mais sûre de l'expérience ordonnée par l'entendement : certes, la raison en nous ne cesse d'exiger l'absolu, l'inconditionné, mais cet inconditionné qu'elle *pense* inévitablement, elle ne saurait le *savoir* ni le *voir* : il n'est pour elle qu'un objet de foi et d'espérance, vers lequel nous oriente la voix de cette « déesse » elle-même « voilée » , la Loi morale. N'est-il pas étonnant néanmoins que toute l'entreprise kantienne ait débouché non pas sur le refoulement définitif mais au contraire (avec Fichte et Schelling) sur un retour éclatant de l'intuition intellectuelle ? et que, tout au long de l'élaboration du criticisme, Kant se soit vu flanqué de compagnons plus ou moins fidèles – Jacobi, Schlosser, Stolberg – tous défendant un « supra-naturalisme » aux limites de ce que l'allemand appelle, d'un terme difficilement traduisible, la *Schwärmerei*, l'extase ou l'exaltation mystique ? Certes, Kant a désavoué, et parfois vigoureusement, toutes ces tentatives ; mais lui-même est-il au dessus de tout soupçon ? N'a-t-il pas toujours éprouvé, malgré ses dénégations, la tentation secrète de soulever le voile d'Isis ? C'est la question que soulève Mme Béatrice Allouche-Pourcel dans un ouvrage aussi rigoureusement pensé qu'élégamment écrit et qui débouche sur une « supposition inimaginable » , mais visiblement attirante pour l'auteur : et si Kant n'était qu'un *Schwärmer* raté, qui aurait cherché à venger son échec en « rognant [les] ailes » de la « sirène *Schwärmerei*... » par « la sublimation et la critique » ? et si donc la « véritable amante de Kant, une maîtresse haïe et adorée qui s'offre mais se refuse n'était pas la métaphysique mais l'exaltation ? Si, finalement, la relation entre Kant et la *Schwärmerei* n'était qu'une longue histoire d'amour ratée ? »

Selon une hypothèse intéressante de M. René Girard (qui ne fait ici que vulgariser une certaine tradition psychanalytique), l'objet de notre désir malheureux n'est jamais que l'objet du désir heureux d'un Autre, à la fois modèle admiré et rival exécré, générateur à la fois de fascination et d'envie. Ce modèle/rival aurait été ici Swedenborg, à qui certes nul ne disputera le titre de visionnaire comblé – ce « M. Schwedenberg » dont Kant a lu, sans doute entre 1762 et 1765, les *Arcana caelestia*, « huit volumes *in quarto* pleins d'absurdités » , et qui, selon Mme Allouche-Pourcel, aurait été, au même titre que Hume (autre lecture de ces années de formation), l'un des deux éveilleurs de Kant. Certes, Kant n'a jamais parlé positivement de Swedenborg (à moins d'admettre l'authenticité –fort suspecte- de la lettre louangeuse à Melle de Knobloch, publiée sans indication de date par Borowski), et l'opuscule qu'il lui consacre en 1766, les célèbres *Rêves d'un visionnaire*, constituent plutôt un pamphlet ravageur – mais ne peut-on voir là l'effet d'un dépit amoureux ? Soit dit en passant, on peut s'étonner que ce coup de massue ne semble guère avoir compromis la fortune de Swedenborg en Allemagne, ni même à Koenigsberg : en 1784, Hamann – le « mage du Nord » et l'ami de Kant – y publie sa traduction de la *Vera christiana Religio*, et en 1786, nous voyons le libraire Hartknoch (le propre éditeur des *Rêves d'un visionnaire* [!], puis des *Prolégomènes à toute métaphysique future*) s'évertuer à faire paraître une traduction des *Arcana caelestia* – entreprise qui du reste tournera court. À l'arrière-plan des rapports de Kant à la *Schwärmerei*, on pressent donc toute une ambiance intellectuelle locale qu'il serait intéressant de faire revivre (le grand Hamann était-il lui-même un *Schwärmer* ? la question se pose, mais il nous semble que la réponse ne peut être que négative).

Personnellement, nous sommes séduit par l'hypothèse de Mme Allouche-Pourcel et nous serions tenté de la reprendre, mais en lui faisant subir une inversion radicale. Il nous semble, en effet, que c'est la métaphysique qui a toujours été l'unique bien-aimée de Kant (lui-même l'a suffisamment répété) et que l'unique effet de la découverte de la *Schwärmerei* a été celui, purement négatif, de jeter un doute, un soupçon affreux dans cette liaison jusqu'alors sans histoires. Que trouvons-nous, en effet, si nous comparons les chapitres II et III de la première partie des *Rêves d'un visionnaire* ? Ceci : qu'une métaphysique spiritualiste de type leibnizien, à laquelle Kant avait toujours adhéré dès son entrée en philosophie, n'est pas fondamentalement différente, *quant à son contenu*, des divagations ridicules de M. Schwedenberg : « la malchance veut, écrit Kant, que le témoignage sur lequel je tombe, et qui ressemble si prodigieusement aux fruits philosophiques de mon cerveau, a l'air désespérément mal venu et niais ». D'où l'inévitable soupçon : si la métaphysique est à ce point semblable à une chimère, à une vision illusoire, ne serait-ce pas parce qu'elle n'est elle-même que ceci – chimère et vision ? Dans ses amours avec la métaphysique, Kant aurait donc rejoué l'histoire de *La fiancée de Corinthe* (ou celle, baudelairienne, des *Métamorphoses du vampire*) : la fée séduisante n'était en réalité qu'un fantôme, une goule, une horrible sorcière. Il y a là, on en conviendra, un traumatisme capable d'arracher à son « sommeil dogmatique » le plus assoupi des dormeurs. Cependant, comme on sait, Kant n'ira pas jusqu'à la rupture ; mais si, dès la conclusion des *Rêves d'un visionnaire*, il réaffirme sa fidélité à la métaphysique, c'est à une métaphysique purgée de toute ambition dogmatique et devenue « science des limites » de la connaissance humaine. L'inconditionné, nous le disions plus haut, ne subsiste plus que dans et pour le pratique ; le *mundus intelligibilis* qu'évoquait le chapitre II de la première partie des *Rêves* reviendra bien, vingt ans après, dans les *Fondements de la métaphysique des mœurs*, mais pour y être explicitement posé comme inconnaissable. La métaphysique, jadis reine des sciences, n'est plus aujourd'hui, écrira Kant, qu' « une matrone repoussée et délaissée comme Hécube », et à laquelle on ne peut conserver son adhésion qu'en lui faisant subir (si on nous passe l'expression) ce *lifting* radical que sera précisément la *Critique de la raison pure*.

Chat échaudé craint l'eau froide. Convaincu désormais que la *Schwärmerei* est la maladie infantile de la métaphysique (qui n'atteint l'âge adulte qu'en devenant critique), convaincu par ailleurs que Platon (philosophe de l'intuition intellectuelle) est « le père de la *Schwärmerei* »[1], Kant ne cessera dans son œuvre de dénoncer tous les auteurs suspects de platonisme (dans le fond ou la forme) même et surtout ceux qui se déclarent proches de lui. Jacobi apparaît ici comme l'exemple par excellence, et son « dialogue » avec Kant comme une succession de malentendus, que Mme Allouche-Pourcel analyse avec une précision et une ingéniosité remarquables. La rencontre avec Fichte fut aussi un rendez-vous manqué, et on imagine facilement les condamnations de Kant s'il avait suivi les destinées ultérieures de l'idéalisme transcendantal, puis de la « philosophie de l'identité ». Mais, pour parler comme la jeune Parque :

> L'esprit n'est pas si pur que jamais idolâtre
> Sa fougue solitaire aux élans de flambeau
> Ne fasse fuir les murs de son morne tombeau.

Sans aller juqu'à dire que Kant ait été secrètement épris de la *Schwärmerei*, il ne nous semble pas exclu qu'il ait gardé une certaine nostalgie de cette métaphysique spéculative où il avait fait des débuts si prometteurs (l'écrit de 1763 sur *L'unique fondement possible d'une démonstration de l'existence de Dieu* reste dans ce domaine une manière de chef-d'œuvre, dont le dernier Schelling saura se souvenir) ; et il n'y a sans doute pas que de l'ironie dans telle *Réflexion* tardive où Kant désigne la métaphysique comme une « Inde » (« splendide et trouble », ajoutera Mallarmé) qui promet à l'homme des richesses plus grandes et glorieuses que l'indigent *Sinnenvaterland* – une Inde dont l'avait exilé précisément sa terreur devant la proximité à la *Schwärmerei.* Mais la grandeur de Kant, comme le suggère Hölderlin (magistralement commenté par Jean Beaufret) ne vient-elle pas de la décision par laquelle il a su résister à la fascination de cet Orient pour opérer le *vaterländische Umkehr* vers la sobriété « terrestre » qui constitue le destin propre de l'Occident ? Telle est la question fondamentale que pose, en

---

1 Peut-être malgré lui. Kant distingue soigneusement de ses suiveurs « le Platon de l'Antiquité », pour qui l'idée suprême est une idée pratique (celle du Bien) et qui ne visait l'insoutenable soleil suprasensible qu'à travers sa réflexion dans « la raison qui illumine moralement l'âme ».

filigrane, le beau livre de Mme Allouche-Pourcel, et à laquelle il revient à chaque lecteur d'apporter sa réponse.

J.F MARQUET

Bibliographie

1-Oeuvres de Kant

a-Textes en langue allemande :

• *Kant's gesammelte Schriften*, herausgegeben von der Preußischen Akademie der Wissenschaften Berlin (à partir de 1910). 23 volumes.

Les références à cette édition sont notées AK.

b-Traductions françaises :

Les références à l'édition de la Bibliothèque de la Pléiade (*Œuvres philosophiques*, Paris, Gallimard, Tome I, 1980 ; Tome II, 1985 ; Tome III, 1986) seront notées OP I, OP II, OP III.

Nous citerons ici les traductions en suivant l'ordre chronologique des œuvres de Kant.

- *Histoire générale de la nature et théorie du ciel* (extraits) (1755) , trad. F. Marty in OP I.
- *Nouvelle explication des premiers principes de la connaissance métaphysique* (1755) , trad. J. Ferrari in OP I.
- *La monadologie physique* (1756) , trad. S. Zac in *Quelques opuscules précritiques*, Paris, Vrin, 1970.
- *Nouvelle définition du mouvement et du repos* (1758) , trad. S. Zac in *Quelques opuscules précritiques*, Paris, Vrin, 1970.
- *Essai de quelques considérations sur l'optimisme* (1759) , trad. B. Lortholary in OP I.
- *De la fausse subtilité des quatre figures du syllogisme* (1762) , trad. S. Zac in *Quelques opuscules précritiques*, Paris, Vrin, 1970 ; trad. J. Ferrari in OP I.
- *L'unique fondement possible d'une démonstration de l'existence de Dieu* (1763) , trad. S. Zac in OP I.
- *Essai pour introduire en philosophie le concept de grandeurs négatives* (1763), trad. J. Ferrari in OP I.

- *Observations sur le sentiment du beau et du sublime* (1764) , trad. B. Lortholary in OP I ; trad. M. David-Ménard, Paris, GF, 1990.

- *Recherche sur l'évidence des principes de la théologie naturelle et de la morale* (1764) , trad. J. Ferrari in OP I.

- *Essai sur les maladies de la tête* (1764) , trad. J.P Lefebvre in *L'évolution psychiatrique*, Avril-Juin 1977, Tome XLII fascicule II, présentation M. Crampe-Casnabet ; trad. M. David-Ménard, Paris, GF, 1990.

- *Annonce de M. Emmanuel Kant sur le programme de ses leçons pour le semestre d'hiver 1765-1766* (1765) , trad. J. Ferrari in OP I.

- *Rêves d'un visionnaire expliqués par des rêves métaphysiques* (1766) , trad. B. Lortholary in OP I ; trad. F. Courtès, Paris, Vrin, 1989.

- *Du premier fondement de la différence des régions dans l'espace* (1768) , trad. S. Zac in *Quelques opuscules précritiques*, Paris, Vrin, 1970.

- *De la forme et des principes du monde sensible et du monde intelligible (Dissertation de 1770)* (1770) , trad. F. Alquié in OP I.

- *Des différentes races humaines* (1775) , trad. S. Piobetta in *La philosophie de l'histoire*, Paris, Denoël, 1947.

- *Critique de la raison pure* (1781 ; 1787) , trad. Tremesaygues-Pacaud, Paris, PUF, 1944 ; trad. J. Barni reprise par P. Archambault, Paris, Flammarion, 1950 ; trad. A.J.L Delamarre et F. Marty à partir de la traduction J. Barni in OP I ; trad. A. Renaut, Paris, GF, 2001.

- *Prolégomènes à toute métaphysique future qui pourra se présenter comme science* (1783) , trad. J. Rivelaygue in OP II ; trad. L. Guillermit, Paris, Vrin, 1986.

- *Idée d'une histoire universelle d'un point de vue cosmopolitique* (1784) , trad. S. Piobetta in *La philosophie de l'histoire*, Paris, Denoël, 1947 ; trad. L. Ferry in OP II.

- *Réponse à la question : Qu'est-ce que les Lumières ?* (1784) , trad. S. Piobetta in *La philosophie de l'histoire*, Paris, Denoël, 1947 ; trad. H. Wismann in OP II.

- *Compte rendu de l'ouvrage de Herder : « Idées en vue d'une philosophie de l'histoire de l'humanité »* (1785) , trad. S. Piobetta in *La philosophie de l'histoire*, Paris, Denoël, 1947.

- *Fondements de la métaphysique des mœurs* (1785) , trad. V. Delbos, Paris, Delagrave, 1952 ; trad. V. Delbos revue et annotée par F. Alquié in OP II.

- *Définition du concept de race humaine* (1785) , trad. S. Piobetta in *La philosophie de l'histoire*, Paris, Denoël, 1947.

- *Premiers principes métaphysiques de la science de la nature* (1786) , trad. F. De Gandt in OP II.

- *Conjectures sur les débuts de l'histoire humaine* (1786) , trad. S. Piobetta in *La philosophie de l'histoire*, Paris, Denoël, 1947.

- *Qu'est-ce que s'orienter dans la pensée ?* (1786) , trad. A. Philonenko, Paris, Vrin, 1959 ; trad. P. Jalabert in OP II.

- *Sur l'emploi des principes téléologiques dans la philosophie* (1788) , trad. S. Piobetta in *La philosophie de l'histoire*, Paris, Denoël, 1947.

- *Critique de la raison pratique* (1788), trad. F. Picavet, Paris, PUF, 1943 ; trad. J. Gibelin, Paris, Vrin, 1965 ; trad. L. Ferry et H. Wismann in OP II; trad. J.P Fussler, Paris, GF, 2003.

- *Critique de la faculté de juger* (1790), trad. J. Gibelin, Paris, Vrin, 1928 ; trad. A. Philonenko, Paris, Vrin, 1965 ; trad. J.R Ladmiral, M.B de Launay et J.M Vaysse in OP II ; trad. A. Renaut, Paris, Aubier, 2000.

- *Sur une découverte selon laquelle toute nouvelle critique de la raison pure serait rendue superflue par une plus ancienne* (1790) , trad. A.J.L Delamarre in OP II.

- *Sur l'illuminisme* (1790) , trad. M. Halimi, V. Séroussi, N. Aumonier, M. B. de Launay et M. Marcuzzi in *Correspondance*, Paris, Gallimard, 1991.

- *Sur l'insuccès de toutes les tentatives philosophiques en matière de théodicée* (1791) , trad. A.J.L Delamarre in OP II.

- *La religion dans les limites de la simple raison* (1793), trad. J. Gibelin, Paris, Vrin, 1943 ; trad. A. Philonenko in OP III.

- *Sur le lieu commun : il se peut que ce soit juste en théorie mais, en pratique, cela ne vaut point* (1793) , trad. L. Ferry in OP III.

- *La fin de toutes choses* (1794) , trad. H. Wismann in OP III.

- *Projet de paix perpétuelle* (1795) , trad. d'un anonyme revue par H. Wismann in OP III.

- *Sur un ton supérieur nouvellement pris en philosophie* (1796) , trad. A. Renaut in OP III.

- *À propos de l'ouvrage de Sömmering sur l'organe de l'âme* (1796) , trad. L. Ferry in OP III.

- *Annonce de la prochaine conclusion d'un traité de paix perpétuelle en philosophie* (1796) , trad. A. Renaut in OP III.

- *Sur un prétendu droit de mentir par humanité* (1797) , trad. L. Ferry in OP III.

- *Métaphysique des mœurs* (*Doctrine du droit et doctrine de la vertu*) (1797) , trad. J. et O. Masson in OP III ; trad. A. Renaut, Paris, GF, deux tomes, 1999.

- *Le conflit des facultés* (1798) , trad. S. Piobetta in *La philosophie de l'histoire*, Paris, Denoël, 1947 ; trad. A. Renaut in OP III.

- *Anthropologie du point de vue pragmatique* (1798) , trad. M. Foucault, Paris, Vrin, 1964 ; trad. P. Jalabert in OP III ; trad. A. Renaut, Paris, GF, 1999.

- *Propos de pédagogie*, trad. P. Jalabert in OP III.

- *Déclaration à l'égard de la doctrine de la science de Fichte* (1799) , trad. J. Rivelaygue in OP III.

- *Correspondance*, trad. MC Challiol, M. Halimi, V. Séroussi, N. Aumonier, M. B. de Launay et M. Marcuzzi, Paris, Gallimard, 1991.

• Oeuvres inachevées :

- *Sur la question mise au concours par l'Académie royale des sciences pour l'année 1791 : quels sont les progrès réels de la métaphysique en Allemagne depuis le temps de Leibniz et de Wolff ?*, trad. J. Rivelaygue in OP III.

- *Logique,* trad. L. Guillermit, Paris, Vrin, 1970.

- *Opus postumum,* trad. J. Gibelin, Paris, Vrin, 1950 ; trad. F. Marty, Paris, PUF, Epiméthée, 1986.

2-Œuvres de Swedenborg :

- *Arcanes célestes. De l'Ecriture Sainte ou parole du Seigneur dévoilés, ainsi que des merveilles qui ont été vues dans le monde des esprits et le ciel des anges*, publié en latin de 1749 à 1756 ; trad. J.F.E Le Boys des Guays, 19 volumes (dont trois volumes d'Index), Paris, Librairie de la nouvelle Jérusalem, 1841-1889.

- Tome premier : Genèse I-VII.
- Tome second : Genèse VIII-XII.
- Tome troisième : Genèse XIII-XVII.
- Tome quatrième : Genèse XVIII-XXI.
- Tome cinquième : Genèse XXII-XXVI.
- Tome sixième : Genèse XXVII-XXX.
- Tome septième : Genèse XXXI-XXXV.
- Tome huitième : Genèse XXXVI-XL.
- Tome neuvième : Genèse XLI-XLIV.
- Tome dixième : Genèse XLV-L.
- Tome onzième : Exode I-VIII.
- Tome douzième : Exode IX-XV.
- Tome treizième : Exode XVI-XXI.
- Tome quatorzième : Exode XXII-XXV.
- Tome quinzième : Exode XXVI-XXIX.

3-Oeuvres de Jacobi

a-Textes en langue allemande :

- *Werke Herausgegeben von F. Roth und F. Köppen,* Leipzig G. Fleischer d. Jüng, 1812-1825

- Band I : *Allwills Brieffammlung.*

- Band II : *David Hume über den Glauben, ober Idealismus und Realismus.*

- Band III : *Jacobi an Fichte - Von den Göttlichen Dingen und ihrer Offenbarung.*

- Band IV (1) : *Ueber die Lehre des Spinoza in Briefen an herrn Moses Mendelssohn.*

- Band IV (2) : *J.G Hamann's Briefwechsel mit F.H. Jacobi.*

- Band V : *Woldemar.*

- Band VI : *Ueber gelehrte Gesellschaften ihren Geist und Zweck.*

b-Traductions françaises :

- *Oeuvres philosophiques de F.H. Jacobi* (*Lettres à Moses Mendelssohn sur la doctrine de Spinoza - Lettre à Fichte - Des choses divines et de leur révélation*), trad. J.J Anstett, Paris, Aubier Montaigne, 1946.

- *Dialogue sur l'idéalisme et le réalisme*, trad. L. Guillermit in *Le réalisme de Jacobi*. Publication de l'université de Provence, 1981.

4-Ouvrages critiques

- ALEXANDRE Michel, *Lecture de Kant*, Paris, PUF, Epiméthée, 1961.
- ANSTETT J.J, *Œuvres philosophiques de F.H Jacobi*, Paris, Aubier Montaigne, 1946.
- BENOIST Jocelyn, *Kant et les limites de la synthèse. Le sujet sensible*, Paris, PUF, Epiméthée, 1996.
- BENZ Ernst, *Emmanuel Swedenborg, Naturforscher und Seher*, Munich, 1948.
- BOROWSKI L.E, JACHMANN R.B, WASIANSKI E.A, *Kant intime*, 1804, trad. et présentation Jean Mistler, Paris, Grasset, 1985.
- BOUTROUX Emile, *La philosophie de Kant*, Paris, Vrin, 1965.
- BRUCH Jean-Louis, *La philosophie religieuse de Kant*, Paris , Aubier, 1968.
- CASSIRER Ernst, *La philosophie des Lumières*, trad. P. Quillet, Paris, Fayard, 1966.
- CASSIRER Ernst et HEIDEGGER Martin, *Débat sur le kantisme et la philosophie (Davos, mars 1929) et autres textes de 1929-1931*, Paris, Beauchesne, 1973.
- CASTILLO Monique,
    - *Kant et l'avenir de la culture* (avec une traduction des *Réflexions* de Kant sur l'anthropologie, la morale et le droit), Paris, PUF, 1990.
    - *Kant, L'invention critique*, Paris, Vrin, 1997.
    - *L'humanisme et les Lumières en question*, Paris, Ellipses, 2001.
    - (avec LEROY Gérard), *L'Europe de Kant*, Paris, Privat, 2001.
    - (sous la direction de) *Criticisme et religion*, Les Rencontres du Thil, septembre 2000, Paris, L'Harmattan, Ouverture philosophique, 2004.
    - *La responsabilité des modernes. Essai sur l'universalisme kantien*, Paris, Kimé, 2007.

- COHEN-HALIMI Michèle (coordonné par), *Kant. La rationalité pratique*, Paris, PUF, 2003.
- CRAMPE-CASNABET Michèle, *Kant. Une révolution philosophique*, Paris, Bordas, 1989.
- DAVID-MENARD Monique,
    - « L'évidence d'un délire expliquée par l'évidence de la moralité » in *Le cahier du collège international de philosophie*, n°3, 1987.
    - *La folie dans la raison pure. Kant lecteur de Swedenborg*, Paris, Vrin, 1990.
- DELACROIX Henri, « Kant et Swedenborg » in *Revue de métaphysique et de morale*, Numéro spécial, 1904.
- DELBOS Victor,
    - *La philosophie pratique de Kant*, Paris, PUF, 1969.
    - *De Kant aux postkantiens*, Paris, Aubier, édition 1992.
- DELEUZE Gilles, *La philosophie critique de Kant*, Paris, PUF, 1963.
- EISLER Rudolf, *Kant-Lexikon*, trad. A.D Balmès et P. Osmo, Paris, Gallimard, 1994.
- FERRARI Jean, RUFFING Margit, THEIS Robert, VOLLEL Matthias, *Kant et la France. Kant und Frankreich*, OLMS, 2005.
- GOYARD-FABRE Simone, *Kant et le problème du droit*, Paris, Vrin, 1975.
- GUILLERMIT Louis, *Le réalisme de Jacobi*, Publication de l'université de Provence, 1981.
- HAMMACHER Klaus, *Die Philosophie Friedrich Heinrich Jacobis*, Munich, W. Fink Verlag, 1969.
- HEGEL G.W.F,
    - *Foi et savoir Kant - Jacobi - Fichte*, trad. A Philonenko et C. Lecouteux, Paris, Vrin, 1988
    - *Recension des œuvres de F.H Jacobi* , traduction et notes sous la direction d'A. Doz, Paris, Vrin, 1976.

- HEIDEGGER Martin, *Kant et le problème de la métaphysique*, introduction et traduction A. de Waehlens et W. Biemel, Paris, Gallimard, 1953.
- HORSTMANN Rolf Peter, *Les frontières de la raison. Recherche sur les objectifs et les motifs de l'idéalisme allemand*, trad. P. Muller, révisée par E. Müller et M. Reinhardt, Paris, Vrin, 1998.
- JALLEY-CRAMPE Michèle, « La raison et ses rêves. Kant juge de Swedenborg » in *Revue des sciences humaines*, Lille III, Enjeux de l'occultisme, n°176, 1979.
- LAMM Martin, *Swedenborg*, trad. E. Söderlindh, préface de Paul Valéry , Paris, Stock, 1936.
- LEBRUN Gérard, *Kant et la fin de la métaphysique*, Paris, A. Colin, 1977.
- LEVY-BRUHL Lucien,
    - *La philosophie de Jacobi*, Paris, Félix Alcan, 1894.
    - « F.H Jacobi et le spinozisme », *Revue philosophique de la France et de l'étranger*, n°37, 1894.
- LYOTARD Jean-François, *L'enthousiasme. La critique kantienne de l'histoire*, Paris, Galilée, 1986.
- MARQUET Jean-François,
    - *Liberté et existence. Etude sur la formation de la philosophie de Schelling*, Paris, Gallimard, 1973.
    - *Miroirs de l'identité. La littérature hantée par la philosophie*, Paris, Hermann, 1996.
    - *Philosophies du secret. Etudes sur la gnose et la mystique chrétiennes (XVIème-XIXème siècle)*, Paris, Editions du Cerf, Patrimoines-Christianisme, 2007.
- MARTY François, *La naissance de la métaphysique chez Kant. Une étude sur la notion kantienne d'analogie*, Paris, Beauchesne, 1980.
- MATTER Jacques, *Emmanuel de Swedenborg, sa vie ses écrits, sa doctrine*, Paris, 1863.

- PHILONENKO Alexis,
    - *L'œuvre de Kant -La philosophie critique.* Tome I : La philosophie pré-critique et la *Critique de la raison pure*, Paris, Vrin, 1989 ; Tome II : Morale et politique, Paris, Vrin, 1988
    - Commentaire, traduction et notes de Kant : *Qu'est-ce que s'orienter dans la pensée* ?, Paris, Vrin, 1993.
- POURCEL Béatrice, « Kant et la *Schwärmerei* » *in L'enseignement philosophique*, novembre-décembre 1997.
- QUILLIEN Jean et KIRSCHER Gilbert (textes recueillis par) *Interprétations de Kant*, Cahiers Eric Weil III, Presses universitaires de Lille, 1992.
- RENAUT Alain, *Kant aujourd'hui*, Paris, Aubier, 1997.
- RIVELAYGUE Jacques, *Leçons de métaphysique allemande*, Tome I, Le collège de philosophie, Paris, Grasset, 1990.
- ROZENBERG Jacques, « La théorie optique de l'hallucination dans les *Rêves d'un visionnaire* de Kant » in *Revue philosophique de la France et de l'étranger*, n°1, Janvier-Mars 1985.
- SCHELLING F.J.W, *Contribution à l'histoire de la philosophie moderne - Leçons de Munich*, Introduction, traduction et notes par J.F Marquet, Paris, PUF, 1983.
- SCHULZ-KEIL Helena, « *Schwärmerei.* Enthousiasme. Extraits de la correspondance de Kant (1790-1794) », *Chimères*, Paris, n°9, 1990.
- SOSOE Lukas K. et THEIS Robert (sous la direction de) , *Les sources de la philosophie kantienne aux XVIIème et XVIIIème siècles*, Actes du 6ème Congrès International de la Société d'études kantiennes de langue française, Paris, Vrin, 2005.
- TAVOILLOT Pierre-Henri, *Le crépuscule des Lumières - Les documents de la querelle du panthéisme* (1780-1789), Paris, Editions du Cerf, Passages, 1995.

- TOSEL André, *Kant révolutionnaire-Droit et politique*, Paris, PUF, Philosophies, 1998.
- VERRA Valerio,
    - « F.H Jacobi: lo spinozismo di Lessing », *Filosofia*, n°2, 1962.
    - « F.H Jacobi: spinozismo e atheismo», *Filosofia*, n°3, 1962.
    - *F.H Jacobi. Dall'illuminismo all'idealismo*, Turin, 1963.
- VUILLEMIN Jules,
    - *L'héritage kantien et la révolution copernicienne*, Paris, PUF, 1954.
    - *Physique et métaphysique kantiennes*, Paris, PUF, 1955.
- WEIL Eric, *Problèmes kantiens*, Paris, Vrin, 3ème édition, 1990.
- ZAC Sylvain, *Spinoza en Allemagne, Mendelssohn, Lessing et Jacobi*, Paris, Méridiens Klincksieck, 1989.

Table des matières

L'HARMATTAN, ITALIA
Via Degli Artisti 15 ; 10124 Torino

L'HARMATTAN HONGRIE
Könyvesbolt ; Kossuth L. u. 14-16
1053 Budapest

L'HARMATTAN BURKINA FASO
Rue 15.167 Route du Pô Patte d'oie
12 BP 226
Ouagadougou 12
(00226) 76 59 79 86

ESPACE L'HARMATTAN KINSHASA
Faculté des Sciences Sociales,
Politiques et Administratives
BP243, KIN XI ; Université de Kinshasa

L'HARMATTAN GUINÉE
Almamya Rue KA 028
En face du restaurant le cèdre
OKB agency BP 3470 Conakry
(00224) 60 20 85 08
harmattanguinee@yahoo.fr

L'HARMATTAN CÔTE D'IVOIRE
M. Etien N'dah Ahmon
Résidence Karl / cité des arts
Abidjan-Cocody 03 BP 1588 Abidjan 03
(00225) 05 77 87 31

L'HARMATTAN MAURITANIE
Espace El Kettab du livre francophone
N° 472 avenue Palais des Congrès
BP 316 Nouakchott
(00222) 63 25 980

L'HARMATTAN CAMEROUN
BP 11486
(00237) 458 67 00
(00237) 976 61 66
harmattancam@yahoo.fr

642372 - Février 2016
Achevé d'imprimer par

1livre.com
du rêve à la réalité !